사랑하는
아이에게
화를내지
않으려면

사랑하는
아이에게
화를내지
않으려면

초판 1쇄 발행 2016년 09월 28일
초판 6쇄 발행 2023년 03월 28일

지은이 최희수
펴낸이 김은선

펴낸곳 초록아이
주 소 경기도 고양시 일산서구 주화로 180 월드메르디앙 404호
전 화 031-911-6627
팩 스 031-911-6628

등 록 제 410-2007-000069호(2007. 6. 8)
  ISBN 978-89-92963-79-4 13370

푸른육아는 도서출판 초록아이의 임프린트로 육아서 브랜드입니다.

＊잘못된 책은 바꾸어 드립니다.
＊푸름이닷컴(www.purmi.com) 홈페이지를 방문하시면
  푸름이 아빠 엄마의 육아 상담 및 생생한 육아 정보를 무료로 보실 수 있습니다.

사랑하는
아이에게
화를내지
않으려면

최희수 지음

푸른육아

나와 아이를 행복한 삶으로 이끄는 성장의 기적!

아버지를 미워하는 한 사람이 있었습니다. 그 사람은 아버지를 '폭력적인 사람'으로 기억했습니다. 아버지에 대한 첫 기억을 떠올리면, 자신을 등 뒤에서 갑자기 잡아채는 아버지 때문에 깜짝 놀란 자신의 모습이 떠올랐거든요. 엄마나 다른 형제, 심지어 다른 사람에게조차 자상한 아버지인데, 왜 자신은 아버지를 폭력적으로 기억해야 하는지 알 수가 없었습니다. 마음 깊은 곳에서 아버지를 미워하기에 죄책감에 시달리며 아버지와 멀어졌지요.

그러던 어느 날, 그 사람은 자신의 내면을 깊이 탐색하다가 아버지에 대한 첫 기억과 대면하게 되었습니다. 실제상황은 이랬습니다.

그 사람은 사리분별을 하지 못하는 아기였고, 앞으로 한 발자국만 더 디디면 교통사고를 당하는 순간이었습니다. 설명할 여유조차 없는 절체절명의 순간이었고, 아버지는 자식의 생명을 구하고자 등 뒤에서 갑자기 잡아챌 수밖에 없었던 것입니다.

그러나 그 사람은 너무 놀란 나머지 두려운 감정만을 기억했을 뿐, 아버지가 자신의 생명을 구했다는 상황을 이해하기는 어려웠습니다. 결국 무의식에서 해결되지 않고 남아 있던 두려움이 아버지를 미워하고 멀리하게 만든 것이지요. 이제 진실을 깨달은 그 사람은 더 이상 아버지를 미워하지 않습니다. 아버지에 대한 사랑을 찾았으니까요.

이처럼 같은 사건도 이해의 범위인 맥락에 따라 다르게 보이곤 한답니다. 아이일 때는 아버지가 폭력을 휘둘렀다고 이해했지만, 어른일 때는 아버지가 사랑을 베풀었다고 이해하는 것이지요.

인간의 감정은 크게 사랑과 두려움이라는 두 가지 감정으로 나뉩니다. 행복, 기쁨, 자유, 평온 등은 사랑에 속한 감정이고 수치심, 죄책감, 슬픔, 무기력, 분노 등은 두려움의 감정이지요.

아이일 때 겪은 과거의 일은 사랑과 두려움의 어느 한쪽에 나누어져 기억된답니다. 그래서 어릴 때 배려 깊은 사랑을 받은 아이는 사랑의 감정이 담겨 있는 이미지가, 두려운 일을 당한 아이는 두려움의 이미지가 크게 자리 잡게 되지요.

사랑과 두려움은 자신도 모르게 무의식에서 쓰고 있는 안경과도 같아요. 안경을 통해 보는 세상의 일들은 모두 사랑과 두려움, 둘 중의 하나로 보인답니다. 그에 따라 삶도 창조되고요.

사랑은 본성입니다. 아이는 배우지 않아도 사랑이 무엇인지 알고 태어납니다. 그러나 대부분의 부모는 배려 깊은 사랑을 받은 경험이 적어서 자신도 모르게 아이에게 사랑이 아닌 상처를 주곤 합니다. 화를 내거나 매를 들고 아이에게 수치심, 죄책감, 두려움을 주면서 아이의 행동을 억압하려고 하는 거예요. 혹은 아이를 방치하거나 방임하여 상처를 주기도 하고요. 그러면 아이는 자신을 지키기 위해 어쩔 수 없이 방어기제를 만들게 된답니다.

　예를 들어, 남아선호사상이 뿌리 깊은 집안에서 딸로 태어난 아이는 부모에게 존재 그 자체로 환영받지 못합니다. 그러니 아이는 무의식 깊은 곳에 '내가 아들로 태어났으면 엄마가 기뻐했을 텐데……. 아들로 태어나지 못해 미안해.'라며 죄책감을 가지게 되지요. 이러한 죄책감은 결국 아이로 하여금 방어기제를 만들게 합니다. 그래서 아이가 소녀가장 역할을 하거나, 엄마의 감정을 위로하는 희생자 역할을 하거나, 착한 아이 역할을 하게끔 만들지요. 보살핌을 받아야 할 나이에 오히려 어른처럼 어깨에 커다란 책임감을 짊어지고, 자신의 감정은 뒤로한 채 엄마의 감정을 위로하게 되는 거예요. 심할 때는 자신이 무엇을 원하는지, 자신의 감정이 어떤지 알지 못해서 중독증상이나 강박증상에 시달리기도 하고요. 결국 아이는 자신이 아닌 다른 사람이 원하는 삶을 살게 되면서 늘 외롭고 공허하지요.

　방어기제는 사실 아이를 지켜주지 못합니다. 가시에 찔렸을 때는 아프더라도 가시를 뽑는 게 올바른 치료방법이지요. 그런데 상처에 붕대를 칭칭 감아버리면 어떨까요? 가시는 계속 남아 있기 때문에 상처는 끝까지 치유되지 않을 거예요. 이처럼 방어기제를 만든다는 것은 상처에 계속해서 붕대를 감는 것과 마찬가지랍니다. 상처를 받을 때마다 붕대를 감으면서 회피하면, 결국 붕대로 칭칭 감긴 미라의 삶을 살 수밖에 없어요. 아픔에서 해방되는 게 아니라, 오히려 두려움으로 모든 것을 제한하기 때문에 삶의 생생함을 잃어버리게 되지요.

사랑은 태양과도 같습니다. 예나 지금이나 그 자리에 묵묵히 있습니다. 그러나 방어기제라는 구름이 가려서 있는 그대로 사랑을 비추지 못하면, 사는 것이 무기력하고 슬프고 두렵고 화가 나지요.

어릴 때 살아남기 위해 만들어낸 방어기제는 기억이 없는 무의식 깊은 곳에 충동으로 남아 있습니다. 그리고 상처가 해결될 때까지 사라지지 않는답니다.

우리는 종종 '엄마, 아빠처럼 아이를 키우지 않을 거야!' 하고 결심하곤 합니다. 그러나 자신도 모르는 사이에 자신의 부모처럼 아이를 대하는 자신의 모습을 발견하고 놀라곤 하지요.

무의식에 상처받은 내면 아이가 있으면, 어릴 때 그 상처를 받았던 상황과 비슷한 상황만 닥쳐도 몸이 먼저 반응합니다. 어린 시절 느낀 두려움과 분노의 감정을 가장 안전하고 믿을 만한 자식에게 떠넘기지요.

상처받은 내면 아이는 부모가 인정하지 않아 나 자신도 인정할 수 없는 상처, 즉 무의식에 그림자로 남아 있는 욕구와 감정을 말합니다. 내면 아이는 치유하지 않으면 저절로 낫는 법이 없고, 시공을 초월하여 존재하지요.

사람은 두 번의 삶을 살게 됩니다. 부모가 길러준 한 번의 삶이 있고, 자식을 기르면서 무의식에 있는 상처를 찾아내고 그 감정에 대면하여 치유하고 성장하는 두 번째의 삶이 있습니다.

만약 성장하지 못해 좁은 맥락을 가지고 두려움으로 떨고 있는 무의식의 상처받은 내면 아이를 만난다면, 그래서 두려움의 감정을 몸으로 겪고 통과하면서 무의식을 의식으로 끌어올린다면, 비로소 넓은 맥락을 가진 어른으로 성장하게 된답니다. 무의식과 의식이 일치하여 더 이상 두려움에 떨지 않는 것, 그리고 내면에 원래부터 존재하고 있는 사랑을 찾는 것이 심리성장입니다.

사랑은 진실이지만, 두려움은 믿을 때만 힘을 가지는 허상입니다. 아이일 때는 순수해서 두려움을 진실로 믿고 받아들이게 되지요. 그러나 두려움이 거짓이라는 것을 알고 더 이상 거짓에 힘을 부여하지 않으면, 비로소 원래 가지고 태어난 사랑을 찾게 된답니다.

구름이 걷히면 원래 그 자리에 있던 태양의 빛이 보이는 것처럼 사랑은 외부에서 찾는 것이 아니라, 우리 자신 안에 이미 있는 것을 찾아서 선택하는 것입니다. 그렇게 선택한 사랑 안에는 기쁨과 자유, 평온이 늘 함께합니다.

육아는 축복입니다. 오랫동안 전문가에게 정신분석을 받아도 무의식 깊은 곳에 있는 상처가 무엇인지를 찾기 어렵지만, 육아는 자신의 상처가 무엇인지 단번에 알려주기 때문입니다. 아이의 손상되지 않은 빛이 부모의 그림자가 무엇인지를 그 자리에서 비춰주지요.

아이를 키우면서 분노가 올라오는 지점을 기록해보면 분노에 패턴이 있다는 것을 알게 됩니다. 바로 그 지점에 자신이 받은 무의식의 상처가 있지요.

어떤 부모는 아이가 밥을 안 먹을 때 분노가 치밀어 오릅니다. 어떤 부모는 아이가 징징거리면 짜증이 나지요. 자신의 무의식에 상처가 없으면, 아이의 감정에 공감해주는 것이 어렵지 않습니다. 그러나 상처가 있으면 아이의 감정에 공감해주기 어렵지요. 아이는 부모에게 공감받을 때까지 같은 행동을 반복하게 되고요.

만약 징징거리는 아이를 받아주기 힘들다면, 자신의 어린 시절을 되돌아봐야 합니다. 어릴 때 울거나 징징거릴 때 부모에게 공감받지 못해 해결되지 못한 감정의 에너지가 아직도 남아 있을 겁니다.

《사랑하는 아이에게 화를 내지 않으려면》은 육아를 통해 성장에 이르게 하는 육아와 성장이 하나로 통합된 책입니다. 어릴 때 받은 상처의 근원을 이해하지 못하면 부부 사이, 부모와 자식 사이, 그리고 사회적 관계를 이해하기 어렵습니다.

기적에는 난이도가 없다고 했습니다. 나는 무의식에 억압되어 있는 감정에 대면하고 분노를 해결하면서 자신의 내면에 있는 사랑을 찾으면, 기적과 같은 치유가 일어나는 것을 수없이 지켜보았습니다.

이 책을 완성하는 데 저는 개인적으로 30년이라는 시간이 필요했습니다. 4천 번이 넘는 강연을 했고 수십만의 사람을 만나면서 분별하고 배웠습니다. 이 책을 읽는 모든 사람에게 치유의 기적이 일어나기를, 부부는 서로 화합하고 모든 아이들은 잘 자라서 가정이 행복해지기를, 더 나아가 밝고 건강한 사회가 되기를 바랍니다.

푸름, 초록애비 최희수

차례

여는 글 나와 아이를 행복한 삶으로 이끄는 성장의 기적!

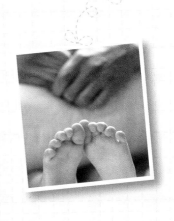

PART 4 힐링, 내 삶의 쉼표이자 새로운 시작

PART 1

배려 깊은 사랑,
행복한 육아의
첫걸음

'아이의 행복'보다 중요한 건 없는데,
성적, 공부, 학원 등에 가려져 있어 우리 아이는
오늘도 축 처진 어깨에 무거운 가방을 메고
현관을 나선 건 아닌가요?
아이는 부모를 조건 없이 사랑하는데,
많은 부모가 아이에게 조건을 달아
사랑합니다. 환한 웃음과
따뜻한 가슴으로 아이를 꼬옥 안아주세요.
충분히 사랑을 받은 아이가
내면의 힘이 강하고, 어떤 좌절을 겪어도
툭툭 털고 일어나는 강인한 힘을
가질 수 있답니다.

소중한 아이, '배려 깊게' '존재 자체'로 사랑해주세요

아이가 처음 생겼을 때 어떤 생각이 들었나요? 혹시 이런 생각이 들지는 않았나요?

'왜 하필 지금 애가 생긴 거야! 돈도 더 모아야 하고, 회사에서 경력도 더 쌓아야 하는데…….'

아이는 엄마 배 속에서 엄마의 감정을 모두 느낍니다. 자신이 환영받는 존재인지, 걸림돌이 되는 존재인지까지 다 알아차리지요.

부모 중에는 아이가 생겼을 때, "듬직한 아들이어야 할 텐데." 혹은 "친구 같은 딸이었으면 좋겠어."라며 원하는 성별을 콕 집어 말하는 사람이 있습니다.

하지만 아들딸을 구별하는 것은 배 속에 있는 아이의 고유한 존재를 부정하는 것입니다.

배 속에 있는 아이에게 그림책을 읽어주고, 클래식을 들려주기 전에 먼저 아이의 존재를 진심으로 환영해주어야 합니다. 아이의 존재를 환영하는 것만큼 훌륭한 태교는 없답니다.

만약 배 속에 아이를 가졌다면, 늘 이렇게 말해주세요.

"아가야, 너는 이 세상에 딱 하나뿐인 소중하고 고귀한 존재란다. 엄마, 아빠는 너를 있는 그대로 사랑해. 무슨 일이 있어도 엄마, 아빠가 너를 꼭 지켜줄게. 사랑하는 아가야, 네가 정말 보고 싶구나. 네가 태어날 때, 세상의 모든 것이 너를 보고 기쁨의 미소를 지어줄 거야. 엄마, 아빠의 자식으로 와줘서 정말 고마워. 우리 행복하게 만나자!" 하고 말예요.

부처님은 태어나자마자 걸으면서 "천상천하 유아독존!"이라고 말했다고 합니다. 대체 이게 무슨 뜻일까요?

만약 '이 세상에서 내가 가장 뛰어나다.' 혹은 '이 세상에는 나 혼자뿐이다.'라는 뜻으로 이해했다면, 잘못 생각한 것입니다. '천상천하 유아독존'은 '이 세상에서 내가 가장 고귀하다.'라는 뜻이에요.

이 세상에 태어난 우리는 모두 고귀하고 장엄한 존재로 내면에 위대한 힘을 가지고 있습니다. 하지만 거울이 없으면 자신의 얼굴을 볼 수 없듯이 사람들은 자신이 위대하고 고귀한 존재인 줄 미처 알지 못합니다.

아이들 또한 마찬가지예요. 자신이 고귀한 존재라는 사실을 쉽사리 깨닫지 못합니다.

　그럼 아이들에게 고귀한 존재라는 사실을 어떻게 알려주어야 할까요? 방법은 딱 하나예요. 바로 '배려 깊은 사랑'을 베푸는 거예요. 배려 깊은 사랑은 아무런 조건 없이 아이를 있는 그대로 사랑하는 것이지요. 부모의 배려 깊은 사랑은 아이를 맑게, 있는 모습 그대로 비추어준답니다.

　아이에게 배려 깊은 사랑을 베풀면, 아이의 내면에 있는 위대한 힘을 밖으로 이끌어낼 수 있습니다. 부모에게 배려 깊은 사랑을 받은 아이는 자신이 위대하고 고귀하며 고유한 존재라는 사실을 자연스레 깨닫게 됩니다. 그래서 어릴 때의 맑은 모습을 잃지 않고 위대한 내면의 힘을 발휘하며 바르게 성장하지요.

　아이에게는 자신만이 표현할 수 있는 고유한 하느님의 모습이 있습니다. 부모라는 이유로 아이를 함부로 대하는 것은 아이가 얼마나 소중한 존재인지 모르는 거예요.

　존재는 행동에 따라 그 가치가 달라지는 게 아닙니다. 우리가 잘못된 행동을 했다고 해서 여성이 남성으로 바뀌거나 남성이 여성으로 바뀌지는 않습니다. 성은 '존재'이기 때문이지요.

　아이를 기르다 보면 아이의 잘못된 행동에 힘이 겨워 아이를 야단치고 매를 드는 경우가 있습니다. 하지만 아이를 매질하고는 곧바로

"나는 나쁜 엄마야. 엄마 자격도 없어!"라며 죄책감에 사로잡혀 괴로워하기도 하지요.

엄마가 아이를 야단친다고 해서 그 행동이 엄마라는 존재에 영향을 주지는 않습니다. 엄마가 아이를 낳은 것임에 틀림없고 엄마와 아이 사이의 관계는 어떤 상황이 닥쳐도 변하지 않으니까요. 마찬가지로 아이가 바람직한 행동을 하든 잘못된 행동을 하든, 아이는 영원히 내 아이입니다.

그러므로 아이를 훈육할 때에는 존재와 행동을 명확히 구별해야 합니다. 아이의 잘못된 행동은 단호하게 교정해주되, 아이의 존재는 아무런 조건 없이 사랑해야 합니다. 그래서 아이가 야단을 맞고 '내 행동이 잘못되었구나.'라고 느끼도록 해야지, '엄마는 나를 싫어하나 봐.'라고 느끼도록 해서는 안 됩니다.

부모에게 배려 깊은 사랑을 받은 아이는 부모와 함께한 날들을 또렷이 기억합니다. 하지만 부모에게 배려 깊은 사랑을 받지 못한 아이는 초등학교 입학 전의 기억이 별로 없지요. 그냥 막연히 부모에게 사랑받고 자랐다고 생각할 뿐입니다.

어렸을 때 부모님이 나에게 어떤 사랑을 베풀었는지 곰곰 생각해보세요. 만약 먹을 것이나 필요한 물건을 사준 기억 말고는 떠오르는 게 없다면, 부모로부터 배려 깊은 사랑을 충분히 받지 못한 것입니다.

아이는 부모가 눈을 맞추고 몸짓, 손짓, 표정, 목소리 등 온몸으로 반응해줄 때 사랑받는다고 느낍니다. 또한 자신의 말에 귀 기울여주고 감정에 공감해주며 함께 신나게 놀아줄 때, 사랑받는다고 느끼며 그 기억을 오래도록 마음속에 담아두지요.

부모에게 배려 깊은 사랑을 충분히 받은 사람은 당연히 부모를 '사랑한다'고 느낍니다. 그러나 배려 깊은 사랑을 받지 못한 사람은 부모를 '사랑해야 한다'고 생각합니다.

여러분은 부모님을 사랑하나요, 사랑해야 한다고 생각하나요?

만약 사랑해야 한다고 생각한다면, 어릴 때 부모에게 배려 깊은 사랑을 받은 경험이 적기 때문입니다. 부모에게 받은 상처로 분노가 쌓여서 부모를 순수하게 사랑하기보다 사랑해야 하는 존재로 여기게 된 것이지요.

사랑과 분노는 마음속에 같이 있을 수 없습니다. 사랑이 있으면 분노가 들어올 여지가 없고, 분노가 있으면 가슴이 차가워지면서 사랑이 사라집니다.

아이의 마음속에 분노가 아닌 사랑을 채워주고 싶다면, 아이에게 배려 깊은 사랑을 베풀어야 합니다. 배려 깊은 사랑을 충분히 받고 자란 아이는 마음속에 부모를 사랑하는 마음이 가득 차 있답니다.

아이의 눈빛을 보고 눈을 맞추며 이야기를 나누어보세요. 부모가 아이의 속마음을 읽고 공감해주면, 아이는 내면의 힘을 기르면서 스스로를 잘 다스리는 자존감 높은 사람으로 성장합니다.

아이의 말에 귀를 기울이고 아이와 함께 뛰놀면서, 남과 더불어 행복하게 살아가는 사랑의 마음을 아이에게 심어주세요. 아이는 감각을 통해 사랑을 느낍니다. 아이의 눈빛을 보고, 아이의 이야기를 경청하고, 감정에 공감해주며, 아이와 함께 몸 부대끼고 놀면서 몸으로 사랑을 느끼게 해주는 것이 진정 배려 깊은 사랑이에요.

교육의 아버지인 페스탈로치는 이렇게 말했습니다.

"하느님은 어머니에게 모성애를 주었고, 교육의 근본은 배려 깊은 사랑입니다."

모든 교육은 배려 깊은 사랑에서 출발합니다. 아이에게 배려 깊은 사랑을 주는 것만으로도 아이는 몸과 마음이 무럭무럭 자랍니다.

Q 아이가 싫어하는 걸 강요하고 싶지 않아요

저는 양치질하기 싫어하는 아이한테 억지로 양치질을 시키지 않고요, 밤 12시 넘도록 잠을 자지 않아도 억지로 재우지 않아요. 똥을 싼 뒤 씻지 않거나 기저귀를 갈지 않으려고 하는 아이의 행동도 존중해줍니다.

그런데 아이가 원하는 대로 내버려두었다가 나중에 아이가 일상생활을 잘 못하면 어떡하죠? 예를 들어 일찍 자는 습관을 들이지 못해 학교에 늘 지각한다든가, 양치질을 안 해서 충치가 생길까 봐 걱정이 됩니다.

A 배려 깊은 사랑을 받고 자라 자존감이 높은 아이는 규칙적인 생활을 할 시기가 닥치면 시키지 않아도 알아서 규칙적인 생활을 합니다. 싫은 것도 잘 참고 해내고요. 이것은 '마시멜로 실험'에서도 알 수 있어요. 먹지 말고 기다리라고 말했을 때, 내면에 상처가 있는 아이들은 참지 못하고 먹어버려요. 현재의 욕구를 충족하는 데에 급급하기 때문이에요. 그러나 배려 깊은 사랑을 받고 자란 아이들은 기다리면 보상받는다는 사실을 잘 알고 있기에 순간의 욕구를 잘 참아낸답니다.

아이가 학교에 들어가서도 늦게까지 잠을 자지 않을 거라고 염려하는 것은 오지 않은 미래 때문에 현재를 희생하는 것이나 다름없어요. 내면에 상처가 있는 사람은 과거에 얽매이거나 미래에 대한 염려 때문에 현재를 즐기지 못하지요.

어머님은 경험상 아이를 존중하고 기다려주면 아이가 자신의 행동을 조절한다는 사실을 알고 있어요. 양치질만 해도 그래요. 어릴 때는 어느 누구나 씻는 것을 싫어하지만 자라면 씻으라고 야단치지 않아도 알아서 씻잖아요. 그러니 아이의 성장을 재촉하지 마세요.

아이가 똥을 싼 뒤 씻거나 기저귀 가는 걸 싫어하는 이유를 곰곰 따져보세요. 수치심 때문일까요? 혹시 기저귀를 갈 때 상처를 주었나요? 아니면 물의 온도가 안 맞아 그런 걸까요? 애초에 물을 무서워하는 것은 아니고요? 무엇 때문에 그런 행동을 하는지 잘 관찰해볼 필요가 있습니다.

좋은 엄마의 이미지로 남으려 하지 말고 실제로 좋은 엄마가 되길 바랍니다. 혼란스럽고 고통스럽겠지만, 아이를 존재 그 자체로 사랑해줄 수 있도록 치열하게 도전하시길 바랍니다.

Q 체벌을 반대하는 게 잘못된 건가요?

우리 부부는 절대적으로 체벌과 폭력을 반대하는 입장이에요. 그런데 제 친구는 아니더라고요. 우리나라 교육환경에 아이가 잘 적응하고 견디려면 체벌이 필요하다고 생각한대요.
친구는 제가 부모 말을 잘 따르는 아이를 두었기 때문에 체벌을 반대할 수 있는 거라고 해요. 만약 제 아이가 말썽 피우는 아이였다면 틀림없이 체벌했을 거라고 합니다. 그 얘기를 들으니 마음이 참 어수선하고 무겁습니다.

A 저는 체벌에 전적으로 반대합니다. 체벌이 필요하다고 주장하는 사람은 교육에 대한 근본적인 이해가 부족한 사람입니다. 체벌이란 공포와 억압을 기초로 한 교육입니다. 체벌을 하면 그 순간은 아이의 나쁜 행동을 막을 수 있지만, 장기적으로는 오히려 나쁜 행동을 강화시킬 뿐입니다. 결국 아이를 향한 매의 강도도 점점 강해지겠지요.

사실 어른의 눈에는 말썽처럼 보여도 아이의 모든 행동에는 발달에 따른 호기심이 기반되어 있습니다. 예를 들어 아이가 음식을 집어 던지는 것은 그 행동을 통해 중력에 관한 개념을 배우기 위함입니다. 아이가 음식을 집어 던진다면, 상을 따로 차려주어 아이의 호기심을 충족해주면 됩니다. 시간이 지나 아이에게 분별력이 생기면, 부모가 애써 막지 않아도 아이는 더 이상 음식을 집어 던지는 행동을 안 할 겁니다.

자녀의 눈빛을 읽고 배려를 바탕으로 아이를 키우세요. 아이 내부의 분별력은 배려와 사랑을 자양분 삼아 자라니까요.

그리고 아이에게 책 읽는 즐거움을 가르쳐주세요. 책을 많이 읽은 아이들은 분별력이 강하기 때문에 절대 주먹을 들지 않습니다. 모든 문제를 언어, 즉 대화로 해결하려 하지요.

물론 사회에서의 체벌은 불가피한 면이 있습니다. 모든 아이가 배려와 사랑으로 양육되진 않기 때문입니다. 매를 맞고 자란 아이들은 학교에 가서도 자연스럽게 남에게 폭력을 행사합니다. 선생님 또한 한 반에 20~30명이나 되는 아이를 일일이 배려하기가 불가능하기에 어쩔 수 없이 체벌이라는 억압과 공포를 사용하여 아이들을 통제하는 경우가 있습니다.

그러나 사회의 각 구성원이 사랑과 배려로 성장했다면 수많은 아이들이 모여도 그렇게 산만하지 않습니다. 집에서는 마음껏 뛰놀아도 되지만, 공공장소에서는 뛰면 안 된다는 것을 잘 알고 있기 때문입니다.

의식을 바꾸기는 어렵습니다. 체벌이 필요 없다고 생각하는 사람들은 소수입니다. 그러나 언젠가는 다수가 체벌이 필요 없다고 생각하는 시대가 올 것입니다.

배려받은 사람만이 남을 배려할 줄 압니다. 교육의 근본은 배려 깊은 사랑이라는 것을 잊어서는 안 됩니다.

아이를 사랑하는 데
조건을 달지 마세요

모든 감정 중에서 가장 먼저 분화되는 감정은 사랑입니다. 아이들은 잉태되는 순간부터 부모의 사랑을 느끼지요. 아이들은 본능적으로 부모의 모든 말과 행동을 자신에 대한 사랑표현이라고 생각합니다.

아이는 부모를 있는 그대로 사랑합니다. 엄마가 요리를 못해도 "우리 엄마가 아니야!"라고 부정하지 않습니다. 심지어 머리가 부스스하고 눈곱이 껴 있어도 아이는 "우리 엄마가 세상에서 가장 예뻐요. 백설공주보다도 훨~씬 많이요!"라고 자랑하듯 말하지요.

아이는 엄마바라기입니다. 엄마가 부엌에 가면 부엌까지 졸졸 따라오고, 화장실에 가면 화장실까지 졸졸 따라오지요. 아내를 좋아하는 남편도 화장실까지 따라오지는 않을 텐데 말이지요.

살면서 이렇게 조건 없이 주는 사랑을 받아본 적이 있나요?

부모 중에는 "아이가 꼭 맞을 짓을 해요."라고 말하는 사람이 있습니다. 과연 맞는 말일까요?

온종일 엄마에게 시선이 집중되어 있는 아이는 엄마가 무의식에 갖고 있는 불안감을 쉽게 감지합니다. 그리고 그 상황으로부터 벗어나기 위해 돌발행동을 합니다. 장난감을 던지기도 하고, 주의가 산만하게 행동하기도 하지요. 이때 엄마는 아이를 야단치며 무의식에 갖고 있던 불안감을 겉으로 드러내어 몸으로 겪으면서 불안감을 해소합니다. 아이를 야단치면서 카타르시스를 느끼는 것이지요.

부부싸움을 할 때도 마찬가지입니다. 엄마, 아빠가 심리적으로 위험한 상태라는 것을 감지한 아이는 엄마, 아빠의 관심을 자기에게 돌리려고 행동합니다.

심지어 없는 병을 만들어내기도 합니다. 아이가 아프면 부모는 아이를 돌보기 위해 자연스레 부부싸움을 멈추니까요. 이처럼 아이의 돌발행동은 부모의 불안감과 심리적인 충돌을 해결해주지만, 안타깝게도 아이는 조건 없이 부모를 사랑한 대가로 호되게 병치레를 하게 됩니다.

아이는 조건 없이 부모를 사랑하는데, 분별없는 부모는 아이에게 사랑의 조건을 걸곤 합니다. '공부를 잘해야 한다.', '착하고 얌전하게 행동해야 한다.', '인사를 잘하고, 예의 있게 굴어야 한다.'라고 말이지요.

부모가 사랑하는 데 조건을 걸면, 아이는 부모에게 버림받을 수도 있다는 두려움을 느낍니다. 그리고 두려움으로부터 자신을 보호하기 위해 자기중심적인 사고를 하게 됩니다. 모든 것을 자기 책임이라고 생각하게 되는 것이지요.

예를 들어 경제적인 사정으로 맞벌이하느라 아이와 함께 있어주지 못하는 부모를 보고, 아이는 무의식적으로 부모가 자신을 싫어하기 때문에 자신과 함께 있어주지 않는 것이라고 받아들이지요.

아이들은 사랑하면 부모가 시간을 같이 보내준다고 생각합니다. 애정과 관심을 가지고 시간을 보내주지 않으면 자신을 가치 없는 사람이라고 여기고요.

아이에게 있어 부모는 세상의 중심입니다. 그런 부모에게서 결점을 발견하면, 아이는 자신의 내적 질서가 뿌리째 흔들리는 두려움과 고통을 맛보게 됩니다. 그래서 모든 것을 자신의 잘못으로 돌리고 자신을 수치스럽게 여기며 죄책감을 가지게 되지요.

부모가 이혼할 때에도 "네 잘못이 아니야. 이건 엄마, 아빠가 잘못해서 생긴 일이야."라고 똑바로 말해주지 않으면, 아이는 '나 때문에 엄마, 아빠가 이혼했어.'라고 생각하며 평생 죄책감을 짊어지고 살아간답니다.

이처럼 상처받으며 자란 아이는 어른이 되어서도 사랑받기 위해 전전긍긍합니다. 사랑받고 싶어서 친구의 사랑을 빼앗는 행동을 저지르기도 하고, 다른 사람들이 자신을 봐주는 게 기뻐서 늘 좋은 사람으로 남으려고 합니다. 부모가 되어서도 자신의 이미지를 중요하게 생각하느라 아이의 감정을 제대로 보살피지 못하고요.

세상의 모든 부모에게 말해주고 싶습니다. 아이가 부모를 있는 그대로 사랑하듯이, 부모도 아이를 있는 그대로 사랑하라고 말이에요.

아이가 두려움을 느끼지 않도록 조건 없는 사랑을 베푸세요. 부모의 조건 없는 사랑은 아이의 성장을 돕는 밑거름이 됩니다. 그리고 아이의 순수한 사랑은 부모의 상처를 치유해주는 약이 된답니다.

Q 예민하고 나약한 아이, 어떻게 해야 할까요?

제 딸은 잠귀가 엄청 밝아요. 초인종 소리, 변기 물 내리는 소리는 두말할 것도 없고, 몸을 뒤척이는 기척에도 깨서 울어버리곤 한답니다.

잠귀만 밝은 게 아닙니다. 졸리다고 해서 업어주면 질문을 끊임없이 해요. 대답을 해주다 지쳐서 "이제 그만하고 자!"라고 힘 실어서 한마디 하면 어김없이 울어버리고요.

얼마 전에는 놀이터에서 놀다가 엉엉 울기도 했습니다. 제 딸은 단어를 머릿속으로 떠올리며 느리게 말하는 편인데, 또래 아이가 그것을 못 참고 말이 끝나기도 전에 "안 돼, 안 돼!" 하고 소리를 질렀거든요.

이렇게 예민하고 나약한 딸이 이 세상을 잘 헤쳐나갈 수 있을까요? 집에서도 "작은 방에 있는 아빠한테 놀러 갈까?" 하면 아빠 무섭다고 업고 가라고 하는 딸이거든요. 저보다 훨씬 더 배려 깊은 사랑을 베푸는 아빠인데도 말예요. 정작 아빠한테 데려다주면 언제 그랬냐는 듯 잘 놀아요.

사랑을 베푸는 아빠도 무섭다고 하는 아이인데, 나중에 학교에 들어가면 또래 아이들에게 큰 상처를 받진 않을까 걱정이 됩니다.

A 섬세하고 분별력이 있는 아이는 웬만해서는 자신의 생각을 직설적으로 표현하지 않습니다. 아이스크림을 먹고 싶으면 "엄마, 오늘은 왜 이렇게 날씨가 덥죠?"라고 표현하지요. 아이스크림을 사달라고 직접적으로 말하지 않고 에둘러서 표현하기 때문에 부모는 아이의 생각을 눈치채기 힘듭니다.

아빠가 무섭다고 표현하는 아이의 말을 곧이곧대로 받아들이지 마세요. 엄마에게 업히고 싶고 엄마의 따스한 사랑과 체온을 느끼고 싶어서 "아빠 무서워."라고 표현하는 것뿐입니다.

아이가 자신의 생각을 말로 차근차근 표현한다는 것을 보니, 분별력이 참 뛰어난 것 같습니다. 다만 아직 아이이기에 자신의 마음을 알아주지 못하는 상황에 맞닥뜨리면 어쩔 줄 몰라 울음을 터뜨리는 거예요.

섬세한 아이일수록 아주 미묘한 차이까지 구별할 수 있습니다. 목소리 톤, 눈빛 하나만으로도 아이를 울릴 수도 웃길 수도 있지요. 그래서 저는 아이가 36개월이 되기 전에는 아이와 함께 부모님을 뵈러 가는 것도 조심했습니다. 아이가 부정당할 수 있는 기회를 가능한 한 만들지 않기 위해서입니다.

배려 깊은 사랑을 준다는 것은 아이의 자발성을 저해하는 환경을 배척하는 것입니다. 즉 아이의 생명과 안전에 관계된 것이 아니라면, 아이가 스스로 생각하고 도전해볼 수 있도록 아이에게 기회를 주는 것이지요.

배려 깊은 사랑을 받은 아이들은 마음속에 부모의 든든한 믿음이 중심을 잡고 있기 때문에 세상의 어려움에 뒷걸음치지 않고 기꺼이 도전합니다. 고생을 고생으로 여기지 않고 기쁜 마음으로 몰두합니다. 야생마처럼 생명력이 강해 넘어져도 다시 일어납니다.

조금만 여유를 가지고 지켜보세요. 시간이 조금만 지나면 아이와 진지하게 대화할 수 있을 거예요. 아이는 엄마의 말이 옳다고 생각하면 그 자리에서 행동을 바꿀 것입니다.

잠귀가 밝은 것도 잠시입니다. 이 시기를 놓치지 말고 아이에게 음악을 많이 들려주세요. 아이의 감성발달에 참 좋습니다.

섬세했던 아이가 무던해지는 과정을 저는 아이를 키우면서 지켜보았습니다. 물론 지적인 섬세함까지 무뎌지진 않습니다. 책 읽기를 통해 지성의 날은 날로 날카로워지고, 사람을 대하는 자세는 날로 온유해졌지요. 이게 다 조건 없이 베푸는 사랑, 배려 깊은 사랑의 결과임을 확신합니다.

당신은 희생하는 부모입니까?
헌신하는 부모입니까?

'부모라면 아이를 위해서 당연히 희생해야 한다.'고 생각하는 부모가 참 많습니다. 이러한 부모들은 희생이 곧 사랑이라고 여기지요.

아이를 위해 자신을 희생했다고 생각하는 부모는 아이에게 이렇게 말하곤 합니다.

"내가 너를 위해 얼마나 희생하며 살았는지 아니? 그런데 너는 내 마음을 코딱지만큼도 이해하지 못하는구나. 만약 내가 너라면 뼈 빠지게 희생한 엄마, 아빠를 위해서라도 코피 쏟아가며 공부하겠다. 공부하라고 말하는 건 나 잘되라고 그러는 게 아니라 다 너 잘되라고 그러는 거야."

이런 부모는 남에게 인정받고 싶어 자신의 아이를 자랑거리로 삼곤 합니다. "우리 아이가 공부를 잘해서 이번 시험에서 백 점 맞았잖아.", "우리 아이는 인사성이 참 밝아서 어딜 가나 칭찬이 자자하다니까!" 하고 말예요.

곰곰이 생각해보세요. 왜 내 아이가 공부를 잘하고 인사를 잘하길 원하는지요? 혹시 남에게 아이를 잘 키운 사람으로 보이고 싶어서 그런 것은 아닌지요?

정말 아이가 잘되길 바란다면, 아이의 행복을 먼저 생각해야 하지 않을까요? 또 부모 자신의 희생을 담보로 공부를 안 하는 아이에게 죄책감을 심어주는 일은 없어야 하겠지요?

부모의 희생을 내세워 아이를 자신의 뜻대로 이끌어간다면 결국 받기 위해 주는 이기적인 부모에 지나지 않습니다. 남에게 좋은 부모로 보이기 위해 아이를 희생하지 마세요. 희생은 진정한 사랑이 아닙니다. 희생에는 분노가 있습니다.

아이를 진정으로 사랑하려면, 부모가 먼저 자신을 사랑할 줄 알아야 합니다. 자신을 사랑할 줄 아는 사람은 남의 인정을 받기 위해 행동하지 않습니다. 자신 안에 충만함이 있기에 스스로를 보살피며 남의 시선에 마음 쓰지 않습니다. 그리고 진심으로 자신의 아이뿐만 아니라 다른 사람도 사랑한답니다.

예수님은 이렇게 말씀하셨습니다. "네 이웃을 네 몸처럼 사랑하라!" 자신의 몸을 사랑하는 것처럼 남을 사랑하라는 말이지요. 이 말은 곧 자신을 사랑하지 않는 사람은 남을 사랑할 수 없다는 말이기도 합니다.

자신을 사랑하지 않는 부모는 아이에게 진정한 사랑을 베풀지 못합니다. 오히려 아이에게 사랑받고자 자신을 희생하지요.

하지만 희생은 '돌려받을 것'을 염두에 두고 하는 행위입니다. 자신을 희생한 부모는 "내가 너한테 어떻게 했는데, 고작 이것밖에 못하니!"라며 아이에게 끊임없이 잔소리하지요. 자신을 알아달라고 하는 것입니다.

그래서 희생하는 부모 밑에서 자란 아이는 부모의 감정을 돌보고 살피느라 정작 자신의 욕구와 감정을 보살피지 못합니다.

반면 자신을 존재 그 자체로 사랑하는 부모는 자신을 희생하지 않고, 아이에게 '헌신'합니다.

헌신은 돌려받을 것을 생각하지 않고 조건 없이 베푸는 마음입니다. 헌신하는 부모는 자신의 내면에 이미 많은 것을 가지고 있고 또한 자신을 사랑할 줄 알기에 조건 없이 아이에게도 베풀 수 있지요.

헌신하는 부모는 아이의 말, 행동, 생각에 과민반응하지 않고, 아이를 바른길로 이끌기 위해 묵묵히 노력합니다. 그리고 헌신하는 부모 밑에서 자란 아이는 부모의 감정을 살피는 데 에너지를 쏟지 않습니다. 오롯이 자신의 목표를 이루는 데 에너지를 사용하기에 자존감 높은 아이로 성장하면서 높은 성취를 이루어냅니다.

Q 제가 아이에게 너무 관대한가요?

아이에게 배려 깊은 사랑을 베풀려고 나름 공부도 많이 하고 노력했다고 자부합니다. 그런데도 아이가 커갈수록 고집만 세지고 저에 대한 집착이 심해지는 건 왜일까요?

아이와 함께 많은 시간을 보내고 사랑을 주는데도 아이는 여전히 엄마의 사랑이 부족한 모양입니다. 계속 떼를 쓰고 고집을 부리네요. 오늘은 우는 아이를 달래고 가자니 직장에 늦을 것 같아서 어쩔 수 없이 시어머니께 아이를 맡겨두고 나왔습니다. 그런데 제가 사라지니까 아이가 울음을 뚝 그치더니 잘 놀더랍니다.

다른 사람들 말로는 제가 아이에게 너무 관대하고 무조건 다 받아주어서 그렇대요. 저는 아이를 최대한 인정해주고 사랑해주려고 한 행동인데, 정말 제 행동이 문제라면 도대체 배려 깊은 사랑은 어떻게 베푸는 건가요?

A

아이가 고집을 부리는 것인지 자기주장을 펼치는 것인지 다시 한 번 생각해보세요. 배려 깊은 사랑을 받은 아이들은 독립적이라서 자신이 느끼는 것을 아주 정확하게 표현하거든요. 그 모습을 지켜보는 엄마 입장에서는 아이의 감정 표현이 벅차게 느껴질 수 있습니다.

배려하는 엄마와 희생하는 엄마 사이에는 미묘한 차이가 있습니다. 희생하는 엄마는 아이의 사랑을 돌려받기 위해 아이의 권리와 공간을 함부로 침범합니다.

예를 들어 아이가 스스로 하고자 할 때도 기다려주지 못하고 대신해줍니다. 아이 혼자서 밥을 떠먹을 수 있는데도 밥풀을 묻히고 먹는다는 이유로 떠먹여주지요. 자기 대신 모든 걸 해주는 엄마의 모습을 보면서 아이는 자신이 못나서 그런 거라고 생각하게 되고요.

희생하는 엄마는 자신의 내면에 감정, 그중에서도 특히 분노를 억압합니다. 그 사실을 알아챈 아이는 엄마의 분노를 대신 표현하게 되지요. 아이가 갈수록 고집불통이 되는 것은 아이를 바라보는 엄마의 모습에 분노가 숨어 있기 때문입니다. 특히 배려 깊은 사랑을 받은 아이일수록 내면의 빛이 강해서 자신이 느낀 것을 온몸으로 표현하는 경향이 있습니다.

아이는 엄마의 억압된 감정에 접속하기 위해서 엄마에게 매달리곤 합니다. 그런데 엄마는 아이가 그만 매달리기를 바라고 아이를 밀어내 상처를 주지요.

억압된 분노가 없으면 배려 깊은 사랑을 베풀 수 있답니다. 배려 깊은 사랑을 받은 아이는 자존감이 높아서 잘못된 행동을 하지 않습니다. 안타까운 건 대부분의 부모가 그 과정을 기다려주지 못한다는 거예요. 남 보기에 좋게 키우려고 아이의 행동을 미리 지적하고 바로잡지요. 그 과정에서 아이의 영혼이 파괴된다는 걸 모르고요.

어머님은 희생하는 엄마였나요, 배려 깊은 사랑을 베푸는 엄마였나요? 다시 한 번 스스로를 되돌아보는 시간을 가지시길 바랍니다.

아이를 사랑해서 한 말과
행동이 독이 될 수도 있어요

언젠가 한 어머니가 나에게 고민을 털어놓았습니다.

"아이가 변비에 걸려서 고생하는데, 그 모습을 보고 있으니 정말 속 상해요. 사실 아이 피부에 안 좋을까 봐 일회용 기저귀는 쓰지도 않았 거든요. 온종일 산더미처럼 쌓인 기저귀 빠느라 지쳐서 쓰러질 것 같 아도 아이를 위한다는 마음으로 애썼는데……."

출산 직후에는 몸조리하고 아이에게 젖을 먹이는 것만으로도 하루 가 벅찹니다. 거기다가 기저귀까지 빠는 것은 보통 정성이 아니면 하 기 어려운 일이에요.

문제는 아이가 기저귀를 뗄 때까지의 시간이 생각보다 길다는 거예 요. 1~2년 동안 매일 산더미처럼 쌓인 기저귀를 빨아야 한다고 생각 해보세요. 아무리 아이를 사랑하는 마음이 깊어도 당연히 지칠 수밖에 없어요.

그러다 보면 아이의 기저귀를 갈아줄 때마다 자신도 모르게 한숨을 쉬게 됩니다. 한숨 쉬는 부모를 보고, 아이는 변을 보는 것 자체를 수치스럽다고 느끼게 되지요. 그래서 점점 변을 참게 되고 변비가 생기는 거예요.

이처럼 아이를 사랑해서 한 말과 행동이 오히려 아이에게 독이 될 때가 있어요. 앞의 이야기처럼 엄마가 한숨을 쉬면 아이는 즉각적으로 자신에게 문제가 있어 그렇다고 자기중심적으로 판단합니다. 엄마가 힘이 부쳐 그렇다고는 생각하지 못하지요.

부모는 아이의 성장 및 발달과정에 근거해 사랑을 어떻게 베풀어야 하는지 알아야 합니다.

'나는 아이를 사랑하니까 무조건 천기저귀를 써야 해.'라는 자신의 관점에서 아이에게 사랑을 베풀지 마세요. '배변을 가릴 시기에는 아이의 수치심도 발달한다고 그랬지! 아이가 배변할 때 수치심을 느끼지 않도록 조심해야겠어.'라며 아이의 관점에서 사랑을 베풀어야 합니다.

물론 천기저귀를 사용하지 말라는 이야기는 아닙니다. 피부가 예민하여 일회용 기저귀를 쓰면 안 되는 아이도 있으니까요. 다만 아이의 발달과정을 숙지하고, 아이의 심리상태를 가늠하여 그때그때 적합한 말과 행동을 해줘야 하지요. 아이가 상처 입지 않도록 말이에요.

Q 아이에게 자극을 주려고 무리하게 돼요

저는 하루 종일 아이와 놀아주고 밤에 아이가 잠들면 그제야 집안일을 해요. 그다음에는 인터넷과 책을 보며, '내일은 아이와 어떤 놀이를 할까?' 고민하다가 새벽 3~4시쯤 잠이 듭니다.

수면부족으로 육체적, 정신적으로 몹시 지친 상태지만, 아이에게 다양한 자극을 주면 아이가 남다르게 클 거라는 기대 때문에 어쩔 수 없이 무리를 하게 됩니다.

그런데 최근에 아이에게 자극을 주지 말고 지켜만 보라는 말을 들었어요. 아이에게 주도성을 길러줘야 할 시기에 엄마가 너무 끼고 있으면 아이가 의존적으로 자란다고요. 하루 종일 아이 옆에서 놀아준 그동안의 제 육아방식이 잘못된 것이었을까요?

A 교육에는 양면성이 있기 때문에 일부분만 봐서는 좋다, 나쁘다 판단하기가 참 힘든 것 같아요. 게다가 아이의 욕구도 시시때때로 변하니까요. 아이의 내면에서 의존성과 독립성이 서로 공존하며 성장하기 때문이지요.

그래서 부모는 순간순간 아이가 보내는 신호를 잘 읽어내는 게 무엇보다 중요합니다. 예를 들어, 아이가 다른 사람과 전화하는 엄마의 모습을 싫어할 때는 가능한 한 아이 앞에서 다른 사람과 전화하지 않는 거예요. 사소한 전화통화는 아이가 잠을 잘 때나 아이가 다른 곳에 집중하고 있을 때 해도 되니까요.

물론 중요한 전화마저 아이를 위해 무조건 포기하라는 말은 아닙니다. 그럴 때는 엄마의 욕구도 중요하다는 사실을 아이에게 분명하게 표현하면 되지요.

아이가 좀 더 자라면 어머님이 다른 사람과 전화를 해도 어머님에게 매달리지 않고 혼자서 잘 노는 시기가 온답니다. 그때까지는 아이의 욕구를 충족해주려고 노력해야 합니다.

아이의 성장도 중요하지만 지금처럼 어머님이 수면부족에 시달리면서 아이를 돌본다면 건강에 무리가 올 수 있어요. 제가 보기에 어머님이 크나큰 희생을 하고 있는 것 같습니다. 아이도 중요하지만 어머님 자신도 중요합니다. 교육은 단거리 달리기가 아니라 마라톤이거든요. 아이뿐 아니라 엄마도 함께 즐겁고 행복해야 오래갈 수 있지요.

과일은 익으면 나무에서 저절로 떨어집니다. 아이에게 자극을 줘야 한다는 압박감에서 벗어나세요. 학습이든 놀이이든 아이에게 자극을 줘야 한다는 욕심보다는 즐거움이 바탕이 되어야 합니다.

아이가 즐거워하면 아이의 욕구에 맞게 잘하고 있는 거예요. 다만 어머님이 모든 것을 계획하고 주도적으로 진행했다면, 이제는 아이 스스로 놀이를 창조해낼 수 있도록 기다려주는 것도 필요해요. 아이 스스로 재미있는 일을 만들어내고, 구상하고, 상상하고, 계획할 수 있도록 말이에요.

물론 아이가 엄마와 함께 놀고 싶다고 하면 함께 놀아주세요. 그러나 아이가 혼자 놀 때는 굳이 자극을 주려 하지 마시고, 아이 혼자 몰두하는 시간을 존중해주세요. 아이가 혼자 집중하고 있을 때에는 어머님도 아이 옆에서 혼자만의 시간을 가지면 된답니다.

아이가 엄마한테 의존하고 싶은지, 엄마로부터 독립하고 싶은지 세심하게 살피고 그 욕구를 채워주세요. 아이의 욕구를 채워주는 것은 엄마로부터 독립할 수 있도록 아이에게 영양분을 주는 것과도 같으니까요.

엄마도 행복하고 아이도 행복한 교육이야말로 아이에게 가장 좋은 교육이라는 사실을 잊지 마세요.

부모와 아이 사이에도
'건강한 거리'가 필요합니다

우리가 자신의 고유한 존재를 지키기 위해서는 건강한 '경계'가 있어야 합니다. 경계는 나와 남과의 물리적·심리적인 거리를 뜻하지요.

남과의 거리가 너무 멀면 친밀감이 생기기 힘들지만, 거리가 너무 가까워도 고슴도치 가시에 찔린 것처럼 서로 상처받고 아플 수 있어요. 그래서 사람과 사람 사이에는 적당한 거리, 즉 건강한 경계가 필요합니다.

경계를 침범당했다고 느끼면, 사람들은 두려워집니다. 길을 걷다가 낯선 사람이 다가오면 순간 긴장하는 것도 생각지도 못한 순간에 아내가 손을 번쩍 올리면 나도 모르게 움찔하는 것도 나의 경계를 지키기 위해서지요.

이런 점에서 감정은 자신의 존재를 지키는 데 중요한 역할을 합니다. 이를테면 두려움은 외부에서 위험이 다가오고 있다는 것을 알려주어 미리 조심하게 도와주고, 화는 남의 침입으로부터 경계를 지켜주며, 슬픔은 상처받은 감정을 치유하도록 도와주지요.

만약 감정이 억압되어 있으면 사람 사이의 심리적인 거리를 잴 수 없답니다. 다른 사람에게 어디까지의 거리를 허용해야 하는지 가늠하기 힘들고요.

아이에게도 자신만의 경계가 있습니다. 예쁘다며 갑자기 부모가 아이를 쓰다듬거나 스킨십을 하면, 아이는 마음속으로 움찔 놀랄 수도 있습니다. 눈에 보이지 않는 아이와의 심리적인 거리를 부모도 모르는 사이에 침범하고 만 것이지요.

좁은 길에서 사람과 마주쳤을 때 옆으로 비켜주는 행동은 그 공간을 지나갈 권리가 그 사람에게도 있다는 사실을 인정하고 경계를 지켜주는 거예요. 이처럼 아이도 완전한 인격체로서 고유한 존재임을 인정하고, 그 경계를 지켜주어야 합니다.

배려 깊은 사랑을 베푸는 부모는 아이의 경계를 침범하지 않고 지켜준답니다. 부모에게 경계를 보호받은 아이는 자신이 존중받고 있다고 느끼고요. 부모에게 존중받고 자란 아이는 사람 사이의 건강한 경계를 알기에 다른 사람도 존중해줄 줄 알고 건강한 관계를 맺어나가지요.

Q 청개구리 같은 아이, 받아주기 힘들어요

제 아이는 하나부터 열까지 제 말을 듣는 법이 없습니다. 손톱을 깎을 때도 엄지를 잡으면 새끼손가락을 내밀고, 새끼손가락을 잡으면 엄지를 내밉니다. 게다가 저를 한시도 가만히 내버려두지 않아요. 자기 옆에 달라붙어 노는 것을 보고 있으라고 하거든요. 정말이지 아이와 함께 있으면 아무 일도 못 합니다.

아이 스스로 옷을 입을 수 있고, 신발을 신을 수 있는데도 꼭 저보고 해달라고 요구하고요, 밥도 계속 제가 먹여주길 원해요.

문제는 제가 먹고 싶은 반찬과 아이가 먹고 싶은 반찬이 달라서 생기는 문제를 참기 어렵다는 거예요. 억지로라도 혼자 먹게 하면 온갖 짜증을 부리고 화를 낸답니다.

처음에는 아이의 마음에 다가가 공감해주고 가능한 한 아이에게 맞춰주려고 애썼는데 지금은 한계에 다다랐어요.

 아이는 지금 어머님에게 매달리고 있는데, 어머님은 아이가 느끼는 감정을 느끼지 못하고 있군요.

어머님이 아이의 감정을 못 읽으면, 아무리 최선을 다해 아이를 키워도 어머님의 감정과 아이의 감정이 순간순간 어긋나게 마련입니다.

특히 아이를 향한 어머님의 사랑 안에 분노가 섞여 있으면, 아이는 불안해져서 자신이 사랑받을 만한 사람인가 확인하려고 더더욱 어머님에게 매달리게 되지요.

지금 어머님은 아이의 경계를 침범하고 있어요. 그런데도 어머님은 그 사실을 모르고 있지요. 어머님의 감정이 몹시 억압되어 있기 때문입니다. 어릴 때 본인이 받았던 교육과는 반대로 아이를 사랑하려고 노력하지만, 아이의 경계를 지켜주기엔 역부족인 듯싶네요. 아이와의 적당한 경계가 어디까지인지 배운 적이 없으니까요.

아이의 경계를 알려면 섬세한 감정이 필요합니다. 그러려면 먼저 어머님의 마음속 깊이 억압된 감정을 치유하여 감정을 되살려야 합니다. 그런 다음 감정이 안내하는 대로 따라가면 아이의 경계를 알 수 있지요.

제 생각에 어머님은 어릴 때 부모에게 징징거리거나 매달리지 못했던 것 같아요. 어린 시절 자신이 하지 못했던 행동을 아이가 하니까 의식적으로는 아이를 받아주려고 해도 무의식적으로는 아이에 대한 분노가 치밀 수밖에 없지요.

아이를 사랑으로 키우고 싶지만 현실은 어렵다는 걸 저도 잘 알고 있답니다. 특히 있는 그대로 사랑을 받아본 경험이 없으면, 아이를 머리로 키울 뿐 가슴으로 키우는 게 힘이 들지요.

어머님이 아이의 경계를 침입하고 있다는 사실을 깨닫는 것만으로도 아이는 어머님에게서 떨어지려고 할 거예요. 그렇다고 해서 당장 아이의 경계를 지켜줄 수 있는 건 아니지요. 어머님이 억압된 감정을 직접 몸으로 겪어낸 뒤에야 비로소 아이의 경계를 알 수 있거든요.

억압된 분노를 풀 수 있도록 내면 아이와 관련된 심리학 책을 많이 읽어보길 바랍니다. 어머님을 보듬어줄 수 있는 사람과 진정한 대화도 나누어보시고요.

아이의 '의존욕구'를 채워주어야
몸과 마음이 건강하게 자라요

어린 나무는 적절한 햇빛과 물을 받으면 무럭무럭 자라지만, 필요할 때 햇빛과 물을 받지 못하면 금세 말라 죽어요. 아이들도 마찬가지예요. 엄청난 잠재능력을 가지고 태어나지만 어릴 때 부모의 도움을 받지 않으면, 제대로 된 성인으로 성장할 수 없답니다.

아이들은 자신의 선택과 상관없이 살아남기 위해 의존욕구를 가지고 있어요. 부모가 아이의 발달단계에 맞게 아이의 의존욕구를 충족해주면, 아이들은 몸과 마음이 건강하게 자라요. 그리고 일정한 때가 되면 부모의 곁을 떠나 독립하지요.

하지만 부모가 아이의 의존욕구를 충족해주지 못하면, 아이는 애정결핍증상을 보입니다. 다 자란 뒤에도 어릴 때 채우지 못한 의존욕구를 채우기 위해 빚쟁이처럼 남에게 끊임없이 애정을 요구하고 의존하지요. 외롭고 공허한 마음을 무언가로 채우려고 하기 때문이에요.

또 어른이 되어서도 어린아이처럼 행동하고, 문제가 발생하면 적극적으로 해결하는 게 아니라 회피하며, 무조건 다른 사람의 도움을 받으려고만 합니다.

부모가 아이를 돌보는 것은 순리예요. 그러나 어린 시절의 상처로 자신의 내면에 채워지지 않은 욕구가 있다면 부모라도 순리를 지킬 수 없어요. 아이의 욕구를 충족해주지 못하고 오히려 자신의 욕구를 채우는 데 급급하여 아이를 이용하지요.

부모와 아이의 역할이 바뀌어서 부모에게 의존해야 하는 아이가 부모의 감정을 돌보게 되면, 아이의 어린 시절은 사라져버립니다.

아이는 부모의 채워지지 않은 무의식적 욕구를 감지하고 그 욕구를 채워주지 않으면 버림받을까 봐 두려움에 휩싸여요. 문제는 이렇게 자란 아이가 부모가 되면 자신이 받은 그대로 대를 이어 자신의 아이에게 똑같은 상처를 물려주게 된다는 것이지요.

이미 지나간 과거는 되돌릴 수 없지만, 과거를 대하는 태도는 바꿀 수 있고 미래는 새롭게 만들어나갈 수 있습니다.

자기 자신을 사랑하세요. 어렸을 때 부모가 의존욕구를 미처 채워주지 못했더라도 진정으로 자신을 사랑하는 마음이 있다면, 그 마음만으로도 충분히 의존욕구를 채울 수 있답니다.

스스로를 자신의 부모라고 생각하고 어릴 때 채우지 못한 의존욕구를 충분히 채우는 거예요. 그것이 자신을 사랑하는 과정이랍니다.

부모의 진정한 사랑은 떠나보내는 사랑입니다. 즉 부모의 역할은 인격을 가진 성인으로 아이를 키워 자립시키는 거예요. 그러기 위해 부모는 아이가 건강한 몸과 마음을 가지고 성장할 수 있도록 배려 깊은 사랑을 베풀어야 합니다.

Q 엄마에게 받은 상처가 남아 있는 걸까요?

저희 엄마는 자식에게 헌신적이지 않았습니다. 아이를 먼저 씻기기보다 자신의 몸을 먼저 단장하는 사람이었지요.

엄마에게 받은 상처의 매듭을 풀지 못한 채 결혼을 했고 아이를 낳았습니다. 두 달 동안 친정에서 몸조리를 했는데, 예전의 엄마가 아니더군요. 저에게 너무 헌신적이셨습니다.

어린 시절 못 받은 사랑을 그 두 달 동안 다 받은 것 같아요. 엄마와 그동안 못 했던 옛날이야기를 하면서 엄마가 힘든 결혼생활을 했다는 사실도 알게 됐고요. 비로소 엄마를 이해하게 됐습니다.

그런데 제가 아이를 대하는 모습을 보면, 아직도 엄마에게 받은 상처가 고스란히 남아 있는 것 같아요. 제가 아직도 엄마를 용서하지 못한 걸까요?

A 부모가 아이 곁에 있어주지 못하면 아이는 의존욕구를 채우지 못한 채 자라나게 됩니다. 그래서 어른이 되어서도 누군가로부터 의존욕구를 채우려고 하지요.

어린 시절 겪은 엄마와의 갈등과 불만은 어떡해서든 의존욕구를 채우고자 한 어머님의 몸부림이었을 것입니다. 그러나 그 당시에 엄마는 힘든 상황에 처해 있었기에 딸의 욕구를 채워줄 수 없었지요.

채우지 못한 의존욕구는 아직도 어머님의 무의식에 남아 있답니다. 결혼을 하고 아이를 낳았을 때 어머님은 결심했을 거예요. 아이를 외롭게 하지 않겠다고요. 과거에 받았던 상처를 대물림하고 싶지 않아서 아이를 지극정성으로 돌보았을 테지요. 그러나 정성이 지나치면, 아이의 경계를 넘어가게 됩니다.

아이의 경계가 어디까지인지 알려면 감정이 길을 안내해야 하는데, 어머님의 감정은 억압되어 있기에 그 경계를 알지 못했을 겁니다.

만약 어릴 때 채우지 못한 의존욕구를 채우기 위해 아이에게 사랑을 베푸는 것이라면 이것은 진정한 사랑이 아닌 희생입니다. '나는 어릴 때 받지 못했던 사랑을 아이에게 한없이 베풀고 있어.'라는 자부심으로 베푸는 사랑은 결국 자신이 채우지 못한 욕구를 아이를 통해 채우고 있는 것에 불과합니다.

배려 깊은 사랑으로 아이를 키우고 싶은 마음이 아무리 커도 아이의 경계를 넘어가면 이 또한 아이의 존재를 부정하게 됩니다. 아이에게 고스란히 상처를 주지요.

아이는 엄마의 욕구와 감정을 자신도 모르게 읽는답니다. 버림받는 걸 두려워하는 엄마의 감정을 읽었기에 아이는 엄마에게 매달릴 수밖에 없지요. 엄마와 감정이 충돌할 때마다 아이는 상처를 입는데도 더욱 더 엄마에게 매달릴 거예요. 그럴수록 엄마는 아이에게 사랑을 베푸는 게 힘들어지고요.

어머님, 엄마를 진정으로 용서하려면 엄마에게 받은 상처를 치유해야 합니다. 그러려면 어릴 때 받은 상처를 무의식 속에서 끄집어내야 한답니다. 엄마에게 상처받았던 고통스러운 순간의 감정을 머리가 아닌 가슴으로 절절히 느껴야 합니다. 그 고통을 겪어내면 하염없이 눈물이 흐를 거예요.

어머님, 어린 시절의 고통과 대면하세요. 머리로만 이해하지 말고, 가슴으로 그 고통을 모두 겪어내세요. 그래야 아이에게 배려 깊은 사랑을 베풀 수 있어요.

아이를 존중해주어야만
자기 주도적인 아이로 자라요

쥐를 유리상자에 가두어놓고 전기자극을 주면, 처음에 쥐는 유리상자 밖으로 나가려고 죽을힘을 다해 출구를 찾습니다. 하지만 오랜 시간이 지나도 출구를 찾지 못하면, 도망갈 수 없다는 사실을 받아들이고 고통스러운 전기자극을 묵묵히 견뎌내지요.

이런 상황에서는 문을 열어주어도 쥐가 도망가지 않는답니다. '학습된 무력감'에 빠졌기 때문이에요.

학습된 무력감에 대해 연구한 마틴 셀리그만은 《낙관적인 아이》에서 이렇게 말했습니다.

"나쁜 일이 생겼을 때뿐만 아니라, 자기 뜻과 상관없이 좋은 일이 거듭되어도 학습된 무력감이 생길 수 있다. 슬롯머신에서 동전이 쏟아져 나오고 복권에 당첨되는 등 노력하지 않았는데도 계속 돈이 생기는 사람은 절대 돈을 벌기 위해 노력하지 않는다. 또 사자에게 매일 맛있는 먹이를 가져다주면, 사자는 절대 사냥하지 않는다. 노력하지 않아도 먹이가 생긴다는 사실을 알기 때문이다."

아이도 마찬가지예요. 아이의 행동에 상관없이 계속 칭찬해주면, 아이는 더 이상 어떤 일에도 노력하지 않아요. 그야말로 학습된 무력감에 빠졌기 때문이에요.

더불어 부모가 선생님의 역할을 하면서 자신이 원하는 대로 아이를 계속 끌고 가면 어떻게 될까요? 좋은 일이든 나쁜 일이든 아이는 자신이 어떤 일을 조절할 수 없다는 생각 때문에 무력감이 생깁니다. 즉 아이는 어떤 행동을 스스로 조절하고 있다고 느낄 때 비로소 즐거움을 느끼고 깊게 몰입하며 자기 주도적인 아이로 성장하지요.

아이가 학습된 무력감에 빠지지 않으려면, 부모의 역할이 무척 중요합니다. 부모는 어떤 일이 있어도 아이의 의견을 존중해주어야 해요. 설사 아이의 의견이 잘못된 것이라고 해도 조언은 해주되, 아이의 의견을 무시해서는 안 됩니다. 아이가 스스로 깨닫고 변화할 때, 비로소 자존감 높고 자기 주도적인 사람으로 성장하기 때문이에요.

아이가 실패하여 좌절을 맛보았을 때는 따뜻하게 토닥여주고, 성공했을 때에는 함께 기뻐해주세요. 자신이 선택한 일에 부모가 자신의 일처럼 슬퍼하고 기뻐해줄 때, 아이는 사랑받는다고 느낍니다.

어릴 때 존재 자체로 사랑을 듬뿍 받고 자란 아이는 감정의 분화와 통합이 잘 이루어져 마음이 튼튼하답니다. 어떤 어려운 일이 생겨도 쓰러지지 않아요. 어릴 때 받은 사랑의 힘으로 오뚝이처럼 우뚝 일어나 다시금 도전하지요.

부모가 세상으로부터 아이에게 오는 위험과 고통을 모두 막아줄 수는 없어요. 그러나 아이 스스로 이겨내는 힘은 충분히 길러줄 수 있답니다.

Q 소심하고 부정적인 아이가 마음에 안 들어요

아이가 너무 소심하고 소극적이에요. 거절당할까 봐 겁이 나서 친구한테 같이 놀자는 말도 못 해요. 제가 무슨 말만 하면 부정적인 것들을 생각하며 미리 걱정하고요.

우리 아이는 특별히 좋아하는 책도 장난감도 없어요. 심지어 옷 입기, 밥 먹기 등 자신의 일상에 대해서도 관심이 별로 없어요.

아이들과 놀 때도 같이 어울리지 못하고 방관자처럼 있고요. 유치원에서 만들기를 할 때도 친구가 만든 것을 똑같이 따라서 만든다고 하네요.

아이의 모습을 보고 있자면 답답해서 참을 수가 없어요. 아이의 성격이 변하지 않는 한 친구 하나 제대로 사귀지 못할 것 같아요. 어떻게 하면 아이의 성격을 바꿀 수 있을까요?

A 아이가 친구와 사귀지 못한다고 해서 걱정할 필요는 없습니다. 마음에 맞으면 친구를 사귀는 것이고, 안 맞으면 안 사귈 수도 있지요.

다만 "제가 무슨 말만 하면 부정적인 것들을 생각하며 미리 걱정하고요."라는 말과 "우리 아이는 특별히 좋아하는 책도 장난감도 없어요. 심지어 옷 입기, 밥 먹기 등 자신의 일상에 대해서도 관심이 별로 없어요."라는 말이 마음에 걸리네요.

이러한 현상은 주로 아이 스스로 해볼 수 있는 기회를 주지 않았을 때, 즉 부모가 나서서 먼저 해주어 아이의 자발성을 키워주지 못했을 때 흔히 나타나거든요.

예를 들어 아이가 뜨거운 것을 만지려 할 때 "안 돼, 하지 마!"라고 제지하며 아이의 행동을 부정하면, 아이는 자발성을 기를 수가 없어요. 오히려 아이의 손을 붙잡고 조심스럽게 만져볼 수 있는 기회를 줘야 하지요. 뜨거운 걸 만질 때는 조심해야 한다는 사실을 스스로 깨우칠 수 있도록 말이에요.

밥을 먹을 때도 마찬가지예요. 아이 혼자 먹어보려고 시도하면, 밥상을 따로 차려 혼자 먹을 수 있는 기회를 마련해줘야 해요. 물론 아이는 숟가락

질이 서툴기 때문에 밥상 주변은 엉망이 되겠지만요. 그러나 이런 기회를 통해 아이는 숟가락, 젓가락 쓰는 법을 자연스레 배울 뿐 아니라 무엇이든지 혼자서 해보려는 자발성을 키우고 주도적인 아이로 자라게 됩니다.

만약 밥상 주변이 엉망이 되는 게 싫거나 아이가 제대로 못 하는 게 안쓰러워서 부모가 먹여주면, 아이는 혼자서는 아무것도 못 하게 돼요. 점점 부모에게 의존하게 될 거고요. 부모는 아이에게 사랑을 듬뿍 주었다며 만족감을 느낄지 모르지만, 이것은 진정한 배려 깊은 사랑이 아니에요.

지금이라도 아이 스스로 해볼 수 있는 기회를 마련해주세요. 그리고 시간이 얼마나 걸리든 혼자서 해볼 수 있도록 느긋하게 기다려주세요. 재촉하면 아이는 점점 의존적이 될 거예요.

부모는 아이의 능력을 정확히 읽고, 아이가 할 수 있는 것과 하지 못하는 것을 구별해낼 수 있어야 합니다. 아이의 성격을 바꾸려고 하지 말고 어머님이 아이를 대하는 태도부터 바꾸시길 바랍니다.

아이 마음에 반응하고 공감하는 것,
아이 행복의 시작이에요

정신과 전문의인 마사 하이네만 피퍼와 윌리엄 J. 피퍼 부부는 《스마트 러브》에서 내적 행복을 가진 아이가 잠재력이 크다고 이야기했어요.

"태어나 부모를 처음 만나는 아이는 인간관계에 대해 낙관적인 성향을 지니고 있다. 어른과는 달리 갓 태어난 아이는 무슨 일이든 사랑하는 부모가 해주는 일이라면 모두 최고라고 여긴다. 부모가 보살펴주는 방식이 이상적인 것이라고 생각하며, 자신이 부모의 사랑을 차지할 수 있다고 믿는다. 이러한 믿음이 날이 갈수록 확고해질 때 아이는 내적 행복을 가진 아이로 성장한다. 그리고 흔들림 없는 내적 행복 덕분에 아이는 잠재력을 최대한 발휘한다."

아이의 잠재력을 이끌어내는 내적 행복은 크게 1차적 행복과 2차적 행복으로 이루어집니다.

1차적 행복은 부모와의 관계에서 느낍니다. 부모가 아이의 성장욕구를 충족해주고 아이의 감정에 공감해주면, 아이는 자신이 부모의 애정 어린 관심을 이끌어낼 수 있다는 믿음을 가져요. 이때 1차적 행복이 생겨납니다.

부모가 늘 즐거운 마음으로 자신을 보살피고 있다는 믿음이 강해질수록 아이들의 1차적 행복은 점점 확고해져요.

2차적 행복은 스스로 무언가를 성취해냈을 때 느낍니다. 처음에는 자신이 원했던 것을 얻어냈을 때에만 2차적 행복을 느낍니다. 하지만 더 자란 뒤에는 굳이 눈에 띄는 성과를 얻지 못하더라도 자신이 선택한 일을 잘 지켜나가는 것 자체에 만족감을 느끼고 스스로 건설적인 선택을 할 수 있게 되지요.

2차적 행복이 확고해진 아이는 결과에 연연하지 않아요. 실패와 좌절을 겪더라도 쉽게 흔들리지 않고, 언제 그랬냐는 듯 극복해내지요.

아이의 발달과정을 이해하고, 적절한 시기에 아이에게 필요한 욕구를 충족시켜주세요. 또 아이의 감정에 공감해주고 아이의 행동 하나하나에 반응해주세요.

만약 부모가 아이의 성장욕구를 제때 충족시켜주지 못하고 아이의 감정을 억압하면, 아이는 좌절감과 박탈감을 느껴요. 내적 행복은커녕 불행을 추구하는 아이로 자라나지요.

아이를 목숨보다 사랑하는 부모라도 아이의 발달과정을 이해하지 못하면 아이에게 돌이킬 수 없는 상처를 안겨주게 되는 거예요.

그러나 부모의 배려 깊은 사랑 덕분에 1차적 행복을 느낀 아이는 잠재력을 발휘하여 2차적 행복을 성취해낼 수 있습니다.

특히 부모의 사랑을 담뿍 받고 자라서 1차적 행복을 얻은 아이는 자연스레 '나는 무엇이든지 할 수 있어.', '나는 무엇이든지 가질 수 있어.'라는 생각에 이르게 됩니다. 아이의 내면에 '전능한 자아'가 발달하기 시작한 거지요.

전능한 자아는 원하는 것은 무엇이든 성취해낼 수 있다는 아이의 터무니없는 믿음에서부터 탄생합니다.

아이의 내면에 전능한 자아가 들어서면, 아이는 지적·사회적·육체적 즐거움을 혼자 힘으로 얻으려고 해요.

예를 들어 24개월 전후의 아이는 계단을 올라갈 때 부모가 손을 잡아주면 화를 내고, 다섯 살 아이는 무엇이든지 자기가 하려고 합니다. 엄마가 엘리베이터 버튼을 누르면, "내가 눌러야 하는데, 왜 엄마가 눌러요?" 하며 난리가 나지요.

또 무조건 이기는 데에만 혈안이 되어서, 놀이에서 지면 통곡을 하기도 합니다.

이런 아이의 모습을 보고, 부모는 '아이가 점점 버릇이 없어지고 이기적으로 변하는 것 같아.'라며 걱정스러워하기도 하는데, 걱정할 필요가 전혀 없습니다. 전능한 자아는 아이가 성장하면서 자연스레 사라지니까요.

전능한 자아는 배움에 대한 열망을 샘솟게 해주고, 좌절했을 때 다시 일어날 수 있는 힘을 아이에게 심어줍니다. 따라서 이 전능한 자아가 발달하는 시기에 부모는 아이에게 이길 기회를 많이 주고, 진심을 담아 칭찬해주어야 해요.

부모가 아이의 욕구를 최대한 채워주고 아이의 감정에 진심으로 공감해주면, 아이의 내면에 자리 잡고 있던 전능한 자아가 사라지면서 그 자리에 '유능한 자아'가 들어섭니다.

유능한 자아는 건설적인 목표를 세우고, 그것을 이루어내기 위해 열심히 노력하는 과정 그 자체에 만족감을 느끼는 자아입니다. 유능한 자아가 발달하면 할수록 아이의 자존감 또한 높아진답니다.

Q 아이가 다른 아이의 장난감을 빼앗아요

친구의 아이가 제 아이의 장난감을 빼앗아 놀곤 했어요. 그때마다 제 아이에게 참으라고 했습니다. 나중에 친구 없을 때 가지고 놀면 된다고요. 이제는 제 아이가 다른 아이의 장난감을 빼앗아 노네요. 혹시 그때 아이의 편을 들어주어야 했을까요? 제가 아이의 마음에 상처를 입힌 걸까요?

A 어머님, 남들에게 착한 사람으로 보이고 싶지요? 어머님은 어린 시절부터 지금까지 누군가를 도와줄 때 자신의 존재가치가 있다고 느꼈을 거예요.

장난감은 아이의 소유입니다. 그러니 자신의 장난감을 어떻게 할지는 아이가 원하는 대로 선택할 권리가 있습니다. 그 권리는 마땅히 존중되어야 하고요.

그런데 어머님은 아이의 권리를 침범했습니다. 아직 아이는 어려서 자신의 영역이 침범당해도 엄마에게 보호해달라고 호소할 수 없답니다.

어머님은 아이의 감정에 공감해주지 않고 다른 아이가 아이의 장난감을 가지고 놀게끔 허락했습니다. 이 행동으로 어머님은 장난감을 빼앗은 아이에게 좋은 이미지를 심어줄 수 있었을 테지요. 그 아이의 부모로부터 좋은 사람이라는 칭찬을 받을 수도 있었고요.

그러나 어머님의 아이는 자신의 허락 없이 다른 사람이 자신의 것을 사용하는 것을 보면서 무력감을 느꼈을 것입니다. 자신에게는 아무런 권리가 없다는 것을 깨달아서요. 이런 일이 반복되면 아이는 자존감이 낮아진답니다.

엄마에게 자신의 권리를 반복적으로 부정당한 아이는 남을 때리는 폭력적인 아이로 자라거나, 기가 죽어서 소소한 것도 주장하지 못하는 아이로 자라게 됩니다.

아이의 소유권을 존중해주면 아이는 기꺼이 나서서 남에게 장난감을 나누어줄 거예요. 함께 어울려 놀면서 즐기는 방법도 터득할 테고요.

아이가 자신의 장난감을 빼앗겼을 때 받은 상처에 공감해주세요. 그리고 어머님 스스로도 마음속 깊이 자리 잡은 어린 시절의 상처를 자각하고 치유해야 합니다. 남들에게 착한 사람으로 보이고 싶어서 아이의 감정에 공감해주지 못하는 한 아이가 상처받는 상황은 계속 반복될 수밖에 없거든요.

아이의 상처받은 감정을 치유하려면 어머님 스스로를 있는 그대로 사랑해야 합니다. 자식을 비난하는 부모 밑에서 자란 아이는 스스로를 비난하게 됩니다. 그렇게 자란 아이는 자신의 자식에게도 비난을 퍼붓게 돼요.

아이에게 불행을 물려주지 마세요. 상처를 자각하고 치유하면 자신을 있는 그대로 사랑할 수 있습니다. 단지 존재 그 자체로 자신을 받아들일 수 있습니다.

Q 남편에게 아이처럼 떼를 부렸어요

남편한테 섭섭한 마음이 생겼는데, 남편이 제 마음을 몰라주니 나도 모르게 떼를 쓰게 되더군요.

이 사건을 계기로 '내 아이가 떼를 부릴 때는 속상한 마음이 해소될 때까지 마음껏 떼를 부리게 해줘야겠다.'라는 생각이 들었습니다. 만약 제가 어렸을 때 부모님한테 마음껏 떼를 부렸다면, 이렇게 뜬금없이 나이 먹고 전능한 자아가 튀어나오진 않았을 테니까요.

그런데 전능한 자아를 위해 아이의 욕구를 채워주는 것과 단순히 아이의 비위를 맞춰주는 것이 어떻게 다른지 모르겠어요.

A 전능한 자아는 말 그대로 자신이 무엇이든 다 할 수 있다고 생각하는 자아입니다. 전능한 자아는 아이에게 배움에 대한 동력이 되지요. 전능한 자아 덕분에 아이들은 실패해도 오뚝이처럼 다시 일어나요. 자신이 무엇을 할 수 있고 무엇을 할 수 없는지 끊임없이 모색하게 되고요.

전능한 자아가 발달하는 과정에서는 수치심이 생깁니다. 존재 그 자체로 사랑받고, 하고 싶은 것을 시도하다 보면 아이는 스스로를 사랑받을 만한 존재로 인식하면서 건강한 수치심을 발달시킵니다. 건강한 수치심이 발달된 아이는 파렴치한 행동을 하지 않는답니다.

유능한 자아는 자신이 할 수 있는 것과 할 수 없는 것의 경계를 구분하는 과정에서 발달합니다. 유능한 자아로 발달하는 과정에서는 건강한 죄책감인 양심이 발달하지요.

아이의 비위를 맞추는 것과 전능한 자아가 발달하도록 돕는 것은 차원이 다릅니다. 아이의 비위를 맞추는 것은 아이에게 사랑받고 싶은 엄마의 마음에서 출발하거든요. 즉 엄마의 자기애, 나르시시즘이나 다름없지요. 그러나 전능한 자아가 발달하도록 돕는 것은 아이의 성장을 바라는 엄마의 배려에서 출발하지요.

성장하기 위해서는 어쩔 수 없이 퇴행의 과정을 거쳐야 합니다. 남편에게 떼를 쓰는 어머님의 모습에서 성장의 씨앗이 보이네요. 무럭무럭 성장하길 기대해봅니다.

아이 미래를 결정하는
'자존감'은 높게, '자존심'은 낮게!

심리학자인 토니 험프리스의 《8살 이전의 자존감이 평생 행복을 결정한다》를 읽어보면 자존감에 대해 자세하게 알 수 있어요. 책에는 이런 내용이 담겨 있습니다.

"자존감의 크기와 방어행동의 크기는 반비례한다. 예컨대 어릴 때부터 사랑을 받지 못하고 거칠게 자란 사람은 자존감이 무척 낮고 눈에 띄게 방어적으로 행동한다.

자존감이 낮은 사람은 주로 극단적인 행동양상을 보인다. 매우 공격적이고 폭력적인 사람이 있는가 하면, 매우 수동적이고 주눅이 든 사람도 있다. 또한 일에 파묻혀 사는 사람이 있는가 하면, 술에 빠져 사는 사람도 있다.

또한 자존감이 낮은 사람은 남에게 집착하고, 남을 쉽게 비난한다.

겁이 많아 소심하게 행동하고 별일 아닌 일에도 금세 우울해진다."

사람이라면 누구나 자아가치를 지니고 있습니다. 자아가치는 결코 변하지 않는 타고난 자질로, 그 사람만의 가치를 뜻해요. 이 세상에 똑같은 사람은 없습니다. 사람마다 독자적이고 고유한 자아가치를 지니고 있기 때문이에요.

자아가치는 어떤 행동을 한다고 해서 커지거나 약해지지 않습니다. 그러나 누군가가 자신의 가치를 평가하면, 사람은 본능적으로 자신의 자아가치를 보호하기 위해 방어막을 치게 되지요. 자존감은 이 방어막 속에서 그대로 자아가치를 유지하고 있는 진짜 자아의 크기를 말합니다.

자존감은 스스로를 바라보는 시각에 따라 달라집니다. 부모가 아이를 있는 그대로 사랑해주면, 아이는 스스로를 '나는 사랑받는 존재구나.'라고 여기며 자존감이 높아집니다. 자존감이 높은 아이는 굳이 자신의 자아가치를 보호하기 위해 방어막을 치지 않아요.

반면 스스로를 '나는 사랑받지 못하는 존재야.'라고 믿은 아이는 자존감이 낮기 때문에 방어막을 더욱 두껍게 치지요.

자존감이 낮은 아이는 외부의 조그마한 자극에도 지레 놀라 방어행동을 취합니다. 이때 아이가 하는 방어행동이 바로 '자존심'이에요.

자존감과 자존심은 반비례해요. 자존감이 높으면 자존심이 낮고, 자존감이 낮으면 자존심이 높아요. "에잇, 자존심 상해."라고 말하는 사람은 자존감이 낮은 거예요.

자존감은 크게 두 가지 요소를 바탕으로 만들어집니다. '나는 사랑받을 만한 사람이야.'라는 느낌과 '나는 능력 있는 사람이야.'라는 느낌이지요.

두 가지 느낌을 모두 가진 사람은 전능한 자아와 유능한 자아가 고루 발달한 사람입니다.

전능한 자아와 유능한 자아가 고르게 발달한 아이는 지는 것을 두려워하지 않아요. 전능한 자아가 발달하는 시기에 부모가 충분히 이길 수 있는 기회를 주면 아이는 자신이 사랑받을 만한 가치가 있다고 생각하게 되지요. 즉 어린 시절 부모로부터 이길 수 있는 기회를 충분히 보장받은 만큼 이겨본 경험이 많기 때문에 지는 것을 대수롭지 않게 생각하는 거예요. 그래서 자신을 괴롭히는 사람을 만나거나, 군대와 같은 혹독한 환경 속에 놓여도 좌절하지 않아요.

아이의 자존감을 높여주고 싶나요? 그렇다면 아이가 호기심 가득히 어떤 것을 해보려 할 때 아이를 믿고 지켜봐주세요. 아이에게 해볼 수 있는 기회를 주면 아이의 유능한 자아가 발달해갑니다.

예를 들어, 아이에게 글을 가르칠 때 놀이를 활용하면 아이는 부모의 사랑을 느끼며 상호교감능력이 발달해요. 또한 놀이를 하며 쉽고 재미있게 글을 깨우쳤기 때문에 스스로를 유능하다고 여기지요. 결국 놀이를 통해 전능한 자아와 유능한 자아가 고르게 발달하는 거예요.

한 연구결과에 따르면, 이 세상에 자존감이 높은 사람은 5~10퍼센트밖에 되지 않는다고 해요. 바꾸어 말하면, 이 세상의 90~95퍼센트의 사람은 스스로를 사랑받을 만한 가치가 없다고 여기며 고통스러워한다는 뜻이지요.

내 아이가 어디에 속하길 바라나요? 당연히 자존감이 높은 5~10퍼센트에 속하길 바라겠지요. 그렇다면 어린 시절 부모에게 받은 상처가 무엇인지 알고 극복해내야 합니다. 부모가 자존감이 높아야 아이의 자존감도 높아진답니다.

Q 뭐든지 쉽게 포기하는 아이, 속상해요

제 아이는 자신감이 없는 것 같아요. 밖에 나가면 말도 거의 안 하고요, 다른 아이들 하는 모습을 보느라 손 따로 눈 따로 놉니다.

단순한 그림도 혼자 못 그려서 "나는 못 해. 엄마가 그려."라는 말을 달고 살아요. 조금만 더 시도해보면 좋을 텐데 한 번 시도해보고 잘 안 된다 싶으면 짜증내고 안 한다고 던져요.

아이가 실패에 대한 두려움이 큰 걸까요? 자존감이 낮은 것 같아서 속상합니다.

A 아이의 두려움보다 어머님의 두려움이 더 강하게 느껴집니다. 어머님은 아이가 주도적인 아이로 자라길 바라지요? 그런데 아이 스스로 시도하지 않고 쉽게 포기해버리는 것만 같아서 두려워하고 있어요.

두려운 마음으로 아이를 바라보지 말고, 아이를 그 존재 자체로 인정해주세요. 자신을 향한 엄마의 두려움을 아이는 금세 알아차리고 상처받거든요.

아이가 "엄마가 해. 나는 못 해." 하고 말해도 소극적인 아이가 될까 봐 염려할 필요 없습니다. 편안한 마음으로 아이를 도와주다 보면, 언젠가 아이 스스로 해보려고 할 거예요.

어린 시절 우리 아이도 그림을 혼자서 완성하지 못하고 엄마한테 그려달라고 했습니다. 선만 몇 개 그려놓고 다 그렸다고 말하기도 했고요. 그러니 지금의 모습만 보고 아이를 마음대로 단정 짓지 마세요.

남의 눈치 안 보고 자신감 있는 아이로 키우려면 방법은 딱 하나입니다. 아이를 존재 그 자체로 배려 깊게 사랑하는 것입니다. 아이가 주도적으로 행동했을 때만 사랑하지 마시고 아이가 울 때, 소극적으로 행동할 때도 사랑해주세요.

어머님 내면에 불안감이 있으면, 아이도 그 불안감을 고스란히 느낀답니다. 부디 마음 편히 갖고 육아를 하시길 바랍니다.

아이 내면의 위대한 힘,
'원더풀 아이'를 끌어내세요

아이는 누구나 내면에 위대한 힘을 품고 있습니다. 아이는 어떤 일에 꽂히면, 꼼짝 않고 그 일에 몰두합니다. 또 함께 놀러 나가면, 아이는 지치지도 않는지 온종일 뛰어다니지요. 부모는 일상에서 이러한 아이의 힘을 발견하고 놀랄 때가 한두 번이 아닐 거예요.

존 브래드쇼는 《상처받은 내면 아이 치유》에서 아이들이 가지고 있는 위대한 내면의 힘에 대해 이렇게 말했습니다.

"칼 융은 타고난 모습 그대로의 자연스러운 아이를 가리켜 '원더풀 아이'라고 불렀다. 왜냐하면 원더풀 아이는 우리의 탐험에 대한 타고난 잠재력을 가지고 있거나 경이로움, 창조적인 존재가 될 수 있는 모든 요소를 가지고 있기 때문이다."

아이들의 위대한 힘은 언어습득 능력에서도 발견할 수 있습니다.

일부러 시간을 내어 가르치지 않아도, 전 세계 거의 모든 아이들이 세 살부터 자연스레 모국어로 말을 할 수 있으니까요.

하지만 어른은 그렇지 않아요. 영어를 전혀 모르는 사람은 미국에 가서 3년을 살아도 영어를 모국어처럼 사용하기 힘들어요. 의사소통은 가능할지 몰라도 억양, 발음까지 미국인처럼 따라 할 수는 없지요.

아이가 3년 만에 자연스럽게 모국어를 구사하는 것은 정말 대단한 일이에요. 이게 다 아이의 내면에 원더풀 아이가 숨어 있기 때문에 가능한 일이지요.

원더풀 아이는 늘 에너지가 넘쳐흐릅니다. 호기심이 많아 한시도 가만히 있지 않고 역동적으로 움직이지요. 갑자기 조용해지면 무언가에 집중하거나 몸이 아픈 거예요.

또한 원더풀 아이는 잠이 많지 않습니다. 눈앞에 펼쳐진 세상이 너무 흥미로워 잠을 자지 않으려고 하지요. 마지막 남은 에너지까지 모두 쓴 다음에야 비로소 잠에 푹 빠진답니다. 그러니 아이가 잠을 잘 자지 않는다고 걱정하지 마세요.

아이라면 누구나 세상에 대한 호기심을 갖고 태어납니다. 하지만 부모에게 상처를 받고 자라면, 감정의 교류가 끊어지면서 점점 호기심을 잃어가고 쉽게 잠에 빠집니다. 외부의 자극을 피하고 상처받은 마음을 치유하기 위한 수단으로 잠을 선택하기 때문이에요. 또 자신이 받아들일 수 있는 자극의 범위를 넘어선 상황에서도 아이는 잠을 자곤 합니다. 즉 아주 시끄러운 곳에서도 잠을 자는 아이는 과도한 자극을 피하기 위해서 자는 거예요.

아이는 원래 어리면 어릴수록 쾌활하답니다. 쾌활함은 환경의 영향으로 생긴 고통으로부터 회복할 수 있는 능력이에요. 상처를 받은 아이는 자라면서 쾌활함을 잃어버립니다. 어깨는 축 처지고 얼굴빛은 어두우며 움직임에 생동감이 없지요.

혹시 "우리 아이는 정말 순해요." 또는 "우리 아이는 푹 자서 흔들어 깨워도 일어나지 않아요."라고 자랑스레 말한 적이 있나요?

만약 그런 적이 있다면, 아이에게 상처 준 적이 있는지 돌아보고 아이의 감정을 잘 보듬어주어야 합니다. 아이를 존재 자체로 사랑해주었는지도 살펴보아야 하고요.

어떤 사람이 성장하고 있다는 것은 얼굴 표정을 보면 알 수 있어요. 성장하는 사람은 얼굴 표정에 생기가 돌고, 말과 행동에서 타고난 쾌활함이 묻어난답니다. 아이가 쾌활함을 잃지 않게 해주세요. 쾌활한 아이는 고통스러운 환경에서도 성장하기 위해 앞으로 계속 나아갈 수 있어요. 그리고 아이의 내면에 숨어 있는 원더풀 아이를 이끌어내세요. 방법은 아주 간단합니다. 아이와 함께 '재미있는 놀이'를 하면 됩니다.

아이는 부모와 몸을 부대끼며 신나게 놀 때 사랑을 느낍니다. 부모와 함께 놀아보지 못한 사람은 아이와 노는 과정에서 어린 시절에 자신의 부모에게 사랑받지 못했다는 사실을 깨닫고 고통스러워하지요. 이러한 고통을 회피하려고 지겹다는 말로 방어하며 아이와의 놀이를 거부하는 거예요.

아이와 노는 게 힘들고 짜증난다면, 어린 시절의 상처받은 나를 따뜻하게 감싸 안아주세요. 어릴 때 받은 상처가 치유되면, 여느 부모처럼 아이와 즐겁게 놀아줄 수 있답니다.

일상 자체를 놀이로 생각하는 아이는 매 순간이 마냥 기쁘고 즐겁습니다. 깊이 몰입하여 놀기 때문에, 나중에 어떤 분야에 가든 깊이 파고들어 결국은 성취해낼 수 있지요.

아이와 함께 순간순간을 즐겁고 재미있게 놀아보세요. 아이는 부모와 함께 놀았던 시간을 사랑의 추억으로 기억합니다.

Q 잠을 자지 않는 아이 때문에 힘들어요

제 아이는 낮에 한두 시간 낮잠 잔 뒤 새벽 1시나 되어야 잠을 자요. 그걸 다 받아주자니 몸이 너무 힘들어서 아이에게 계속 짜증만 내게 됩니다. 혹시 저만으로는 아이의 욕구가 채워지지 않아서 잠을 자지 않는 걸까요? 잠깐이라도 어린이집에 보내는 게 나을까요?

A 영재성이 있는 아이들은 잠이 별로 없습니다. 그러니 밤늦도록 몰입해 놀거나 책을 보는 것이지요.

잠을 자지 않는 아이를 돌본다는 게 체력적으로 얼마나 힘든지 잘 알고 있습니다. 그러므로 아이가 낮잠을 잘 때, 엄마도 함께 낮잠을 주무세요. 만약 아이가 자는 동안 미뤄둔 집안일을 한다면 아마 버티기 힘들 거예요.

엉망이 된 집은 나중에 몰아서 치워도 됩니다. 가장 중요한 건 아이에게 몰두하는 거예요. 일부러 아이를 재우려 하지 말고, 아이가 집중할 수 있는 시간에 책을 읽어주세요. 그 시간이 얼마나 중요한 시간인지 안다면 어머님은 아이에게 짜증을 낼 수 없을 겁니다. 그 시간만 잘 활용하면 이후부터는 아이 교육이 무척 쉬워진답니다. 아이가 혼자 책을 읽게 되면 그때는 엄마가 없어도 되니까요. 엄마는 쿨쿨 자고 있어도 아이 혼자서 책을 보면서 성장해 나갈 거예요.

어머님, 좀 더 창의력을 발휘해주세요. 아이와 함께하면서 아이의 내적인 힘을 이끌어내는 건 어떨까요? 남에게 맡겨서 될 문제가 아니랍니다. 지금이야말로 아이가 성장할 중요한 시기거든요. 지금 어머님이 아이에게 해주는 것 하나하나가 아이의 인생에 커다란 의미가 있음을 느끼시기 바랍니다.

Q 아이와 놀아주다 지쳤어요

아이가 끊임없이 놀아달라고 보챕니다. 레고, 찰흙과 같은 놀이도구가 있을 때만 혼자 놀아요.

저나 남편이나 놀아주는 데 지쳐서 일부러 혼자 놀게 놔둘 때도 있어요. 그러면 아이는 화만 내고, 어느새 제 옆에 와서 놀이에 동참하게끔 역할을 부여합니다.

부모가 놀이의 주체가 되어서는 안 된다는 말과 부모가 아이와 함께 많이 놀아줘야 한다는 말 사이에서 고민하고 있습니다. 아이가 놀아달라고 할 때 무조건 놀아주어도 되는 걸까요? 놀이의 주제는 엄마가 선택해줘도 되는 걸까요?

또 아이가 책을 많이 보고 자랐음에도 상상력이 발달하지 않은 것 같아요. 모르는 단어에 대해서는 질문을 많이 하는데, 현상에 대해서 "왜?"라는 질문은 하지 않네요.

A 아이가 끊임없이 놀아주기를 요구하는 것은 아이 마음속에 맺힌 응어리를 스스로 치료하는 과정이 아닌가 합니다. 아이가 호기심이 많아 이것저것 만지며 말썽을 부렸을 때, 그것을 아이의 발달과정으로 받아들이시지 못한 건 아닌가요?

아이를 있는 그대로 품어주셨다면, 아이는 지금쯤 혼자서도 잘 놀았을 겁니다. 그러나 아이의 호기심을 말썽으로 규정하고 야단쳤기에 지금도 아이가 놀아줄 것을 끊임없이 요구하는 것이랍니다. 엄마, 아빠가 지금도 자신을 사랑하고 있는지 확인하려고 말이지요.

아이가 치유하는 과정이라 여기고 아이가 원하는 한 계속 놀아주세요. 아이가 지쳐서 그만둘 때까지 숨바꼭질, 이불놀이 등 아이가 좋아하는 놀이를 하며 함께 놀아주는 거예요.

마땅한 놀이도구가 없을 때에는 집안의 물건을 활용하여 놀아보세요. 장난감보다 집안의 물건이 훨씬 더 재미있는 놀잇감이 된답니다. 아이가 상상의 나래를 펼칠 수 있도록 도와주기도 하고요.

이렇게 놀다 보면 어느새 아이는 놀이의 주도권을 잡으려 할 것입니다. 어머님이 먼저 이것저것 하라고 지시하지 않아도 아이가 주체가 되어 놀이를 이끌어갈 거예요. 이때 어머님이 적절히 반응해주면, 아이는 자기 주도적인 놀이를 통해 창의성을 개발해나갈 거예요.

부모가 놀이의 주체가 되지 말라는 말은 어떤 틀을 정해놓고 그것만 하도록 강요하지 말라는 것입니다. 아이가 새로운 놀이를 만들어냈을 때 부모는 그것을 제재하지 않고 즐겁게 반응해주면 됩니다.

부모가 많이 놀아주어야 하는 것은 아이가 놀이를 통해 배우기 때문입니다. '아이가 공부하지 않고 놀기만 해도 될까?' 하고 걱정할 필요가 없습니다. 될 수 있으면 많은 시간 동안 아이와 놀아주세요. 지금은 아이와 놀아주는 게 힘이 들어도 이 힘든 시간은 금세 지나갑니다. 아이와 놀고 싶어도 이미 커버려서 놀아주지 못하게 될 때가 곧 올 겁니다.

아이가 모르는 단어에 대해 질문하는 것은 좋은 현상입니다. 아이는 질문을 통해 언어를 확장해나가고 있습니다. 현상에 대한 질문이 없다는 것은 아직 현상을 이해하는 추상적인 단계까지 도달하지 않았기 때문이랍니다.

언어가 확장해나가는 시기인 만큼 언어에 관한 다양한 소스를 아이에게 제공해주세요. 아이와 가능한 한 대화를 많이 하고, 아이의 질문에 최선을 다해 대답해주세요. 이 과정을 어머님과 아이가 훌륭히 해낸다면, 머지않아 아이는 어머님께 현상에 대한 질문을 쏟아내게 될 겁니다.

내 아이, 창의력 넘치는
무한계 인간으로 키우고 있나요?

    모든 아이는 자신의 능력을 마음껏 발휘하는 한계가 없는 '무한계 인간'으로 성장할 자질을 가지고 태어납니다. 미국의 유명한 심리학자 웨인 다이어는 《아이의 행복을 위해 부모는 무엇을 해야 할까》에서 '무한계 인간'을 이렇게 정의했어요.

    "무한계 인간이란 창의적이고 자신을 진심으로 사랑하며 타인의 인생을 배려하는 사람을 말한다. 그들은 애정 깊은 시선으로 세상을 바라볼 뿐 아니라, 자신감으로 가득 차 있어 도전을 겁내지 않는다. 스스로를 억압하지 않으며 타인의 제약을 거부한다. 인생에 대한 목표가 확고하고 주관이 뚜렷하다."

    아이들을 키우면서, 이 책을 마흔 번도 넘게 읽었습니다. 아이를 잘 키운 부모들이 어떻게 아이를 키웠는지 그 방법이 자세히 정리되어 있는데, 나도 책 속의 부모들처럼 아이들을 잘 키우려고 많은 노력을 했지요.

무한계 인간이라는 말을 처음 들어본 사람이라면, 무척 낯설게 느껴질 거예요. '한계가 없는 인간이라니, 정서가 메마른 부정적인 사람일 것 같은데……'라는 생각이 들 수도 있고요.

무한계 인간은 지적 능력이 뛰어난 사람입니다. 한계를 느끼지 못할 정도로 배움에 능하지요. 하지만 뛰어난 지적 능력만큼이나 정서도 풍부합니다. 스스로를 진심으로 사랑할 뿐 아니라, 자신을 사랑하는 만큼 남 또한 사랑하고 배려할 줄 알지요.

무한계 인간을 한 문장으로 요약해볼까요?

"무한계 인간은 내면에 억압된 감정이나 불안감이 없이 자유롭고 평온하게 살면서 최고의 성취를 이루어낸 가장 인간적인 사람이다."

무한계 인간은 인생을 즐길 줄 알고 늘 감사하는 마음으로 살기에 이들과 함께 있으면 즐겁고 행복합니다.

또한 무한계 인간은 창의적인 사고를 합니다. 수렴적인 사고를 하는 사람은 오직 정답 하나만을 내놓지만, 창의적인 사고를 하는 사람은 하나의 문제에서도 여러 생각을 이끌어낼 수 있답니다.

똑같은 물건을 대량으로 만드는 것이 중요했던 산업사회에서는 수렴적인 사고를 하는 인재가 필요했어요. 하지만 지금의 지식정보사회에서는 기존의 틀에서 벗어나 새로운 것을 생각해내는 창의적인 인재가 필요합니다.

창의적인 사고를 하려면 크게 네 가지 구성요소가 필요합니다.

첫째, 유창성입니다. 유창성은 주어진 시간 안에 아이디어를 많이 만들어내는 능력이에요. 책을 많이 읽거나 자연과 더불어 직접 체험을 많이 해본 아이들은 유창성이 뛰어나고, 또래에 비해 다양한 어휘를 유창하게 구사할 수 있어요.

둘째, 사고의 융통성입니다. 사고의 융통성은 아무런 편견 없이 자유롭게 사고하는 능력이에요. 사고의 융통성이 뛰어난 아이들은 그림을 그릴 때에도 다양한 소재를 사용하고, 사물 하나도 다른 각도로 바라봅니다. 여러 관점에서 상황을 바라보기 때문에 문제가 발생해도 융통성 있게 해결해나갈 수 있어요.

셋째, 독창성입니다. 독창성은 다른 사람이 생각하기 힘든 아이디어를 생각해내는 능력이에요. 독창성이 뛰어난 아이는 질 높은 아이디어를 생각해내며, 생각지도 못했던 가능성을 보여주어 다른 사람을 놀라게 하지요.

넷째, 정교성입니다. 정교성은 내용을 아주 세밀하게 표현하는 능력이에요. 정교성이 뛰어난 아이들은 자동차를 그릴 때에도 자동차의 외형만 두루뭉술하게 그리는 게 아니라 바퀴, 내부구조까지 세밀하게 그려내지요.

아이의 창의성을 키워주고 싶나요? 그렇다면 부모의 태도가 무척 중요합니다. 무심코 던진 말 한마디에 아이의 창의성이 짓밟힐 수도 있기 때문이에요.

아이를 존재 자체로 사랑해주세요. 그리고 늘 긍정적인 태도와 열린 시각으로 대해주세요. 그러면 아이는 창의적인 인재로 쑥쑥 자라날 수 있답니다.

Q 이야기를 해달라고 졸라요

제 아이는 요즘 이야기에 푹 빠져 있습니다. 눈 뜨자마자 저한테 이야기를 해달라고 조릅니다.

책을 읽어달라고 하면 이렇게 힘들지는 않을 거예요. 그런데 다짜고짜 이야기를 해달라니요. 이야기를 만들어내는 것도 한계가 있고, 지금은 아이의 요구에 많이 지친 상태입니다.

머릿속에서 쥐어짜 간신히 이야기를 하나 해주면, 이제는 이야기 속 주인공을 그려달라고 합니다. 그래 놓고 제 그림이 본인 생각과 조금이라도 다르면 뒤집어져요.

이제는 '이야기'의 '이'만 꺼내도 화가 나서, 자꾸 딴청을 피우게 됩니다. 제가 이럴수록 아이는 상처를 받겠지요?

A

괴테의 어머니는 책을 읽다가도 중간에 책 읽기를 멈추었다고 합니다. 그다음 이야기가 어떻게 전개될지 괴테가 상상할 수 있도록 시간을 주려고요. 저는 괴테가 대문호가 될 수 있었던 이유 중의 하나가 '상상의 힘'이라고 생각합니다.

아인슈타인은 지식보다 상상을 중요하게 여겼고, 해리포터의 저자인 조앤 롤링은 상상력으로 엄청난 부를 축적했습니다. 자, 보세요. 인류의 스승 중에 상상력 없는 사람이 어디 있나요?

어머님, 지금은 좀 귀찮고 힘들더라도 아이의 상상력을 키우는 데 집중하셔야 합니다. 발달이 좋은 아이일수록 상상의 힘도 강해서 부모에게 요구하는 것도 많아요. 어린 시절 아이가 저에게 양을 그려달라고 요구한 적이 있어요. 정성을 다해 양을 그려주었더니, "아빠, 이게 개지, 양이야?" 하며 통곡을 하더군요. 이럴 때 부모로서 참 난감하긴 합니다.

우리 부부는 아이들과 함께 많은 이야기를 나누었답니다. 허무맹랑한 이야기를 마음대로 만들어 들려주기도 하고요.

이야기가 엉터리면 어때요? 부모와 자식 사이에 친밀함이 생긴다면, 그

것만으로도 충분하지요. 저희는 말도 안 되는 이야기를 만들며 함께 쑥덕이고 웃었답니다. 지금 생각하면 참 좋은 추억입니다.

아이가 이야기에 푹 빠진 것은 신이 아이에게 준 선물과도 같답니다. 아이는 이야기를 통해 끝없이 호기심을 충족하면서 성장할 겁니다. 그러니 어머님, 아이에게 준 신의 선물을 반납하려 하지 마세요.

어머님은 이미 알고 있습니다. 아이에게 이야기를 해주는 게 왜 지치는지요. 아이는 점점 어머님이 통제할 수 없는 세계로 가고 있습니다. 어머님은 그게 불안하고 두려운 거예요. 그 두려움이 어디에서 오는 것인지 자각하시기 바랍니다.

육아, 첫째도 사랑, 둘째도 사랑, 셋째도 사랑입니다

정신과 의사이자 심리학자인 스캇 펙 박사는 《아직도 가야 할 길》에서 사랑이 인간의 삶에 미치는 영향이 크다고 보고 이렇게 정의했습니다.

"사랑은 자기 자신이나 타인의 정신적 성장을 도와줄 목적으로 자기 자신을 확대시켜 나가려는 의지이다."

사랑을 감정이 아닌 의지로 보고 있다는 것이 흥미롭습니다. 아이를 진정으로 사랑한다면, 스캇 펙 박사의 말처럼 육아는 아이의 '정신적 성장'에 초점을 맞추어야 합니다.

정신적 성장은 아이가 자신의 자아를 확대시키는 거예요. 나를 사랑하는 것에서 시작하여 이웃으로 사랑을 확대하고, 아이가 수치심이나 죄책감에 사로잡힌 삶을 사는 것이 아니라 평온과 사랑이 가득한 높은 의식 차원의 삶을 살도록 해주는 것입니다.

아이는 매 순간 성장하면서 부모의 내면에 있는 상처가 무엇인지 깨우쳐줍니다. 아이의 밝음은 부모가 자신의 그림자를 대면하여 변화하도록 이끌어주지요. 그런데도 부모가 두려워 회피하거나 고통에 맞설 의지가 없으면, 자신도 모르게 아이의 성장을 막게 된답니다.

예를 들어, 아이가 책을 읽으면서 한 분야에 깊이 몰입하면, 부모는 아이가 자신이 알지 못하는 세계로 들어가는 것이 두려워집니다. 그래서 자신도 모르는 사이에 그 책만 읽지 말고 이 책 저 책도 읽으라고 하면서 아이가 그 분야에 깊어지는 것을 막게 되지요.

부모가 성장하기 위해서는 이전의 자신을 버려야 하는 고통이 뒤따릅니다. 자신의 모든 것이 무너져 재가 되어야 새롭게 태어날 수 있는데, 무너지는 과정에서 너무 고통스러워 대부분은 성장을 포기하곤 합니다.

그러나 사랑은 감정이 뒷받침된, 의지에 의한 선택입니다. 부모가 스스로를 사랑하겠다고 선택하면, 부정에 이끌리지 않고 새롭게 미래를 쓸 수가 있습니다. 부모가 변화를 시작하면 아이들은 부모의 변화에 따라 자신을 받아들이고 부모의 변화보다 빠르게 성장합니다.

사랑은 의지에 의한 선택이므로, 부모는 의지만 있으면 아이에게 조건 없는 사랑을 베풀 수 있답니다.

재클린 크래머가 쓴 《엄마들을 위하여》에는 부처님이 말한 조건 없는 네 가지 사랑에 대해 잘 나와 있습니다.

부처님이 첫째로 꼽는 사랑은 바로 '자애심'입니다. 자애심은 깊은 사랑을 베푸는 마음이지요.

자애심은 상대방을 존중하는 마음에서 출발합니다. 부모에게 존중받는다고 느끼는 아이는 부모에게 호되게 꾸지람을 듣더라도 '내가 잘못된 행동을 해서 혼나는 거야. 앞으로는 이런 잘못을 하지 말아야지.'라고 생각하며 부모의 변함없는 사랑을 느낍니다. 하지만 그렇지 못한 아이는 '부모님은 나를 사랑하지 않나 봐.'라고 생각하지요.

아이에게 자애심을 베풀어주세요. 아이를 고유하고 독립된 온전한 인격체로 존중해주면, 아이와 진정한 친구가 될 수 있어요. 부모와 진정한 친구가 된 아이는 마음속에 있는 고민과 생각을 부모와 함께 나누게 되지요.

한편 사랑에는 '적'이 따르기 마련입니다. 자애심에도 자애심을 방해하는 적이 따르지요. 자애심의 직접적인 적은 '증오심'입니다. 증오심은 사람을 미워하는 마음이지요. 마음속에 다른 사람에 대한 경멸이 있는 것입니다.

자애심의 간접적인 적은 '집착'입니다. 자애심과 비슷하게 보이지만, 집착은 사랑이 아니라 아이에게 해를 끼치는 이기적인 마음에 불과해요. 좋은 부모라는 이미지를 남기고자 사랑이라는 이름으로 아이에게 집착하고, 희생을 강요하는 것입니다.

자애롭게 내 아이를 사랑하는 것은 아이와 눈을 맞추면서 신뢰감을 심어주는 것입니다. 아이의 눈빛을 보면서 아이가 어떤 것에 흥미를 가지는지 관심 어린 눈길로 지켜봐주세요. 그리고 아이가 자라면서 선택의 기로에 놓였을 때, 어떤 선택을 하든지 믿어주고 힘을 실어주세요. 아이가 필요할 때 부모는 아이의 진정한 친구가 되어주어야 합니다.

부처님이 둘째로 꼽는 사랑은 '연민'입니다. 연민은 다른 사람의 고통도 마치 나의 고통인 것처럼 열린 마음으로 느끼는 거예요.

부모라면 아이가 누군가에게 상처받고 고통스러워할 때, 그 마음을 헤아릴 줄 알아야 해요. 아이의 고통스러운 마음을 헤아릴 수 있도록 도와주는 것이 바로 연민입니다.

아이의 고통에 연민을 느끼려면, 일단 부모 자신의 고통이 무엇인지부터 알고 받아들여야 해요. 어릴 때 부모나 친구에게 받았던 상처를 외면하고 마음을 굳게 걸어 잠근 사람은 아이의 고통스러운 마음을 헤아릴 수 없습니다. 또한 자신 안의 기쁨과 행복을 느끼지 못한 채 평생을 살아가지요.

상처받은 나를 인정하고 용서하는 것은 어떨까요? 자신을 용서하지 못하는 사람은 다른 사람도 용서하지 못하거든요. 그러니 자신을 용서하고 나에게 상처를 준 사람도 관대한 마음으로 용서하세요.

만약 나에게 상처를 준 사람을 용서하기 힘들다면, 그 사람의 어린 시절을 가만히 들여다보세요. 어떤 환경에서 자라왔고, 사람들에게 어떤 상처를 받았는지 말이에요. 어릴 때 깊은 상처를 받은 사람은 남에게 쉽게 상처를 줍니다. 스스로를 방어하기에는 너무나 어리고 힘이 없었기 때문에 자신이 받은 상처를 고스란히 남에게 돌려주는 방법을 택한 거예요.

나에게 상처를 준 사람을 이해하면, 자연스레 내가 받은 고통에서 자유로워질 수 있습니다. 그리고 내 아이 역시 더 넓은 가슴으로 끌어안을 수 있지요.

사랑에 적이 따르듯이 연민에도 직접적인 적과 간접적인 적이 따릅니다. 연민의 직접적인 적은 '잔인함'이에요. 잔인함은 사람을 생명이 없는 물건처럼 바라보게 만들지요.

친구를 따돌리는 아이들을 머릿속에 떠올려보세요. 친구의 고통을 헤아리지 못하기 때문에 친구에게 잔인한 행동을 저지르는 것이지요.

연민의 간접적인 적은 조종자의 역할을 하는 '동정심'입니다. 고통을 느끼는 사람과 같은 눈높이에서 함께 고통을 느끼는 게 연민이라면, 고통을 느끼는 사람보다 높은 위치에서 고통스러워하는 사람을 위로해주는 것은 동정심이에요. 동정심은 고통을 느끼는 사람에게 깊은 수치심과 상처를 안겨주기도 하지요.

자신의 고통을 받아들이고 치유의 과정을 거친 부모는 그 고통의 깊이만큼 아이를 동정심이 아닌 진정한 연민으로 감싸줄 수 있습니다. 자신의 고통스러운 경험이 곧 아이의 고통을 치유해주는 자양분이 되기 때문이에요.

부처님이 셋째로 꼽는 사랑은 '함께 기뻐하는 마음'이에요. 마음이 성장한 사람은 다른 사람의 고통을 자신의 고통처럼 함께 아파하고, 다른 사람의 기쁨 또한 자신의 일처럼 기뻐하지요.

다른 사람의 행복을 진심으로 축복하고 기뻐하려면, 자신의 내면에 있는 기쁨과 즐거움을 만나야 합니다.

자신의 내면에 기쁨과 즐거움이 별로 없는 부모는 아이가 신나게 놀고 있는 모습을 보면 "시끄러우니까 제발 조용히 좀 해!" 또는 "정신 사나우니까 뛰어다니지 좀 마!"라며 아이를 다그칩니다. 그 순간 아이가 누리던 기쁨과 즐거움도 한순간에 사그라지지요.

아이의 즐거움이 부모 자신의 내면에 억압된 기쁨과 즐거움을 건드리면, 부모는 스스로를 변화시키려 하지 않고 즐거워하지 못하게 아이를 다그치는 거예요.

부모는 아이가 기쁨을 만끽할 수 있도록 도와주어야 합니다. 어릴 때부터 기쁨을 누리고 자란 아이는 다른 사람에게 기쁨을 나누어주는 사람으로 성장한답니다.

한편 함께 기뻐하는 마음을 방해하는 직접적인 적은 '질투심'입니다. 질투심을 가진 사람은 다른 사람에게 기쁜 일이 생겼을 때, 진심으로 축하해주지 못하고 오히려 신경질적으로 반응하지요.

질투심은 자신의 상황이 만족스럽지 않아 생기는 마음입니다. 자신의 소망이 충족되지 못한 사람은 다른 사람의 기쁨에 진심을 담아 박수쳐주지 못합니다.

예를 들어 사업이 잘되는 친구를 보면, '나는 돈을 많이 못 버는데, 저 친구는 사업이 잘돼서 돈을 끌어모으는군.' 하며 질투 어린 생각을 하지요.

함께 기뻐하는 마음을 방해하는 간접적인 적은 '기쁨에 대한 강박관념'입니다. 매사가 늘 기쁘고 즐거워야 한다는 집착 때문에 기쁜 일이 있어도 온전히 기뻐할 줄 모르지요. 힘든 일이 있을 때에도 긍정적인 사람인 척 미소를 지으며 자신을 포장한답니다. 자신이 누구인지조차 모르게 말예요.

만약 내 마음속에 질투심과 기쁨에 대한 강박관념이 있다면, 지금 당장 내 아이의 맑은 얼굴을 떠올려보세요. 아이가 바르게 성장하는 모습을 지켜보는 것만큼 기쁘고 행복한 순간이 있을까요?

아이를 바라볼 때 물밀 듯 밀려오는 기쁨을 만끽하고 온전히 그 기쁨을 누릴 줄 아는 부모가 아이에게 기쁨을 나누어줄 수 있습니다. 아이 역시 기쁨을 누리며 인생을 살아가게 되고요. 참, 기쁨은 함께 나눌 때 배가 된답니다.

부처님이 넷째로 꼽는 사랑은 '평정심'입니다. 평정심은 고통스러운 일이 생기거나 몹시 기쁜 일이 생겨도 동요하지 않고 초연한 자세로 일관하는 마음이지요.

초연한 평정심은 고통이 성장의 한 부분이자, 인간 조건의 한 부분이라는 깨달음에서 나옵니다. 고통을 받아들이는 자세이지요.

아이를 키우다 보면, 평정심을 유지하기란 정말 하늘의 별 따기만큼이나 어렵습니다. 하지만 아이를 위해서라면, 평정심을 유지하려고 늘 노력해야 합니다. 부모가 평정심을 잃으면, 아이는 정서적으로 불안해지거든요. 또한 아이의 경계를 침범하여 존재를 부정할 수도 있답니다.

예를 들어, 아이가 울거나 짜증을 내는데 그 이유를 알 수 없을 때, 어찌할 바를 몰라서 함께 울거나 짜증을 내는 부모가 있습니다. 아이는 크게 당황하고는 오히려 부모의 정서를 달래주고 위로하지요.

그러나 부모가 평정심을 가지고 아이가 자신의 감정을 온전하게 몸으로 겪도록 지켜봐주면, 아이는 금세 안정을 되찾는답니다.

매 순간의 감정에 흔들리며 아등바등하지 말고 평정심을 가지고 아이를 지켜봐주는 것은 어떨까요? 그것이 바로 부모의 진정한 사랑입니다.

부모는 아이가 자라 부모의 품을 떠날 때에도 초연해야 합니다. 허전하고 서운한 감정을 내보이지 않고 평정심을 유지하면, 아이는 가벼운 발걸음으로 부모 곁을 떠나 당당하게 독립하여 살아갈 수 있습니다.

한편 평정심의 직접적인 적은 '무관심'입니다. 부모가 평정심을 가지고 아이를 대하면, 아이는 정서적으로 안정감을 느끼지요. 하지만 부모가 무관심으로 아이를 일관하면, 아이는 소외감을 느낍니다.

평정심의 간접적인 적은 '감정적인 집착'이에요. 어떤 부모는 아이를 자신의 소유물로 착각하고 사랑이라는 이름으로 포장하여 아이에게 집착합니다. 그런 부모 밑에서 아이는 답답함을 느끼지요.

아이를 숨 막히게 만드는 것은 사랑이 아닙니다. 아이에게 집착하지 마세요. 아이가 삶의 중요한 순간을 맞이할 때, 아이 스스로 선택하고 시련 또한 당당히 이겨낼 수 있도록 늘 평정심을 가지고 아이를 대하는 것이 부모의 진정한 사랑입니다.

Q 잘못을 지적하면 화를 내요

첫째 아이는 잘못된 행동을 지적하면 오히려 화를 내면서 저를 때려요. 훈육도 소용없어요. 끝까지 자신의 잘못을 인정하지 않거든요.
오늘은 둘째 아이가 자고 있는 방에서 시끄럽게 장난감을 가지고 놀더라고요. 거실에서 놀자고 했더니 싫다고 꽥 소리를 지르는 바람에 둘째 아이가 깨서 울고불고 정말 아수라장이 따로 없었네요. 첫째 아이를 어떡하면 좋을까요?

A 부모는 변화의 중계자가 되어야지, 가르치는 선생님이 되어서는 안 됩니다. '아이를 가르쳐야겠다.'라는 의식을 가지고 아이를 대하면 안 돼요.

알맞은 환경을 마련해주면 스스로 독자적인 재능을 발전해나가는 게 바로 아이들입니다. "이렇게 하렴, 저렇게 하렴." 하고 부모가 참견하면 오히려 아이에게 혐오감을 안겨줄 뿐이에요.

일정 거리를 유지하면서 아이를 지켜보다가 이따금 충고만 해주세요. 물론 부모 입장에서 아이의 삶에 개입하지 않고 기다려주는 게 얼마나 어려운 일인지 잘 알고 있습니다. 보통의 인내를 가지고는 견디기 힘들지요. 그러나 아이의 성장을 위해 잘 견뎌내시길 바랍니다.

아이는 좌절을 느끼거나 누군가로부터 부정당하는 경험을 해서는 안 됩니다. 아이에게는 성공한 경험이 필요합니다. 그래야 훗날 절망적인 상황이 닥쳐도 쉽게 좌절하지 않고 우뚝 일어날 수 있는 힘을 갖게 됩니다.

지적했을 때 아이가 화를 내는 건 부모로부터 부정당한 느낌을 받아서였을 겁니다. 아이가 잘못된 행동에 대한 분별력을 갖기 전에는 잘못을 지적하지 마세요. 그보다 올바른 행동의 사례를 보여주세요. 가르쳐주지 않아도 아이가 스스로 잘못된 행동이라는 사실을 이해할 수 있도록 말이지요.

아직 첫째 아이는 분별력이 없어서 장난감 소리에 동생이 잠에서 깰 수 있다는 사실을 인지하지 못합니다. 첫째 아이는 동생이 있는 방에서 놀고 싶은데 그 욕구를 엄마가 부정한다고 여기고 반항하는 것뿐이에요. 이런 경우에는 첫째 아이에게 어떠한 행동을 요구하기보다는 둘째 아이를 데리고 조용한 다른 방으로 가는 것이 바람직하답니다. 그러고는 "소리가 크면 동생이 잠에서 깨네!" 하고 말해주어 아이의 분별력을 키워주는 거예요.

아이가 폭력을 행사한다는 건 분명 어디선가 배웠기 때문입니다. 부모가 아니라면 또래 아이들에게서 배웠을 겁니다. 만약 부모가 지속적으로 폭력을 휘두르지 않으면 아이의 그런 행동은 곧 사라질 거예요. 하지만 아이에게 매를 든다면, 아이의 폭력적인 행동은 바로잡기 힘들 겁니다.

아이의 분별력을 높여 대화를 통해 스스로의 행동을 조절할 수 있게 하려면, 아무리 아이가 잘못된 행동을 해도 매는 자제해야 합니다. 한 번 매를 들면 아이의 반항은 더욱 거세질 수밖에 없고, 그럴수록 매의 강도만 높아질 뿐입니다.

자애심, 연민, 함께 기뻐하는 마음, 평정심을 가지고 아이를 지켜봐주세요. 지금 아이에게는 분별력을 기를 시간이 필요합니다. 그러니 아이를 재촉하지 말고 묵묵히 기다려주세요. 그리고 아이의 욕구에 좀 더 섬세하게 반응해주세요.

결과보다는 늘 과정을 칭찬해주세요. 그러다 보면 곧 엄마가 지적하지 않아도 아이는 무엇이 옳고 그른지 분별하게 될 거예요.

PART 2

똑똑똑! 꽁꽁 숨은
내면 아이에게
말 걸기

아이들은 숨바꼭질을 참 좋아하지요?
내 마음속 내면 아이도 그렇답니다.
높이높이 쌓아올린 방어벽 뒤에 꽁꽁 숨어서
바들바들 떨고 있어요.
술래인 내가 얼른 찾아주길 바라면서요.
외로움, 두려움, 수치스러움, 죄책감으로
상처받은 내면 아이를 몸 밖으로
끄집어내지 않는 한 행복해질 수 없답니다.
내면 아이를 찾아 말을 걸어보세요.
내면 아이가 용기 있게 세상 밖으로 나올 수 있도록
손을 내밀어주세요.

'내적 불행'의 불편한 진실,
아이를 있는 그대로 사랑할 수 없어요

아이를 키우다 보면, 나도 모르게 화가 날 때가 많아요. 아이가 징 징거릴 때, 음식투정을 할 때, 예의 없이 굴 때, 남과 잘 어울리지 못 할 때 불쑥불쑥 화가 치밀어 오르지요.

마음속으로는 '아이에게 화내면 안 돼. 아이가 상처 입을지도 몰라. 아이의 모습 그대로를 사랑해야지.'라는 말을 수백 번 되뇌어보지만, 한번 치밀어 오른 분노를 가라앉히기란 여간 어려운 게 아닙니다.

왜 아이를 있는 그대로 사랑하는 게 힘이 들까요? 그것은 무의식에 '내적 불행'이 자리 잡고 있기 때문입니다.

내적 불행이란 말은 마사 하이네만 피퍼와 윌리엄 J. 피퍼 부부가 처음으로 썼습니다. 피퍼 박사 부부는 《스마트 러브》에서 이렇게 말 했지요.

"아이는 태어날 때부터 자신에게 일어나는 모든 일이 부모가 의도한 최선의 것이라고 확신한다. 부모가 지속적으로 아이의 성장욕구를 만족시켜줄 수 없는 경우에도 그 불행하고 소외된 감정 또한 부모가 그렇게 느끼도록 의도한 것이라고 믿는다. 그래서 불행한 감정을 자주 느낀 아이는 부모가 자신을 불행하게 만들고 싶어 한다고 생각하여 자신도 모르는 사이에 불행을 추구하게 된다. 부모가 자신을 보살펴주는 방식 그대로 자기 자신을 대하며 스스로를 불행하게 만든다. 이런 아이들은 자신이 경험했던 불행한 감정을 다시 느껴보려고 시도하는데, 이것이 행복을 추구하는 것이라고 잘못된 믿음을 갖는다."

이처럼 어렸을 때 느꼈던 불행의 감정을 무의식에 간직하고, 평생 불행을 추구하는 것을 '내적 불행'이라고 합니다.

원래 아이들은 감정표현이 자유롭습니다. 자신의 욕구가 충족되지 않으면 화를 내거나 울곤 합니다. 기분이 좋을 때에는 조그마한 일에도 깔깔깔 웃어대고요. 그래서 부모는 아이의 기분이 어떤지 금세 알아차릴 수 있답니다.

이러한 감정표현은 무척 중요합니다. 우리의 욕구가 제대로 충족되고 있는지 알려줄 뿐 아니라, 우리에게 살아가는 힘을 주는 에너지가 되기 때문이지요.

아이들은 태어날 때부터 낙천주의자이기도 합니다. 눈앞에 펼쳐진 세상에 고난이 있을 것이라고는 꿈에도 생각하지 못합니다. 그래서 아이들끼리는 금세 친해진답니다. 서로 경계하지 않고 스스럼 없이 다가가거든요. 이처럼 낙천적인 태도는 아이들이 세상의 밝은 면을 보면서 건강한 삶을 살 수 있도록 도와주어요.

아이들은 낙천적이기 때문에 부모를 있는 그대로 사랑하고 믿습니다. 부모는 뭐든지 할 수 있는 대단한 사람이라고 생각하고, 부모가 하는 말과 행동은 모두 자신을 위한 것이라고 생각합니다.

또한 부모의 모습을 닮고 싶어서 부모의 말과 행동을 따라 합니다. 심지어 부모의 가치관, 생각까지 고스란히 닮습니다. 부모와 똑같은 어른으로 자라고 싶어 하고 부모가 자신에게 대하는 방식대로 자신을 대하게 되지요.

그래서 부모가 잘못된 태도로 아이를 대하면 아이는 크나큰 상처를 받습니다. 부모가 "너는 고작 이렇게밖에 못하니?"라고 다그치면, 아이는 점점 스스로를 무능력하다고 여기고 스스로를 탓해요. 부모가 잘못해서 그렇다고는 꿈에도 생각지 않지요.

이렇게 상처를 받고 자라면서 아이들은 정서적으로 불안해지고 점점 세상을 비관적으로 바라보게 됩니다. 자신을 낳아준 부모도 믿을 수 없는데 세상 어느 누구를 믿을 수 있겠어요?

상처받은 아이들은 다른 사람을 믿을 수 없기 때문에 다른 사람과 친해지는 것을 두려워합니다. 자신만의 세계에 콕 틀어박히거나, 불행을 행복이라 착각하며 무의식적으로 불행을 추구하는 삶을 살아간답니다.

태어날 때부터 행복과 불행의 감정을 구분할 수 있는 아이는 없습니다. 부모가 하는 말과 행동을 모두 사랑이라고 믿어서, 불행도 부모가 자신을 위해 특별히 주는 사랑이라고 생각하지요. 이러한 믿음에서 결국 내적 불행이 싹트는 거예요.

아이가 내적 불행 없이 밝고 긍정적으로 자라기 위해서는 부모가 아이를 배려 깊게 사랑해주어야 합니다.

'나는 사랑을 주는데 너는 무엇을 줄래?'라며 아이에게 베풀 사랑에 조건을 걸지 마세요. 자신이 부모에게 받은 그대로 아이에게 화를 내고 야단을 치면서 매를 들지도 마시고요.

부모의 사랑을 가득 받고 자란 아이는 전쟁 중에 폭탄이 옆에 떨어져도 불안감을 갖지 않고 자신을 지켜나갈 수 있답니다. 그러나 부모의 보살핌을 제대로 받지 못한 아이는 풍선 터지는 소리에도 깜짝 놀라 상처받는 유약한 삶을 살게 되지요.

어린 시절 부모에게 보살핌을 제대로 받지 못한 사람, 즉 부모에게 버림받은 사람은 의식에서는 아이를 버리지 않지만, 무의식에서는 아이를 버립니다. 자신도 모르게 부모에게 받은 그대로 아이에게 상처를 주는 거예요.

사실 배려 깊은 사랑은 부모로부터 배려 깊은 사랑을 받아본 기억이 있어야만 할 수 있답니다.

하지만 안타깝게도 어렸을 때부터 순수하고 온전한 사랑을 받고 자란 부모는 많지 않습니다. 그래서 아이에게 배려 깊은 사랑을 마음껏 베푸는 것 또한 어렵지요.

그럼 어떻게 하면 아이를 있는 그대로, 존재 그 자체로 배려 깊게 사랑해줄 수 있을까요?

일단 자신의 내적 불행이 무엇인지 자세히 들여다보아야 합니다. 내적 불행은 순간순간의 상처가 쌓여 무의식에서 불행을 추구하려는 성향으로 발전된 거예요. 자신의 어린 시절을 돌이켜보고, 어떤 상처를 받았는지 살펴야 하지요.

육아는 곧 부모 자신의 성장의 시간이기도 해요. 자신의 내적 불행이 무엇인지 아는 부모는 아이에게 내적 불행을 물려주지 않으려고 노력합니다. 이러한 노력이 거듭되면, 어느 순간 아이를 있는 그대로 받아들이고, 아이의 존재 자체를 사랑하게 되지요. 육아를 통해 부모가 성장하게 되는 거예요.

이 세상에 불행을 행복으로 착각하며 사는 사람만큼 불쌍한 사람이 또 있을까요?

지금 이 순간, 나도 모르게 아이에게 내적 불행을 물려주고 있는 것은 아닌지 스스로를 돌이켜보세요. 아이가 불행을 행복으로 착각하며 살지 않도록 배려 깊은 사랑으로 아이를 감싸주고, 아이에게 행복한 순간을 많이 많이 만들어주세요.

Q 제가 아이를 질투하나 봐요

설거지하고 있는데 아이가 팔을 뻗으며 안아달라는 거예요. 저도 모르게 화를 버럭 냈지 뭐예요. 아이는 놀라서 엉엉 울었고요.

저는 제 아이가 이 세상 어느 누구보다도 행복한 아이였으면 좋겠어요. 그런데도 자꾸만 아이에게 화를 내고 야단을 칩니다. 20개월밖에 되지 않은 아이를 마치 초등학생 정도는 되는 것처럼 여기고 혼을 내요.

아이를 키우면서 저에게 내적 불행이 있다는 사실을 알았어요. 다정한 엄마이고 싶지만, 기분 좋게 안겨 있는 아이를 보면 괜스레 질투가 나요.

내 아이에게 상처를 주는 이 시간들이 너무 괴롭고 두렵습니다. 내 아이가 하루 빨리 행복해졌으면 좋겠어요.

A 20개월 된 아이를 초등학생처럼 대한다는 것은 어머님의 어린 시절과 관련이 있습니다. 어머님은 어린 나이에 어른 역할을 할 수밖에 없었을 거예요. 자신은 마음껏 엄마에게 안아달라고 하지 못했는데 아이는 자신에게 사랑을 달라고 매달리니 분노가 치밀어 오를 수밖에요.

일단 어머님의 마음속 깊이 억압된 감정을 끄집어내어 표현해야 합니다. 그래야 감정을 조절할 수 있거든요.

감정을 표현하는 과정에서 퇴행이 일어날 거예요. 옛날의 어린아이 상태로 되돌아가는 거지요. 퇴행하지 않으면 치유할 수 없답니다. 퇴행은 예전에 채우지 못했던 의존욕구를 채우는 과정이거든요.

어머님의 어린 시절로 돌아가 엄마에게 안기고 싶고 사랑받고 싶었던 조그마한 아이의 상처를 어루만져주세요. 눈물이 더 이상 흐르지 않을 때까지 애도하는 과정을 몸으로 거치면, 비로소 성장한 어른으로서 내 아이를 대할 수 있습니다.

어머님은 자신의 내적 불행을 이미 인지했습니다. 그리고 누구보다 아이를 행복하게 키우고 싶은 마음이 있습니다. 그렇다면 올바른 길을 찾아 치유할 수 있습니다.

두렵다는 그 말의 의미를 저는 충분히 이해합니다. 저도 그 두려움 앞에서 몸부림쳤던 사람이니까요. 진정한 용기는 두려워도 포기하지 않고, 가본 적 없는 길을 가는 것입니다.

배려 깊은 사랑이 무엇인지 되묻는 시간을 가지시길 바랍니다. 머리로라도 배려 깊은 사랑이 무엇인지를 알아야 내가 부모에게 받지 못한 사랑이 무엇인지를 알게 되거든요. 존재에 대한 사랑이 어머님의 머리에서 가슴으로 내려오면, 성장은 극적으로 이루어질 거예요.

Q 아이가 늘 사랑을 확인해요

아이가 "엄마는 나를 사랑해?", "엄마는 나를 싫어하나 봐.", "엄마는 왜 화만 내요?"라는 말을 달고 삽니다. 이유를 물어보면 제가 떠날 것 같대요. 제 입장에서는 너무 억울해요. 저는 늘 아이에게 배려 깊은 사랑을 베풀려고 노력했거든요. 화를 낸 것도 아니에요. 아이의 행동이 잘못됐을 때 단호하게 말한 것뿐이지요. 아이가 제 마음을 알아주지 못하는 것 같아서 속상합니다.

A 아이의 말은 결국 셋 다 똑같은 말입니다. "엄마, 엄마는 자신을 진정으로 사랑해?"라는 말이지요. 엄마가 진정으로 자신을 사랑한다면, 아이는 엄마에게 사랑을 확인하려들지 않는답니다. 제 생각에 어머님은 아이에게 간간히 물었을 것 같네요. "너는 엄마를 사랑하니?" 하고 말예요.

제가 보기에 어머님은 스스로를 믿지 못하고 있습니다. 아마도 어린 시절에 버림받은 경험이 있어서겠지요. 가까운 사람이 일찍 죽었거나, 부모가 아닌 다른 사람에게 길러졌거나, 부모님이 사랑 표현을 거의 해주지 않았을 겁니다.

어린 시절 버림받은 경험 때문에 어머님 내면에 버림받을지 모른다는 두

려움이 존재합니다. 아이는 이러한 어머님의 무의식에 대해 질문을 하는 것
뿐입니다.

어머님은 버림받았다는 상처 때문에 자신의 욕구를 감추게 됐습니다. 자
신의 고유한 존재를 부정하게 됐지요. 이렇게 존재를 부정하는 과정에서 분
명 화가 났을 테지요. 화는 자신의 존재를 지키기 위한 방어감정이니까요.

그러나 어머님은 그 화를 표현하지 못하고 무의식에 억압했습니다. 어머
님은 화를 내지 않는다고 생각하지만, 아이는 어머님의 억압된 분노를 이미
읽고 있습니다.

아이는 어머님의 불안을 온몸으로 느끼고 있습니다. 이것은 어머님이 아
이를 배려 깊게 사랑하려고 노력한 결과입니다. 아이가 받은 감정의 상처가
적기에 다른 사람의 감정을 읽는 능력이 뛰어난 것이지요.

어머님이 지금까지 아이에게 베푼 사랑은 아이에게 그대로 축적되어 있
습니다. 아이 내면의 강한 힘은 그대로 남아 있다는 뜻이지요. 그러니 어머
님이 앞으로 해야 할 일은 어머님의 내적 불행을 자각하고 상처를 치유하는
것뿐입니다. 그래야 스스로를 사랑할 수 있답니다.

어머님이 내면의 상처를 치유하는 순간, 아이는 더 이상 사랑을 확인하려
들지 않을 것입니다.

내적 불행의 시작이 무엇인지
어린 시절을 들여다보세요

내 아버지의 고향은 북한 신의주입니다. 큰아버지가 공산주의에 반대하는 신의주 학생운동을 일으키는 바람에 북한에서 더 이상 살 수 없게 되자, 아버지는 열여섯 살에 홀로 남한으로 내려왔지요.

남한에서 아버지는 한국전쟁에 참전했고, 화랑무공훈장을 자그마치 세 개나 받았습니다. 국가유공자로 연금을 받기도 했고요.

남들 눈에는 아버지가 나라를 위해 공을 세운 영웅으로 보였을 거예요. 하지만 실상은 달랐습니다. 전쟁과 월남의 기억 때문에 아버지는 늘 괴로워했지요.

아버지는 평소에는 온화하고 법 없이도 살 분이었지만, 술만 마시면 "사람을 너무 많이 죽였어."라고 죄책감을 토로하며 똑같은 이야기를 반복하다가, 동네 할머니를 붙잡고 "엄마, 엄마!" 부르며 통곡하시곤 했어요. 분노를 참지 못해 밥상을 뒤엎고 욕설을 내뱉는 일도 다반사였고요. 가족과의 이별과 전쟁 때 사람을 죽였다는 양심의 상처가 무의식에 남아 아버지에게 극심한 내적 불행을 안겨주었던 것입니다.

아버지를 받아주기 힘들었던 어머니는 내가 태어난 지 18개월 무렵이 되었을 때, 가족을 두고 친정으로 가버렸습니다. 그 뒤 6개월 동안이나 집으로 돌아오지 않았지요.

생후 18개월은 제1반항기가 시작되는 시기입니다. 이 시기에 아이들은 "싫어!", "안 할래!", "내가 할 거야!", "내 거야!"라며 자신의 주장을 펼치지요.

나는 어머니가 친정으로 가버렸기 때문에 제1반항기를 제대로 겪지 못했습니다. 그래서 성인이 되어서도 다른 사람에게 "안 돼.", "싫어!"라고 말하는 것이 무척 어려웠지요.

어머니의 부재는 나에게 죽음과도 같은 두려움과 상실감을 주었습니다. 나는 두려움과 상실감을 달콤한 음식으로 채우기 시작했어요. 마음이 공허하고 외로워질 때면 어김없이 달달한 음식을 찾았지요. 그 결과 당뇨병 진단을 받고 말았습니다.

존 브래드쇼의 《수치심의 치유》, 《가족》에서는 5세대 가계도를 통해 내적 불행이 다음 세대에 어떻게 전달되는지 자세히 알려줍니다.

나의 내적 불행의 시작은 아버지였습니다. 아버지의 내적 불행이 어머니에게 이어졌고, 결국 나에게까지 손을 뻗친 거예요. 물론 아버지가 내적 불행을 갖게 된 근원을 찾아 거슬러 올라가다 보면 더욱 끝이 없겠지요.

내적 불행은 당대에서 오지 않습니다. 적어도 5대 조상으로부터 무의식으로 내려와 우리의 삶을 지배합니다. 우리 민족을 한(恨)의 민족이라고 하는데 오히려 내적 불행의 민족이라고 하는 것이 올바른 표현이라는 생각이 듭니다. 아버지 세대가 전쟁을 겪고 일제의 지배를 받으면서 내적 불행을 축적했기 때문이지요.

이처럼 내적 불행은 한 세대에서 시작된 것이 아닙니다. 무의식에 떡하니 자리 잡고 있는 내적 불행은 내 후손에게까지 이어져 삶을 피폐하게 만듭니다.

나는 부모의 불행이 나에게 어떻게 전달되었는지 알고 나자, 먹을 것을 대하는 태도가 달라졌습니다. 당뇨병 진단을 받게 된 원인이 내적 불행에 있다는 사실도 깨달았지요.

내적 불행의 근원을 찾고 치유의 과정을 거친 뒤에는 배가 고파서 음식을 먹는 것인지, 공허함과 외로움을 잊기 위해 음식을 먹는 것인지 구별할 수 있게 되었습니다. 이전에는 배가 고픈 감각을 몰랐는데, 지금은 배가 고프다는 감각이 들 때만 음식을 맛있게 먹습니다.

나는 우리 아이들에게 내적 불행을 물려주고 싶지 않았습니다. 철저히 음식을 조절하고 운동을 했지요. 다행히 지금은 10킬로그램 이상 몸무게가 줄고, 당뇨도 사라졌습니다.

만약 내적 불행이 자식에게 이어진다는 사실을 몰랐다면, 나는 아직도 당뇨병으로 고생하고 있었을지도 모릅니다.

　자신의 내적 불행이 무엇인지 어린 시절을 들여다보세요. 내적 불행을 알면, 다음 세대로 대물림되는 내적 불행의 고리를 완전히 끊어낼 수 있습니다.

Q 부모님한테 맞은 기억이 없는데도 제 아이를 때려요

제 아이는 스킨십을 좋아해요. 제 무릎에 누워 있는 것도 좋아하고, 자주 안아달라고 하지요. 그런데 저는 괜스레 짜증이 나서 아이를 밀쳐내기도 하고, 화가 날 때는 아이를 때리기도 합니다.

부모님한테 맞은 적이 없는데 왜 저는 아이를 때리는 걸까요? 부모님이 맞벌이를 하셨는데, 어린 시절 보살핌을 제대로 못 받은 탓일까요?

A 부모님에게 방치당한 탓에 어머님의 마음속에 내적 불행이 생긴 것 같아요. 어머님의 내적 불행을 아이에게 대물림하지 않으려면 방치당했을 때 느꼈던 고통을 불러내어 다시 한 번 제대로 겪고 치유해야 합니다. 치유한 뒤에는 아이가 무릎에 눕거나 안아달라고 보채도 짜증이 나지 않을 거예요. 아이를 밀쳐내지도 않을 거고요.

저는 화를 내는 아이를 볼 때마다 괜스레 화가 났습니다. 어린 시절 아버지가 화를 못 내게 한 탓이지요. 어떤 부모는 아이가 "싫어!"라고 말할 때마다 아이를 때린다고 하더군요. 그 부모에게는 어렸을 때 "싫어!"라고 할 때마다 부모에게 맞았던 기억이 있다고 해요.

어머님은 어린 시절 부모님한테 사랑받고 싶고, 안기고 싶었을 거예요. 그러나 맞벌이하느라 바쁜 부모님에게서 그 욕구를 충족하기는 쉽지 않았을 테지요. 이처럼 어머님 내면에 충족되지 못한 의존욕구가 있어서 아이가 스킨십을 요구할 때마다 짜증이 나는 거예요.

아이는 마치 자명종 같아요. 적절한 때마다 부모의 내면 상처를 알려주거든요. 아이와 함께 일상을 보내면서 아이가 자연스레 알려주는 내면의 상처를 알아가세요. 그것을 통해 깊은 성찰을 하다 보면, 분명 상처는 치유되고 부모로서 한 뼘 성장하게 될 거예요. 아이 키우는 재미와 성장하는 재미를 함께 맛보시길 바랍니다.

내적 불행을 찾는 단서,
첫 기억을 떠올려보세요

  첫 기억은 자신의 어린 시절이 어떠했는지를 상징적으로 말해준다고 합니다. 나의 첫 기억은 창살을 환하게 비추는 햇살입니다. 그때의 나는 따사로운 햇볕을 받으며 행복을 느꼈던 것 같아요.

  사실 내게는 마음에 걸리는 것이 두 가지가 있어요. 하나는 어둠이고, 하나는 음식입니다. 나는 어둠이 정말 싫어요. 집에 들어섰을 때 불이 꺼져 있으면, 사방팔방 다니며 전등 스위치부터 켜지요.

  그리고 나는 식탁 한가득 음식이 놓여져야 기분이 좋습니다. 반찬이 빈약하다고 느껴지면 나도 모르게 화가 나지요.

  내가 왜 밝음과 음식에 집착하는지 곰곰 생각해보니, 이것 또한 내적 불행과 관련이 있었습니다.

  어린 시절 어머니가 친정으로 가버리고 나서 나를 보살핀 사람은 아버지였습니다. 물론 술만 마시면 정신을 잃고 주정하던 아버지가 어린 나를 제대로 돌보았을 리가 없었겠지요.

어머니의 부재와 아버지의 술주정 때문에 하루하루가 고통스러웠던 나는 아마도 햇볕이 반가웠던 모양입니다. 창살을 반짝반짝 비추는 햇볕이 강렬하게 기억에 남은 걸 보면 말예요.

햇볕이 그간의 고통을 따스하게 감싸준다고 믿었기 때문일까요? 나는 상징적으로 빛과 대응하는 어둠을 고통으로 여기고, 피하려고만 한 것 같습니다. 이처럼 어릴 때 첫 기억이 자연일 때는 사람과의 관계가 힘들었다는 의미를 내포하기도 한답니다.

음식 또한 어린 시절의 기억과 관련이 있습니다. 나는 육 남매 중 장남으로 태어났습니다. 가난한 데다가 식구가 많아서 굶주림에 익숙해 있었지요.

그래서 식탁에 올라오는 반찬이 빈약하다고 느껴지면 화가 났던 거예요. 내 아이가 제대로 먹지 못한다는 생각이 들어서 말이지요.

어둠과 음식에 대한 내적 불행을 알게 된 뒤 아내에게 이야기하니, 놀랍게도 이미 나의 상황을 이해하고 현명하게 대처하고 있었더군요.

전기를 아끼려고 불을 꺼두었다가도 내 발자국 소리만 들리면 불을 환하게 켜는가 하면, 내가 없을 때에는 반찬을 한두 가지만 놓고 먹다가도 내가 있을 때에는 냉장고에 있는 반찬을 모두 꺼내어 푸짐하게 보이도록 했던 거예요.

만약 아내가 현명하게 대처하지 않았다면, "어두운데 불도 안 켜고 뭐하니? 눈 나빠지면 어쩌려고!" 하고 아이에게 호통치거나 "내가 어렸을 때는 없어서 못 먹었다. 너희는 왜 안 먹니? 반찬이 별로 없어서?"라며 아이에게 먹기를 강요하는 아버지가 되었을지도 모릅니다.

자신의 내적 불행을 알지 못하면, 자기도 모르는 사이에 아이에게 독이 되는 행동을 할 수도 있어요. 부모는 선의로 한 행동이라도 자신의 내면에 어떤 상처가 있는지 알지 못해 아이에게 상처를 주게 되는 것이지요.

자신을 위해, 그리고 아이를 위해 떠올려보세요. 첫 기억이 무엇인지 말이에요!

Q 술을 마셔야만 감정을 느껴요

저는 술 마시는 사람을 경멸했어요. 그런데 제 안에 억압된 감정을 느끼려고 노력하면서부터 술을 마시게 되었지 뭐예요. 술을 잔뜩 마시면, 마음속 깊이 숨겨두고 꺼내놓지 못했던 수치심도 드러낼 수 있어요.
그런데 아이를 키우며 이렇게 계속 술에 의존해도 되는 걸까요? 술을 마시지 않고도 억압된 감정을 느낄 수 있는 방법이 있나요?

A 어릴 때 부모님이 술을 자주 마셨나요? 그리고 술 마시는 부모 때문에 상처를 받았나요? 술 마시는 사람을 경멸하는 것은 술 마시는 사람을 볼 때마다 어린 시절에 받은 상처가 떠오르기 때문입니다. 그 상처와 대면하고 고통받는 게 두려워 술 마시는 사람을 탓하고 경멸하는 행위로 어린 시절에 억압된 분노의 감정을 푸는 것이지요. 그러니 일단 술로 인한 상처가 있는지 어린 시절을 되돌아보시길 바랍니다.

사실 어머님뿐 아니라 술을 마시고 속마음을 털어놓는 사람은 많습니다. 평소에는 남에게 수치심을 들키지 않으려고 자신을 강하게 통제하고 방어하다가 술을 마시고 긴장이 풀리면, 그제야 자신의 감정에 솔직해지는 거지요.

그러나 술은 중독성이 있다는 걸 잊어서는 안 된답니다. 감정과 대면하고자 술을 마시다 보면, 나중에는 술이 사람을 잡아먹게 되는 순간을 맞이하게 될 거예요. 술을 마시고 한 행동이 또 다른 수치심을 가져다주어 내면에 억압되어 있던 수치심을 오히려 심화시킬 수도 있고요.

술에 의존하지 말고, 어머님을 있는 그대로 인정해주는 사람과 만나 이야기를 나누세요. 수치심을 고백해도 비난하지 않고 어머님을 있는 그대로 봐주는 사람을 만나면, 술을 마시지 않아도 자신의 감정을 느낄 수 있답니다. 그 사람과의 진솔한 대화를 통해 어머님의 내면에 어떤 감정이 억압되어 있는지 들여다볼 수도 있고요. 그 과정에서 참자아를 찾고 치유가 일어나기도 한답니다.

마음이 불안하고 공허한가요?
부모와의 관계를 돌아보세요

　몇 년 전 아버지가 돌아가시고, 육 남매가 한자리에 모였습니다. 장례를 치른 뒤 식당에 가서 음식을 주문했는데, 그때 처음 알았습니다. 육 남매 모두 비빔밥을 싫어한다는 사실을 말이에요.

　아버지는 한국전쟁에 참전했을 때, 손에서 총을 떼어놓을 수 없어서 떡갈나무 잎에 밥과 반찬을 한꺼번에 담아 먹었다고 합니다. 이 습관 때문인지 아버지는 평소에도 밥과 반찬을 한데 섞어 드시곤 했지요. 이런 아버지의 모습을 보고, 어머니는 "정성스레 차려줬는데, 개밥처럼 만들어 먹는다."며 흉을 보셨고요.

　우리 육 남매에게 비빔밥은 아버지가 드시는 음식, 즉 '밥과 반찬을 섞어 먹는 것'에 불과했습니다. 전쟁에서 부상을 당해 일을 제대로 할 수 없는 아버지를 대신하여 어머니가 생계를 이끌어나가느라 손이 많이 가는 비빔밥을 먹어본 적이 없었거든요.

아버지가 드시던 음식 이미지가 강렬히 자리 잡은 데다가 정성이 담뿍 담긴 비빔밥을 먹어본 적이 없기에 육 남매 모두 자연스레 비빔밥을 잘 먹지 않게 된 것이지요.

어린 시절에 봐온 부모의 모습은 현재의 내 삶을 지배합니다. 부모는 아이들의 미래를 비추어주는 거울과도 같아요. 자신의 내적 불행에 휩싸여 있는 부모의 거울은 깨져 있습니다. 아이는 깨진 거울을 통해 일그러진 자신의 모습을 바라보게 됩니다. 그 모습을 보면서 자신을 무가치하고 수치스러운 존재로 받아들이지요.

돈도 많고 명예도 있고, 남부러울 데 없어 보이는 유명한 사람들이 자살을 하는 것도 부모의 깨진 거울에서 자신의 일그러진 모습을 봤기 때문이에요.

'좀 더 가치 있는 사람이 되려면 공부하는 수밖에 없어.'

'좀 더 가치 있는 사람이 되려면 돈이 많아야 해.'

'명예가 있으면 가치 있는 사람으로 평가될 거야.'

그들은 자신의 마음속에 자리 잡고 있는 불안감을 해소하고자 공부에 매진하고, 돈을 벌고 명예를 얻기 위해 노력합니다. 외적으로 완벽한 조건을 갖추어 내면에 자리 잡고 있는 불안감과 수치심을 감추려는 것이지요.

안타깝게도 외적 조건이 내면의 문제를 가려주지는 않는답니다. 그들이 조금만 실패해도 쉽게 무너져버리고, 끝내 자살을 선택하는 것 또한 내면의 문제가 해결되지 않아서예요.

친구를 괴롭히고 남에게 폭력을 휘두르는 사람도 마찬가지예요. 자신의 힘을 과시하고 약한 사람에게 상처를 주면서 자신의 내면에 있는 불안감을 해소하고, 수치심을 감추는 거예요. 이러한 사람은 어렸을 때 부모에게 폭력을 당했거나, 부모로부터 깊은 상처를 받았을 가능성이 높답니다.

현대 심리학에 따르면, 어린 시절 부모와의 관계는 현재 내 아이와의 관계, 부부관계, 타인과의 관계에 90퍼센트 이상 영향을 미친다고 해요. 여러분은 어린 시절 부모와의 관계가 어땠나요? 혹시 자신의 거울이 깨져 있다는 것을 모르는 것은 아니겠지요?

아이는 위대한 힘을 가지고 태어납니다. 내 아이가 어떤 사람으로 성장하느냐는 모두 부모에게 달려 있어요. 아이에게 깨진 거울을 보여주지 말고 자신의 내적 불행을 들여다보며 치유해야 합니다.

Q 엄마가 버거워요

저는 어렸을 때부터 엄마 말이라면 무조건 들어주었습니다. 술고래에 폭력적인 아빠에게 당하고 사는 엄마가 불쌍해서요.
지금은 엄마가 몹시 버겁습니다. 엄마만 보면 왜 아빠와 이혼하지 않았는지 분노가 치밀어 올라요. 이런 제가 불효녀일까요?

A 어머님은 '아빠'가 가족의 행복을 방해하는 사람이라고 생각하고, 그동안 아빠에게만 분노해왔을 거예요. 희생하는 엄마를 보호하려고 애썼을 테고요. 그런 과정에서 결국 엄마는 기댈 언덕이 아닌 '짐'이 되어버리고 말았지요.

부모가 아이를 돌보는 게 순리랍니다. 아이가 부모를 돌보게 되면, 아이는 자신의 어린 시절을 포기해야만 해요. 자신의 감정과 욕구를 억압하고 거짓의 모습으로 살게 되지요.

어머님, 폭력적인 아빠에 대한 분노보다 그런 억압으로부터 아이들을 지켜주지 못한 엄마에 대한 분노가 훨씬 크다는 것을 깨달으셔야 합니다.

사실 아빠가 폭력을 휘두르고 자신의 삶을 제대로 살지 못한 것은 엄마가 아빠에게 순응한 결과이기도 합니다. 엄마는 남편의 억압으로부터 자신을 지키기 위해 남편에게 철저히 순응하고 자신의 존엄을 포기했습니다.

만일 엄마가 억압된 감정에 대면하여 성장했다면, 그리고 아빠에게 자신의 삶에 책임을 지고 단호하게 대항하여 고유한 삶을 살겠노라 요구했다면, 아빠의 삶은 달라졌을 것입니다. 부부관계는 한 사람이 성장하면 균형이 깨지기 때문에 다른 사람도 뒤따라 성장하게 되거든요.

어머님의 내적 불행의 근원은 엄마입니다. 고유한 존재가 되기 위해서는 엄마로부터 독립해야 합니다. 누군가 이런 말을 했습니다. '부모의 사랑은 떠나보내기 위한 사랑'이라고요.

엄마가 베푼 사랑 때문에 선뜻 엄마가 준 상처를 인정하고 받아들이기 힘들 거예요. 그러나 어머님이 분노해야 할 대상은 엄마 자체가 아니라는 사실을 기억하세요. 엄마의 사랑은 어머님의 가슴에 오롯이 남아 있습니다. 그러나 엄마가 자신의 고유한 삶을 살지 못한 까닭에 어머님이 받은 감정의 상처에 대해서는 분노해야만 상처의 찌꺼기가 남지 않습니다.

부모가 진정 원하는 것은 훨훨 나는 새처럼 자식이 자신의 인생을 사는 것입니다. 그러기 위해서는 엄마에게 받은 상처를 진심을 다해 보살펴야 합니다. 그리고 엄마를 향한 분노를 표현해야 합니다.

엄마에게 직접 말로 표현할 수 없다면 편지를 쓰는 방법이 있습니다. 또한 물건을 하나 가져다가 엄마라고 상상하고 때리면서 상처받은 감정을 해소하는 방법도 있고요. 예를 들어 페트병을 상징물로 삼고, 상처를 준 엄마의 모습을 구체적으로 상상해보는 거예요. 페트병이 엄마의 모습으로 보이면, 페트병을 마음껏 때리고 밟고 망가뜨리면서 분노를 표현하면 되지요. 이처럼 소리 잘 나고 부서지기 쉬운 물건을 통해 상상 속에서 엄마에게 항의하고 분노하면서 감정을 처리하면, 자연스레 상처를 치유할 수도 있답니다.

이런 과정을 거치지 않으면 엄마가 돌아가신 후에도 분노는 그대로 남아 있습니다. '시간이 흐르면 약이 된다'는 말은 여기에는 해당되지 않습니다. 제대로 치유하지 않으면 시간이 흘러도 해결되지 않습니다. 하루 빨리 어머님이 엄마로부터 독립하여 고유한 존재가 될 수 있길 바랍니다.

내면 아이, 우리의 삶을 졸졸 따라다니며 상처 주는 그림자

존 브래드쇼의 《상처받은 내면 아이 치유》를 보면 이런 구절이 있습니다.

"나는 과거에 무시당하고 상처받은 내면 아이가 바로 사람들이 겪는 모든 불행의 가장 큰 원인이라고 믿는다."

상처받은 내면 아이의 사건 하나하나가 쌓여 불행 성향으로 굳어진 것이 내적 불행이에요. 이때 상처받은 내면 아이는 어릴 때 채우지 않은 욕구와 감정의 상처를 눈에 보이게 구체적으로 표현한 말이에요.

몸에 생긴 상처는 시간이 지나면 저절로 아물고 사라지지만, 마음에 생긴 상처는 치유하지 않으면 절대 아물지 않습니다. 오히려 시간이 갈수록 상처가 더욱 깊어지지요.

상처받은 내면 아이는 우리의 무의식에 억압되어 있는 그림자입니다. 상처받은 내면 아이는 상처를 받은 그 나이에 머물러 있다가 훗날 비슷한 환경에 처하면 어린 시절 받았던 상처의 고통을 고스란히 느끼도록 자극합니다.

상처가 고통스러우면 망각을 통해 잊어버릴 수 있지만, 우리의 무의식은 태어나는 순간부터 받은 상처를 그대로 기억하고 있습니다.

특히 어릴 때 받은 상처는 무의식에 그대로 기억되어 교우관계, 남녀관계, 아이와의 관계 등 다른 사람과의 관계에 깊은 영향을 끼칩니다. 상처가 깊을수록 다른 사람과 친밀한 관계를 맺기 어렵지요.

예를 들어, 아들선호사상이 뿌리 깊은 집안에서 태어난 여자아이는 자신을 '축복받지 못한 존재'라고 생각합니다. 이 꼬리표는 죽는 날까지 아이를 괴롭히지요. 상처가 너무 심한 경우에는 남자 자체를 혐오하기도 하고요.

학교 다닐 때 선생님에게 깊은 상처를 받은 사람은 학부모가 되어서도 학교에 방문하는 것을 꺼리는 경우가 있습니다.

이런 사례들을 통해 상처받은 내면 아이의 감정이 그대로 살아 있다는 것을 알 수 있습니다.

어린 시절 부모에게 배려 깊은 사랑을 받지 못하고 필요한 욕구를 채우지 못하면, 내면 아이의 상처는 점점 깊어갑니다. 상처받은 내면 아이는 고통스러운 상처로부터 자신을 보호하기 위해 방어벽을 높이 쌓고 그 뒤에 꽁꽁 숨어 밖으로 나오지 않고요.

그러나 부모가 되면 자신의 상처받은 내면 아이와 만날 수밖에 없습니다. 아이의 말과 행동이 자신의 방어벽 뒤에 꽁꽁 숨은 상처받은 내면 아이를 건드리기 때문이지요.

부모는 아이가 건드리는 자극을 회피하고 싶은 마음에 아이에게 화를 내고 짜증을 부리곤 합니다. 아이의 말과 행동 하나하나에 마음의 실랑이를 벌이다 보면, "우리 집에서는 그렇게 안 키웠어!"라며 부부 싸움으로까지 번지게 되지요.

자신의 상처받은 내면 아이를 인정하고 보듬어주세요. 자신의 내면 아이를 이해해주면, 방어벽 뒤에 꽁꽁 숨어 있던 상처받은 내면 아이가 비로소 밖으로 나올 수 있답니다.

상처받은 내면 아이를 이해하면 아이를 키우면서 왜 그렇게 화가 나고 힘든지 알 수 있답니다. 그리고 상처를 치유하면 육아는 더할 나위 없이 즐거워집니다.

아들을 원했는데 딸을 낳았습니다

제 이름은 끝분입니다. '딸은 이제 그만!'이라는 뜻이 담긴 이름이라고 들었습니다. 이름을 이렇게 지을 정도면 집안 분위기가 어땠는지 알 만하지요? 제가 딸이라는 이유로 엄마가 할머니에게 구박을 많이 받았다고 하더군요. 그렇게 자란 제가 딸을 낳았습니다. 딸이라는 것을 안 순간부터 매일이 악몽 같았습니다. 자각하지 못하고 있었는데, 저 또한 맹목적으로 아들을 원했었나 봅니다. 힘든 마음은 애써 감추고 '딸이면 어때? 우리 딸, 많이 사랑해줘야지!' 다짐하며 사랑을 베풀려고 애썼습니다.

그런데 우리 딸, 손톱을 깨물고 옷도 질겅질겅 씹습니다. 친구들한테 이리저리 끌려다니는 모습도 보입니다. 저도 모르게 딸에게 상처를 줬기 때문이겠지요? 아이의 상처를 어떻게 하면 치유해줄 수 있을까요?

A 무의식에 숨어 있는 어머님의 상처받은 내면 아이가 느껴집니다. 얼마나 외롭고 두렵고 수치스러웠을까요?

아이의 상처를 어떻게 치유해줄 수 있냐고 물으셨지요? 제가 보기에는 아이의 상처를 치유하는 것보다 어머님 자신의 상처를 치유하는 게 먼저인 것 같네요.

《천재가 될 수밖에 없는 아이들의 드라마》에서 저자인 알리스 밀러는 이렇게 말했습니다.

"자신의 어린 시절 억압으로부터 해방된 엄마라야 자식의 마음을 온전히 읽고 감정이입을 해줄 수 있다. 자신의 운명을 부정하고, 보이지 않는 사슬로 자신을 옭아매고 있는 한 절대 아이를 있는 그대로 받아들일 수 없다."

어머님은 태어나자마자 여성이라는 존재를 부정당했고, 어머님이 받은 상처를 고스란히 아이에게 물려주었습니다. 아직 태어나지도 않은 아이의 존재를 부정하여 상처를 주었고, 아이에게 마음에서 우러난 사랑이 아닌 머리로 생각한 사랑을 베풀었습니다.

아이에게만은 자신이 받은 고통을 주지 않으려고 노력했다는 것은 이해합니다. 그러나 그러한 노력 가운데서 상처받은 내면 아이의 수치스런 감정만큼은 정면으로 보려 하지 않았네요.

아이를 행복하게 키우려면 엄마가 먼저 행복해야 합니다. 어머님의 질문에는 자신의 행복에 관한 질문은 없습니다. 표면적으로는 아이의 행복을 염려하는 엄마처럼 보이지만, 무의식에서는 자신의 상처를 끝끝내 외면하고 싶은 내면 아이의 상처가 느껴지네요.

어머님, 자신의 내면 아이와 대면하려고 노력해보세요. 상처받은 내면 아이와 대면하여 치유한다면, 그리하여 어머님 자신이 행복해진다면, 아이도 당연히 행복해집니다.

지금 아이가 지니고 있는 여러 문제, 즉 손톱을 깨문다거나 친구들한테 이리저리 끌려다니는 모습도 자연스레 사라질 거예요.

공격적인 성향의
사람 안에는 상처받은
내면 아이가 살고 있어요

우발적으로 사람을 해친 사람에 대한 주위 사람들의 인터뷰를 들어 보면 깜짝 놀랄 때가 있습니다. 주위 사람들은 이렇게 말하곤 합니다.

"평소에 정말 말없이 조용하고 착한 사람이었는데……."

평소에 조용하고 착한 사람이 왜 한순간에 공격적으로 변하는 걸까요? 그것은 마음속에 상처받은 내면 아이가 존재하기 때문입니다.

아이는 자신의 욕구가 채워지지 않을 때 화를 냅니다. 이때 부모가 화가 난 아이의 감정을 제대로 보살펴주지 않으면, 아이는 상처를 받고 무의식 깊은 곳에 풀지 못한 감정을 차곡차곡 쌓아놓아요.

훗날 누군가 이 상처를 건드리면, 억압된 감정이 결국 폭발하면서 자신도 모르게 공격적인 행동을 하지요.

존 브래드쇼는 어린 시절의 폭력과 학대, 해결되지 않은 슬픔의 결과물이 공격적인 행동으로 나타나 인간성을 파괴시킨다고 했습니다.

어릴 때 학대당한 피해자가 자라서는 왜 가해자가 될까요? 어린 시절 무기력하게 당할 수밖에 없는 아이는 그 고통에서 살아남기 위해 자신의 정체성을 잃어버리고 만답니다. 대신 자신을 가해자와 동일시하게 되지요.

결국 다른 사람을 공격하는 행동은 자신을 알아달라는 표현이자, 자신의 상처를 보듬어달라는 표현인 셈이지요.

상처받은 내면 아이가 존재하는 사람은 다른 사람뿐 아니라 자신에게도 공격적인 행동을 합니다. 자학하거나 병이 생길 때까지 스스로를 방치해두지요.

가장 큰 문제는 이들 중 대다수가 상처 준 부모와 비슷한 사람을 만나 결혼하고, 자신이 상처받은 만큼 아이에게 상처를 준다는 거예요. 아이에게 직접적으로 욕을 하거나 매를 들지 않고, 배우자에게 폭력적인 모습을 보이는 것만으로도 아이의 마음에는 폭력의 상처가 깊이 각인된답니다.

힘없는 아이는 어쩔 수 없이 그 상처를 고스란히 물려받고 고통 속에서 허우적거립니다. 그러다가 어느 순간 감정이 폭발하면, 친구를 괴롭히거나 때리는 등 공격적인 행동을 하여 남에게 해를 끼치는 거예요.

Q 아이를 때린 적이 없는데도 저를 때려요

아이가 화를 못 참거나 자기 뜻대로 되지 않을 때마다 저를 때려요. 저는 아이를 때린 적이 없거든요. 그런데도 아이가 저를 때리는 건 제가 말로 상처를 줬기 때문일까요?

아이가 저를 때리려고 할 때마다 아이의 손목을 잡는데요, 아이는 저를 못 때려서 그런지 소리를 꽥꽥 지르며 울고 발버둥 칩니다.

아이가 저를 때리려고 할 때 어떻게 대처해야 하나요? 어떻게 하면 아이의 공격적인 행동이 바뀔까요?

A 물리적으로 때리는 것만이 폭력은 아닙니다. 언어적인 폭력, 감정적인 폭력도 아이에게 큰 상처를 주지요. 아이가 남을 때리는 것은 내면의 분노가 남에 대한 공격으로 변했기 때문입니다.

어머님, 어린 시절 매를 맞고 자라시진 않으셨나요? 혹은 언어적인 폭력, 감정적인 폭력을 받고 자라시진 않으셨나요? 제가 보기에 어머님의 무의식에 분노가 억압되어 있는 것 같거든요.

내면에 분노가 축적되어 있는 부모는 아이의 공격적인 행동에 무척 민감하게 반응한답니다. 공격적인 행동을 제지하는 과정에서 아이에게 큰 상처를 주기도 하고요. 자칫 아이의 행동을 바로잡으려다 아이의 영혼이 파괴될 수도 있지요.

지금 아이는 외롭고 고립된 상태입니다. 자신의 외로움을 때리는 행위로 표출하고 있어요. 때리면서 접촉하고 있는 것입니다. 얼른 외로움에서 벗어나 다른 사람과 감정적으로 연결되고 싶어서요.

아이는 남을 때릴 때, 부모가 최소한의 관심을 보인다는 사실을 압니다. 그 관심이란 게 고작 야단과 잔소리겠지만요. 아무리 야단을 치고 잔소리를 해도 아이는 공격적인 행동을 멈추지 않을 거예요. 부정적인 관심이라도 받고 싶을 만큼 외롭기 때문입니다.

지금 아이는 어머님의 분노를 대신 표현하고 있는 건지도 모릅니다. 어머님의 내면에 분노가 가득 차서 폭발할 것 같을 때, 아이가 대신 남을 때려주는 거예요. 그러면 어머님은 교육이라는 명목으로 공격적인 아이를 야단치면서 자신의 분노를 밖으로 배출할 수 있지요.

아이가 남을 때리는 모습을 잘 관찰하고 그 패턴을 적어보세요. 아마 어머님의 마음이 불안할 때 유독 아이가 공격적인 행동을 한다는 사실을 깨닫게 될 겁니다.

아이가 분노의 감정을 잘 다스리길 바라시죠? 먼저 어머님 안에 축적된 분노를 몸 밖으로 배출해내세요. 어머님의 분노 수위가 낮아지면, 더 이상 아이는 어머님 대신 분노를 표현하지 않을 겁니다.

아이가 어머님을 때릴 때 아이의 손목을 붙잡으며 억압하지 마세요. 아이의 분노는 자신을 지키기 위한 방어감정이므로, 부정적인 감정이라고 생각하여 분노를 억압하면 안 됩니다.

물론 아이가 때리는 대로 맞고 있지는 마세요. 아이에게 인형이나 베개를 주어 마음껏 분노를 표출하며 때릴 수 있도록 해주세요.

어머님, 아이의 분노를 있는 그대로 받아주세요. 아이의 분노를 거부하지 않고 아이의 감정을 있는 그대로 공감해주면, 아이는 엄마와 연결되어 있다고 느낀답니다.

평정심을 유지한 채 아이를 있는 그대로 받아준다는 게 참 어려울 거예요. 그래서 내면 아이의 상처를 치유하고 성장해야 한다는 겁니다.

어머님, 더 이상 아이를 억압하지 마시고 얼른 성장하세요. 아이를 위해서, 어머님 자신을 위해서요.

남에게 보여주기 위한
삶은 행복할 수 없어요

　습관처럼 술을 마시고 좀처럼 술을 끊지 못하는 사람을 '알코올중독자'라고 합니다. 대부분의 알코올중독자는 술만 마시면 가족에게 폭력을 휘두르고 욕설을 내뱉어요.

　신기하게도 알코올중독자의 배우자는 갖은 폭력과 욕설을 감수하면서까지 알코올중독자의 곁을 떠나지 않습니다. 왜 그러는 걸까요?

　알코올중독자에게 온갖 신경을 기울이느라 자신이 진정으로 원하는 것이 무엇인지, 어떻게 행동해야 하는지 판단기준을 잃어버렸기 때문이에요. 알코올중독자를 보살피는 동안 자신도 모르게 '상호의존증'이 생긴 거예요. 상호의존증은 자신이 진정으로 누구인지 모르는, 정체성이 상실된 상태를 말해요.

　결국 상호의존증이 생긴 배우자는 '너 같은 알코올중독자를 내가 아니면 누가 돌보겠어!'라는 도덕적 우월감에 알코올중독자의 곁에 머물지요. 진정한 내가 아닌 남에게 보여주는 내가 되어버린 거예요.

상호의존증이 있는 사람은 자존감이 낮아서 다른 사람에 의해 삶이 좌지우지되곤 해요. 자신의 가치가 다른 사람의 평가에 좌우된다고 믿기에 다른 사람의 반응에 민감하지요.

사실 상호의존증은 어릴 때 상처받은 내면 아이에서 비롯된답니다. 대부분의 부모는 자신의 아이가 다른 아이들과 잘 어울리지 못하면 사회성이 부족하다고 여겨요. 아이가 자라서 사회생활을 제대로 못할까 봐 단체모임에 아이를 밀어 넣지요. 아이의 의사는 고려하지 않고요. 단체모임에서 섬세하게 보호받지 못한 아이들은 자칫 많은 상처를 받아서 상호의존증이 심해지기도 합니다.

수치심과 죄책감이 발달하는 시기에 아이들은 남을 경계하고 가까이 가지 않아요. 안전하다고 생각되는 부모 옆에 찰싹 달라붙어 떨어지지 않는답니다. 이러한 행동은 스스로를 보호하기 위해 꼭 필요한 거예요. 그러나 아이의 발달과정을 제대로 숙지하지 못한 부모는 사회성을 길러준다는 명목으로 상처를 받는 환경으로 아이를 내몰곤 하지요.

그래서 부모는 아이의 발달과정을 잘 이해해야 합니다. 다른 사람과 어떻게 관계를 맺는지에 대한 역할모델이 되어주고, 아이의 뜻을 존중해주며, 아이가 상처받지 않도록 보호해주어야 하지요.

부모는 어떠한 모임에 참석할 때, 그 모임이 아이에게 꼭 필요한 모임인지 주의 깊게 살펴야 합니다. 만약 부모 자신의 외로움을 잊기 위해 아이는 고려하지 않고 모임에 참석하면, 아이는 돌이킬 수 없이 크나큰 상처를 받을 수도 있답니다.

사회성은 남을 배려하는 마음에서 출발합니다. 배려 깊은 사랑을 받은 아이는 굳이 부모가 나서서 걱정하지 않아도 자연스레 사회성이 길러집니다.

그러나 어릴 때 부모에게 배려 깊은 사랑을 받지 못한 아이는 자신의 가치가 다른 사람의 평가에 좌우된다고 믿습니다. 그 자체로 충분히 존재가치가 있는 자신을 포기하고, 사랑받고 행복하기 위해서는 무엇이든 성취해야 한다고 믿기에 끊임없이 자신을 소모하곤 하지요.

그래서 상처받은 내면 아이를 방어벽 뒤에 꽁꽁 숨겨두고, 남에게 잘 보이기 위해 거짓된 행동을 한답니다. 자라서는 착한 척을 하거나, 돈 많고 능력 있다며 허세를 부리기도 하고요. 이들은 거짓된 행동을 하면서 불안감, 외로움, 수치심에 허덕입니다.

남에게 보여주기 위한 삶은 행복할 수 없습니다. 아이가 자신을 위한 삶을 살 수 있도록 아이에게 배려 깊은 사랑을 베풀어주세요. 더불어 사는 사회에서 사회성의 핵심은 배려랍니다.

Q 아이를 어린이집에 보내기 싫어요

아이를 어린이집에 맡기는 부모를 보면 '왜 그럴까?' 하는 생각이 들어요. 다른 사람들은 아이가 어린이집에 금세 적응하니 걱정하지 말라고 하는데, 제가 보기엔 아이가 울다 지쳐서 포기하는 걸로만 보이거든요.

그렇다고 해서 제가 열성적으로 아이를 돌보는 엄마는 아니에요. 거의 방치 수준으로 아이를 내버려두지요.

그럼에도 불구하고 아이가 어린이집에서 상처를 받을까 봐 두려워서 보내고 싶지 않아요. 제 마음이 왜 이럴까요?

A 어머님이 아이를 어린이집에 보내는 걸 두고 걱정하는 데에는 두 가지 이유가 있습니다.

첫째, 아이의 섬세함을 어머님이 감지하고 있기 때문입니다. 아이는 엄마와 잠시라도 떨어지면, 온몸으로 버림받은 상처를 표현했을 것입니다.

이때 아이가 받은 상처는 부모의 배려 깊은 사랑으로 충분히 회복되지만, 같은 상처가 여러 번 반복되면 아이의 두려움은 자동화되지요. '자라 보고 놀란 가슴, 솥뚜껑 보고 놀란다.'는 속담처럼 말예요.

아이가 어릴수록 외부의 상처에 취약하답니다. 이 사실을 어머님은 무의식에 감지하고 있는 듯합니다. 아이가 어느 정도 자라 자신의 감정을 조절할 수 있을 때가 되면, 자연스레 아이는 엄마로부터 떨어질 거예요. 그러니 아이가 독립하기 전까지는 부모가 아이를 지켜주어야 합니다. 세상 밖으로 나간 아이가 넘어져도 우뚝 일어날 수 있는 힘을 기를 수 있도록 말이지요.

둘째, 어머님의 상처받은 내면 아이 때문입니다. 어머님, 어린 시절 부모님이 곁에 있어주지 않았던 건 아닌가요? 어린데도 불구하고 동생을 돌봐야 했던 건 아닌가요? 또는 상처받은 부모를 돌보느라 마음껏 어리광을 부려보지 못한 건 아닌가요?

부모로부터 너무 일찍 독립한 경험이 있다면, 아이가 어머님으로부터 독립하는 게 두려울 수 있습니다. 어린 시절 어머님이 겪은 두려움을 아이가 똑같이 겪을까 봐 두려운 것이지요.

　이런 내면 아이는 지금 당장은 아이에게 사랑을 듬뿍 주기에 아이를 바람직한 방향으로 이끌어낼 수 있답니다. 그러나 아이가 초등학교에 들어가는 시점이 되면 비로소 문제가 발생하지요. 그 시기에는 부모로부터 독립할 수 있는 기회를 아이에게 주어야 하거든요. 그런데 내면의 두려움 때문에 자신도 모르게 아이의 독립을 방해하게 되지요.

　올바른 교육은 나갈 때와 들어갈 때를 구별할 줄 아는 것입니다. 제가 보기에 지금은 아이와 함께할 시기입니다. 아이 스스로 독립할 시기를 기다리세요. 다만 아이가 독립하려는 시기에 아이의 발목을 잡지 않도록 그동안 어머님의 내면 아이도 잘 보듬어주시고요.

자아가 손상되면 다른 사람과
친밀한 관계를 맺을 수 없어요

부모에게 있는 그대로 사랑을 받고 자란 사람은 자아가 튼튼합니다. 부모, 친구, 배우자, 직장동료 등 누구하고나 별 문제없이 친밀해질 수 있어요.

그러나 어릴 때 부모에게 배려 깊은 사랑을 받지 못해 상처를 입은 사람은 자아가 손상되어 다른 사람과 친밀한 관계를 맺지 못한답니다. 다른 사람과의 관계에서 자신이 어디까지 받아주고 어디서부터 거절해야 할지 몰라서 안절부절못합니다.

존 브래드쇼는 《상처받은 내면 아이 치유》에서 이렇게 말했습니다.

"상처받은 내면 아이는 진정한 자아에 대한 의식이 없기 때문에 관계 속에서 친밀감을 경험하지 못하게 된다. 부모가 아이들의 감정이나 욕구, 소망이 무엇인지 알아주지 않을 때 아이는 진정한 자아를 거부당했다고 느낀다. 아이는 자신의 진정한 자아가 거부될 때 가장 큰 상처를 받으며, 자기 자신이 누구인지 몰라 혼란스러워한다.

자아에 대한 의식이 전혀 없다면 다른 사람과 친밀해지는 것이 불가능하다. 자기가 누구인지 자신도 모르는데, 어떻게 다른 사람과 자신에 대해 나눌 수 있겠는가?"

이처럼 부모에게 진정한 자아를 거부당해 상처받은 내면 아이가 생긴 사람은 다른 사람과 친밀한 관계를 맺을 수 없어요. 상처받은 내면 아이를 치유한 다음에야 비로소 친밀한 관계를 맺을 수 있지요.

자아가 손상된 사람은 대부분 다음과 같은 패턴을 보입니다.

일단 누군가와 가까워지면 자신의 손상된 자아가 드러날 것 같다는 두려움과 수치심 때문에 상대방을 밀어내요. 그러나 막상 상대방이 떠나면, 외로움과 공허함을 견딜 수 없어서 상대방에게 미친 듯이 집착하거나, 집요하게 매달리지요.

죽으라고 싸우면서도 이혼하지 않는 부부를 주변에서 곧잘 볼 수 있지요? 이들은 자아가 손상되어 있어서 배우자에게조차 친밀하게 다가갈 수 없답니다. 그러나 정작 상처받은 내면 아이 때문에 서로를 떠날 수도 없어서 불행한 부부관계를 유지하며 살아가지요.

자아가 손상된 사람은 어릴 때 억압된 감정과 욕구를 어디에서든 해결하려고 한답니다. 그래서 자신의 부모와 비슷한 성향의 사람이나 전혀 다른 성향의 사람과 결혼하지요. 결혼한 뒤에는 자신의 부모에

게 받지 못한 사랑을 배우자에게 끊임없이 요구하고요. 그리고 결국
은 깨닫고 만답니다. 아무리 부모와 정반대되는 성향의 사람이라도
살다 보면 자신의 부모와 똑같다는 것을 말예요.

부모의 사랑과 배우자의 사랑은 다릅니다. 어릴 때 못 받은 사랑을
배우자에게 갈구하면 배우자와 친밀해질 수 없어요. 배우자와 친밀해
지려면, 남편을 아버지로 아내를 어머니로 착각하고 있는 상처받은
내면 아이를 자각하고, 배우자를 고유한 인격체로 인정하고 바라보아
야 합니다.

Q 아이와의 스킨십, 아직 늦지 않았나요?

부모에게 사랑을 받은 기억이 별로 없어서 아이한테 애정표현을 못 했어요.
훌쩍 커버린 아이를 보고 있으니, 이제야 아이에게 사랑을 베풀지 못한 게
후회됩니다. 정말 한심한 아빠지요?
이제 와서 아이를 안아주고 보듬어줘도 될까요?

A 엄마보다 아빠들이 특히 아이와 스킨십을 하는 걸 어려워하지요. 푸름엄마의 아버지도 자식을 살갑게 안아주지 못하셨답니다.

푸름엄마는 아버지가 돌아가시던 순간을 늘 이야기합니다. 외롭고 두려운 마음 때문인지 안아달라고 하셨지만, 푸름엄마는 손만 잡아드리고 끝내 아버지를 안아드리지 못했답니다. 나중에 꿈에서야 아버지를 안아드렸지요. 그때 알았습니다. 받지 못한 것은 행하지 못한다는 사실을 말예요.

제가 보기에 아버님은 어린 시절 상처받은 내면 아이를 발견하신 것 같네요. 지금도 늦지 않았답니다. 안아주지 못하고 보듬어주지 못했던 시간만큼 지금이라도 아이를 안아주고 보듬어주세요. 아이는 금세 아빠의 마음을 알아챌 겁니다. 아빠가 달라졌다는 사실도 받아들일 거예요.

물론 처음에는 아이가 어색해할지도 모릅니다. 무안하더라도 아이를 향한 용기를 저버리지 마세요. 서서히 다가가 아이에게 못다 한 사랑을 베푸세요. 아이도 아버님의 사랑을 기다렸을 겁니다.

어렸을 때 부모에게 사랑을 못 받은 사람은 성인이 된 뒤에 그 사랑을 타인에게 끊임없이 요구한답니다. 아이가 사랑을 갈구하는 어른으로 자라지 않도록 지금 충분한 사랑을 채워주세요.

아이와 스킨십을 나누면 아버님이 어릴 때 겪은 사랑의 결핍도 충족될 거예요. 저도 아이와 사랑을 나누면서 사랑을 충전했답니다.

건강한 자기애를
채우지 못한 사람은
'나다움'을 잃어버려요

알리스 밀러는 부모에게 있는 그대로 사랑받지 못한 아이는 자신을 천재처럼 감추고 드라마 속 인물처럼 어떤 역할을 연기하며 거짓자아를 가진 채 살아간다고 했어요.

아이들은 적어도 만 3세까지는 부모에게 있는 그대로 사랑받고 건강한 자기애를 채워야 합니다. 아이가 부모의 배려 깊은 사랑으로 의존욕구를 채우고 감정을 공감받으면, 자존감이 높아지고 자신과 세상에 대한 믿음을 가지게 되지요.

만 3세까지 건강한 자기애를 채우지 못하면, 아이의 마음속에 상처받은 내면 아이가 생긴답니다. 그래서 어른이 된 뒤에도 다른 대상을 통해 자기애를 되찾으려고 합니다. 그 대상이 되는 것이 바로 자신의 자녀이지요.

알리스 밀러의 《천재가 될 수밖에 없는 아이들의 드라마》에는 다음과 같은 내용이 나옵니다.

"정말 엄마라는 존재가 아이에게 그렇게까지 위협적일 수 있을까? 물론이다. 엄마가 어렸을 때 매우 착한 딸이었다는 것을 자랑스러워한다면, 이를테면 생후 6개월째에 혼자 소변을 가렸고, 만 1세에 혼자서 깨끗이 씻었으며, 만 3세에 동생들에게 엄마 노릇까지 했다는 사실을 자랑스러워하는 그런 엄마라면, 자녀에게 매우 위협적인 존재가 될 수 있다.

엄마는 자기가 낳은 갓난아이에게서 생동감을 발견하면, 정작 자신은 단 한 번도 마음껏 누리며 살아본 적이 없다는 사실을 깨닫고 아이의 자아가 마음껏 꽃필까 봐 두려워진다.

동시에 아이에게서 어린 시절 엄마를 대신해 돌봐야 했던 못된 동생의 모습을 떠올리고는 질투와 증오심마저 느낀다. 그리하여 자신도 모르게 더욱 심하게 자기 아이를 길들이기 시작한다."

어린 시절 건강한 자기애를 채우지 못한 사람은 성인이 되어서도 어릴 때 받지 못한 사랑을 탐욕스럽게 갈구하는 자기애성 성격장애를 갖게 됩니다.

자기애성 성격장애를 가진 사람은 오로지 자신에게만 관심이 있습니다. 겉으로는 자신감 있고 독립적으로 보이지만 내면에 방어벽을 높이 쌓아두고 다른 사람이 다가오지 못하도록 경계하지요. 공감능력이 부족하며, 자신을 숭배하는 사람만을 가치 있다고 여깁니다.

자기애성 성격장애를 가진 부모는 자신의 감정만 중요한 나머지 아이의 감정을 보살피는 데에는 전혀 관심이 없습니다. 오히려 아이에게 부모 자신의 감정을 돌보라고 요구하고, 자기 만족을 얻기 위해 아이에게 희생을 강요하지요.

한편 건강한 자기애를 채우지 못하면 경계선 성격장애를 갖게 될 수도 있습니다. 자기애성 성격장애를 가진 사람이 내면에 방어벽을 높이 쌓아두고 남을 경계한다면, 경계선 성격장애를 가진 사람은 내면에 자신을 보호하기 위한 경계선이 없답니다. 있다 해도 지키지도 않고요.

비벌리 엔젤의 《사랑도 치유가 필요하다》를 보면, 경계선 성격장애에 대해 잘 설명하고 있습니다.

"경계선 성격장애를 갖고 있는 사람들은 공통적으로 누군가에게 버림받았던 경험이 있다.

- 주양육자, 특히 엄마와 애착경험이 부족할 때
- 한쪽 또는 양쪽 부모가 오랫동안 부재했을 때
- 죽음 또는 이혼으로 한쪽 부모를 잃었을 때
- 아버지와 부족하거나 부적절하거나 부정적인 관계를 맺었을 때
- 부모에게 방치당했을 때

• 부모나 형제 또는 또래에게 거절당하거나 비웃음을 받은 경험이 있을 때

경계선 성격장애는 위와 같이 버림받은 경험에서 비롯되며, 이 버림받은 경험은 물리적인 것일 수도 있고 정서적인 것일 수도 있다."

경계선 성격장애를 지닌 사람은 울타리가 없는 집과도 같아요. 도둑이 들어와도 지킬 수가 없지요. 자아가 늘 위험에 노출되어 있어 자신을 보호할 수가 없답니다.

타인과의 관계에서는 심리적인 거리란 게 있습니다. 부부관계는 다른 사람보다 이 심리적인 거리가 가깝지요. 경계선 성격장애를 가진 사람은 이 심리적인 경계선이 없습니다. 어릴 때 받은 상처로 '나다움'을 잃어버렸기 때문이에요.

다른 사람에 대한 친밀함을 갈구하지만, 어릴 때 버림받았기에 근본적으로 버림받는 것에 대한 두려움을 가지고 있어요. 막상 상대방과 친밀해지면, '이 사람이 나를 언제 버릴지 몰라.', '내가 이런 행동을 하면, 질려서 나를 떠나겠지?'라며 전전긍긍하지요.

또한 거절당하거나 버림받는 것이 극도로 두려워서, 혹은 누군가와 깊은 사이가 되면 어린 시절의 아픈 상처가 되살아나서, 친밀감이 가져올 잠재적인 고통으로부터 스스로를 보호하려고 상대방과 거리를 두기 시작합니다. 상대방의 말과 행동에 시큰둥하게 반응하고, 냉담한 태도로 일관하지요.

이들은 상대방에게 터무니없는 기대를 던져놓고, 상대방이 기대에 부응하지 못하면 맹렬히 비난해요. 자신이 가지고 있는 상처만큼이나 상대방에게 깊은 상처를 주기도 하지요.

또한 경계선 성격장애를 가진 사람은 자존감이 낮아서 스스로를 수치스럽게 생각하고, 스스로를 책망하는 경향이 강합니다. 그리고 자신이 채우지 못한 욕구나 감정을 다른 사람을 통해 얻으려고 하지요.

이들은 정체성이 없어서 자신이 볼 때 놀랍다고 생각하는 사람들의 자질이나 특성을 그대로 흉내 내기도 합니다. 감정이 오락가락하고, 종잡을 수 없는 행동을 하여 상대방을 무척 지치게 하지요. 그 결과 가장 가까운 배우자나 자신의 아이들이 또 다른 상처를 받게 되는 불행을 초래한답니다.

Q 아이 얼굴을 발로 밀어버리고 싶어요

아이에게 책을 읽어주고 있는데, 이상하게 발로 아이를 밀어버리고 싶은 마음이 들었어요. 화가 난 것도 아니고, 아이가 미운 행동을 한 것도 아닌데 말이죠.

장난스레 살짝 발로 애 얼굴을 만졌더니, 아이가 하지 말라고 거부하더라고요. 아이의 반응을 존중해줘야 하는데 저는 왜 계속 하고 싶을까요?

A 어린 시절 조용히 몰입하고 싶은데, 부모님이 자꾸만 방해했던 경험이 있나요? 만약 그렇다면, 어머님의 상처받은 내면 아이 때문이랍니다. 그래서 평온하게 책을 읽고 있는 아이를 방해하고 싶은 마음이 자신도 모르게 생기는 거예요.

어머님의 어린 시절을 돌이켜보고 실마리를 찾으세요. 어머님이 어린 시절 못 가진 것을 아이는 너무나 쉽게 가지는 모습을 보고, 어머님의 내면 아이가 아이를 질투하는 걸지도 모르니까요.

혹은 어머님 내면에 친밀함에 대한 두려움이 있는 것일지도 몰라요. 어린 시절 부모와 친밀했던 적이 없었기에 아이와 친밀한 자신의 모습이 순간 낯설게 느껴진 거지요. 이러한 불편한 감정으로부터 벗어나고자 자꾸만 아이를 괴롭히고 싶은 거예요.

어머님은 장난스레 발로 살짝 아이의 얼굴을 만졌다고 하셨지만, 아이는 내면에 숨어 있는 어머님의 실제 마음을 고스란히 느낀답니다. 장난이 아니라는 걸 알기 때문에 하지 말라고 거부하는 것이지요.

어머님 마음속에는 아직 해결되지 않은 감정이 있습니다. 어떤 감정인지 곰곰이 생각하다 보면, 어느 순간 자각하게 될 겁니다.

기를 쓰고 그 감정을 찾을 필요는 없습니다. 인내심을 가지고 기다리면, 고요한 순간에 자각이 일어날 거예요. 그때 찬찬히 귀 기울이면 됩니다.

Q 남편이 아이와 놀아주지 않아요

제 남편은 어렸을 때 아버지가 돌아가셨습니다. 아버지상이 없어서일까요? 남편은 피곤하다는 이유로 아이와 놀아주지 않습니다.

문제는 아이가 아빠랑 놀고자 하는 욕구가 크다는 겁니다. 일하러 나가려고 하는 아빠를 막아서는가 하면, 현관문을 의자나 박스로 막아두기도 합니다. 그러면 아이 아빠는 참지 못하고 아이를 혼내지요. 다리를 붙잡고 매달리는 아이를 발로 차기도 하고요.

남편은 우는 걸 못 참습니다. "아이가 울면 하루 종일 재수가 없다."는 말을 내뱉을 정도예요. 아이가 울면, 제가 아이를 잘못 키워서 그런 거라며 제 탓을 하기도 해요.

다른 사람들에게는 한없이 다정한데, 정작 가족을 함부로 대하는 남편을 보면 마음이 너무 아픕니다. 어떻게 하면 남편이 변할까요?

A 어머님의 남편은 어린 시절 아버지가 돌아가신 슬픔을 마음껏 표현하지 못했습니다. 지금에라도 아버지에 대한 상실의 슬픔을 충분히 겪어야 합니다.

만약 안전한 환경 속에서 남편이 "아빠, 가지 마! 나랑 놀아줘." 하고 외치며 통곡할 수 있게 된다면, 그 이후로는 아이가 울어도 화내지 않을 겁니다. 아이의 울음에 공감할 수 있기 때문이지요.

남편의 마음속에는 죄책감이 많습니다. 남편의 내면 아이는 아버지가 돌아가신 게 자신의 책임이라고 여기고 있을 거예요. "아이가 울면 하루 종일 재수가 없다."라고 말하는 것 또한 아버지가 일찍 돌아가신 책임을 자신에게 돌리는 것이고요. 그 죄책감에서 벗어나고자 아이와 놀아줘야 하는 상황을 회피하고 있지요.

아이를 때리는 것도 죄책감에서 비롯된 행동입니다. 죄책감은 위장된 분노랍니다. 아이의 행동이 자신의 죄책감을 건드리면, 분노가 치밀어 올라 아이를 때리게 되지요.

아이는 어떡해서든 아빠와 연결되고 싶어 합니다. 그러니 매를 맞으면서까지 부정적인 관심을 받으려고 애쓰지요. 아이가 아빠로부터 매를 맞을 때는 어머님이 아이를 보호해야 합니다. 두려움 때문에 매 맞는 아이 앞에 단호하게 나서지 못하고 주저한다면, 아이는 또 한 번 상처 입게 됩니다. 엄마로부터 보호받지 못했다고 여기기 때문이지요.

어떻게 하면 남편이 변할지 물으셨지요? 남편이 변했으면 좋겠다는 마음 자체를 내려놓으세요. 어머님이 무의식에라도 변하라고 압박을 가하면, 남편은 그 감정을 고스란히 느끼며 마음에 굳게 빗장을 걸어두고 풀지 않을 겁니다.

사랑하는 마음으로 남편의 상처를 깊이 이해하세요. 배려 깊은 사랑을 받으면, 남편은 자신의 상처를 인정하게 될 거예요. 자신의 행동을 이해하게 된 순간, 자연스레 변할 것이고요.

어머님, 평온해지세요. 평온한 어머님의 모습을 보고 남편도 평온함을 느끼고 싶어질 거예요. 그런 마음이 자연스레 남편의 변화를 이끌어낸답니다.

강박과 중독, 나와 가족의
삶을 파괴하는 달콤한 유혹

부모에게 상처를 받고 자란 아이는 자신의 존재가 수치스럽다는 생각에 수치심을 잊으려고 환상을 만들어냅니다. 자신이 만들어낸 환상을 통해 충족되지 못한 부모와의 애착욕구를 채우려고 하지요.

사실 사람이라면 누구나 수치심을 느낍니다. 건강한 수치심은 우리가 신이 아니라 실수할 수 있는 인간임을 알려주지요. 수치심이 인간의 한계를 알려주기에 우리는 자신 안에서 평온하게 쉴 수 있어요.

그러나 수치심의 정도가 심해서 존재 자체를 수치스럽다고 느끼게 되면, 자칫 강박증상이나 중독증상에 시달리게 될 수도 있어요.

자신의 존재를 수치스럽게 여기는 사람은 수치심을 잊게 해줄 도구를 외부에서 찾아요. 스스로를 감정이 없는 물건으로 취급하면서, 완벽하게 자신을 통제하려는 강박증상을 보이거나 스스로를 조절하지 못해 무언가에 집착하는 중독증상을 보이게 되지요.

결국 모든 강박과 중독의 근원은 상처받은 내면 아이에 뿌리를 두고 있는 거예요.

존 브래드쇼는 《가족》이라는 책에서 이렇게 말했습니다.

"강박은 중독보다 더 포괄적인 용어다. 강박의 뜻은 중독성향에 더 가깝다. 중독성향이 있다는 것은 마음이 텅 비어 있다는 말이다. 우리는 기분전환을 해주는 행동을 통해 이를 채우려 한다. 모든 중독의 뿌리는 강박성이며 강박성은 중독성향으로 이해될 수 있다."

강박증상이 심해지면 중독증상이 나타나고, 중독증상이 심해지면 강박증상이 나타납니다. 강박증상과 중독증상이 반복되면서 점차 증상이 심해지지요.

성취감을 통해 자신의 고통스러운 감정을 잊으려는 사람은 대체적으로 일중독증상을 보입니다. 이들은 조금이라도 여유가 생기면 고통스러운 감정이 밀려올까 두려워 끊임없이 일을 하여 성과를 내지요.

성적인 쾌락을 통해 자신의 고통을 잊으려는 사람은 성중독, 포만감을 통해 자신의 고통을 잊으려는 사람은 음식중독증상을 보입니다.

감정에 중독되는 사람도 있습니다. 분노에 중독된 사람은 자신도 모르게 분노를 느낄 수 있는 환경을 찾아 헤매요. 분노할 때만 자신이 힘이 있다고 느끼거든요. 분노를 통해 부모에게 버림받아 생긴 수치심도 덮어버리고요. 기쁨에 중독된 사람은 아무리 슬픈 상황이 닥쳐도 미소를 잃지 않지요.

세계보건기구는 강박증상과 중독증상에 대해 '잠시 기분전환을 해 줄 뿐 결국 삶을 파괴하는 결과를 초래하는 증상'이라고 정의하고 있습니다.

강박증상과 중독증상에 시달리는 사람들은 평소에 자신의 감정을 온전히 느끼지 못합니다. 강박증상과 중독증상을 통해서만 감정을 느끼기 때문에 같은 행동을 반복하게 되고, 결국 자신의 삶을 파괴할 뿐 아니라 가족의 삶까지 피폐하게 만들지요.

모든 강박증상과 중독증상의 근원은 상처받은 내면 아이에 있습니다. 부모가 아이를 배려 깊게 사랑한다면, 아이는 강박증상과 중독증상을 보이지 않습니다.

Q 손톱, 발톱 물어뜯는 남편, 어떻게 하죠?

제 남편은 외도를 밥 먹듯이 한 아버지, 쇼핑중독에 빠진 어머니 밑에서 자랐습니다. 두 분 다 남편에게 배려 깊은 사랑을 베풀지 못했지요. 남편 말에 따르면, 부모님에게 칭찬을 받은 기억이 없다고 하네요.
어린 시절의 상처 때문인지 남편은 손톱과 발톱을 끊임없이 물어뜯어요. 아이가 닮을까 봐 제지해도 그때뿐이에요. 남편 마음속에 강박이 자리 잡고 있는 것 같은데 어떻게 풀어줘야 할까요?

A 저도 고백 하나 할까요? 어릴 때 손톱과 발톱을 입으로 물어뜯곤 했답니다. 어른이 된 뒤에도 손가락으로 코를 팠지요. 이러한 행동이 '강박'이라는 걸 알고 자제하려 노력했지만, 노력하면 할수록 콧속이 간지러워 견딜 수가 없었답니다.

남편이 손톱, 발톱을 물어뜯는 것은 감정의 억압으로부터 오는 불안과 긴장의 수위를 낮추기 위해서예요. 이런 행동이 제지당하면, 남편은 더욱 큰 불안과 긴장을 느끼게 될 거예요.

제가 보기에 남편의 내면에 엄청난 분노가 축적되어 있는 것 같아요. 일단 안전한 환경을 조성해주세요. 남편이 남의 눈치 보지 않고 마음껏 분노를 표현할 수 있도록 말예요. 그런 다음 남편에게 인형이나 베개를 주어 분노를 마음껏 표현할 수 있게 해주세요. 분노가 몸 밖으로 배출되면 더 이상 손톱, 발톱을 물어뜯는 행동은 하지 않을 거예요.

남편의 마음속에는 두렵고 외로운 내면 아이가 있습니다. 남편의 아버지나 어머니가 되었다고 생각하고, 남편을 아낌없이 사랑해주고 칭찬해주세요. 아이를 배려 깊게 사랑하듯 남편의 내면 아이도 그렇게 배려 깊게 사랑해주세요. 그러면 남편의 상처받은 내면 아이의 감정이 치유되면서 강박증상도 자연스레 사라질 거예요.

내면 아이가 만들어낸
무시무시한 방어기제

갓 태어난 아이는 자신의 손과 발을 보고도 자신의 것으로 인지하지 못해요. 자신의 손을 보고도 깜짝 놀라지요.

그러나 점점 자라면서 자신의 존재를 인지하기 시작합니다. 생후 9개월 무렵이 되면 자신이 상대적으로 남들보다 작다는 사실을 깨닫고, 언제든지 남에게 공격받을 수 있다는 두려움을 마음속에 품지요. 이 시기에 아이의 낯가림이 시작된답니다.

아이가 낯가림하는 시기에는 부모의 역할이 무척 중요합니다. 부모가 아이의 두려운 감정을 섬세하게 보듬어주면 아이의 자아가 튼튼해져요. 이때 아이는 부모가 안전하게 보호해준다고 느끼면서, 스스로를 지킬 수 있는 튼튼한 자아경계를 만들어나가요.

그러나 부모가 아이를 보듬어주지 못하면, 아이는 부모가 안전하게 보호해주지 못한다고 느끼기 때문에 온갖 상처로부터 자신을 보호할 방어기제를 만들어나갑니다. 방어기제는 다른 사람에게 상처받는 순간에 스스로를 성공적으로 방어하고 통제한 경험에서 만들어지지요.

예를 들어 욕구가 충족되지 않아 울고 있는 아이에게 부모가 "그만 울어!"라며 윽박지르고 혼내면, 어느 순간부터 아이는 부모의 말에 순응하며 울지 않게 돼요. 울지 않으면 부모가 야단을 치지 않는다는 사실을 깨달아서요.

이제 아이는 울음만 참으면 부모를 통제할 수 있다고 믿고, 어떤 슬픈 일이 생겨도 울지 않습니다. '울음을 참는 것'을 자신의 방어기제로 삼았기 때문이에요.

울고 싶은데도 억지로 울음을 참는 것은 자신을 속이는 일이에요. 스스로를 속이고 자란 아이는 부모를 사랑하는 척, 착한 사람인 척, 안 아픈 척, 두렵지 않은 척, 화가 나지 않은 척하며 살아갑니다.

자신의 감정에 솔직하지 못하고, 자신의 행동에 진정성이 없으니 다른 사람과 친밀한 관계를 맺기 어렵습니다. 늘 공허함과 외로움을 느끼며, 자신의 에너지를 대부분 방어기제를 유지하는 데 쓰기 때문에 삶의 활력이 없습니다.

안나 프로이트는 어릴 때 상처받은 아이들이 만든 방어기제에는 다양한 종류가 있다고 했습니다. 그중에 가장 기초적인 방어기제가 '부정'이에요. 아이들은 부모에게 상처를 받으면, '우리 엄마, 아빠가 나에게 상처를 줄 리 없어.'라며 부정하기 시작합니다. 그리고 '내가 잘못해서 벌어진 일이야.'라며 모든 책임을 자신에게 돌려요.

아이들은 본능적으로 자신의 생존이 부모에게 달려 있다고 믿습니다. 생존의 위협을 느끼지 않으려고 부모는 절대 잘못이 없다고 생각해버리지요.

아이는 상처를 받으면 받을수록 '내가 이렇게나 못났는데도 엄마, 아빠는 나를 보호해주고 사랑해주는구나.'라며 부모에 대한 환상을 키우고 부모를 우상화해요. 심지어 부모가 자신의 분노를 조절하지 못하고 아이를 화풀이 대상으로 삼아 매를 들 때에도 '내가 맞을 짓을 했겠지.', '이건 사랑의 매야.'라며 합리화하지요.

내면에 부모를 우상화하는 방어기제가 있는 한, 아이는 부모의 말과 행동이 모두 옳다고 여깁니다. 사실은 자신의 부모가 우상이 아니었다는 진실과 맞닥뜨리는 것이 두려워 애써 눈을 꼭 감고 피하는 것인데 말이에요.

부모에게 상처를 받고 부모를 우상화하면, 아이에게 상처받은 내면 아이가 생길 수밖에 없습니다. 이렇게 자란 아이는 자신의 아이에게도 똑같이 폭력을 휘두릅니다.

한편 배려 깊은 사랑을 베풀지 못하는 부모 밑에서 자란 아이는 '억압'의 방어기제도 가지고 있습니다. 부모가 용납하지 못하는 생각, 감정, 욕망, 충동을 무의식에 꾹꾹 눌러 담다 보니 자신도 모르게 방어기제가 생긴 거예요.

억압받고 자란 사람은 내면에 분노가 많습니다. 이들은 어렸을 때 자신의 감정을 표현하면, 곧바로 부모에게 혼났기 때문에 얼굴의 근육조차도 분노를 억압하는 데 이용하지요. 그리고 자신의 감정에 솔직하지 못해요. 웃고 있어도 생기가 없고 울고 있어도 진심이 느껴지지 않아요.

이들은 '나는 내 감정을 잘 다스릴 수 있어.'라며 착각하곤 합니다. '억제'와 '억압'을 제대로 구분하지 못하는 거예요.

억제와 억압은 다릅니다. 감정을 억제하는 사람은 자신의 감정이 어떤지 잘 알고 있지만 의지로 참아내는 것입니다. 하지만 감정을 억압받고 자란 사람은 억압된 감정이 무의식에 있기에 자신의 감정이 어떤지조차 모르지요.

부모가 아이의 버릇을 고치거나 올바른 습관을 들인다는 목적으로 행동을 바로잡는 과정에서 아이를 야단치거나 매를 들면 어떻게 될까요? 아이는 세상을 이분법적으로 바라보게 됩니다. 부모의 기대를 충족하면 사랑을 받고 기대를 벗어나면 혼이 난다는 것을 체득했기에 세상을 안전한 곳과 안전하지 못한 곳, 두 곳으로 나누게 되지요. 그 과정에서 아이의 감정은 무의식에 억압되고요.

부모에게 억압받고 자란 사람은 부모가 원하는 기준에 맞게 행동하면 야단을 맞지 않는다는 것을 너무도 잘 알고 있습니다. 그래서 성적이나 성공과 같이 눈에 보이는 성과만을 좇아 고군분투하는 경우가 많지요.

또한 남의 눈치를 많이 봅니다. 자신이 남들 눈에 어떻게 비추어지는지 신경을 많이 쓰지요. '이런 행동을 하면 남편이 나를 어떻게 생각할까?', '이렇게 말하면 시어머니가 싫어하실까?' 등 내면에 감시자를 두고, 갈등하는 데 너무 많은 에너지를 소비합니다.

이들은 자신의 내면에 어떤 감정이 꽁꽁 억압되어 있는지 잘 모릅니다. 그러다가 아이를 키우면서 비로소 자신의 억압된 감정과 마주하게 됩니다.

예를 들어 조그마한 일에도 펄쩍펄쩍 뛰며 분노하는 아이의 모습을 보면서, 자신의 무의식에 꼭꼭 눌러 담아두었던 분노를 발견하게 되는 거예요. 그러나 어린 시절에 자신의 부모가 분노를 용납하지 않았다는 사실을 뼈저리게 기억하고 있기 때문에 자신의 분노를 다시금 외면하지요. 아이는 자신의 화가 공감받지 못했기 때문에 공감받을 때까지 분노하게 되고요.

성적 수치심이 억압되어 있는 부모의 경우도 마찬가지예요. 부모는 아이가 자신의 몸을 탐색하는 시기가 되면 안절부절못해요. 아이가 호기심에 자신의 몸의 민감한 부분을 들여다보거나 만지면, 못 본 척 외면하거나 호되게 야단치지요.

그러면 아이는 부모의 억압된 감정을 읽었기에, 숨어서 같은 행동을 반복하며 자신을 수치스럽게 생각하고요.

결과적으로 부모에게 억압받고 자란 사람은 자신의 아이도 똑같이 억압한답니다. 아이가 자신의 기준에 조금이라도 벗어난 행동을 하면, 교육이라는 이름으로 사정없이 아이를 체벌하지요.

이들은 '다름'을 인정하지 않습니다. 아이의 존재 자체를 사랑해주지 않고, 자신의 기준에 맞을 때에만 아이에게 사랑을 베풀지요. 감정이 억압되어 있기에 자신이 느끼는 것에 대한 확신이 없어 자신도 아이도 믿지 못하고요.

게다가 세상을 흑과 백의 이분법으로 보기 때문에 한 아이에게 사랑을 주면 다른 아이에게 사랑을 주지 못합니다. 그래서 이런 부모 밑에서 자란 아이는 자신의 고유성을 잃어버리고 부모의 사랑을 서로 독차지하려고 형제끼리 싸우지요. 서로 사랑해야 할 형제가 부모로부터 비교에 의한 특별한 사랑을 받기 위해 서로 다투게 되는 거예요.

아이를 억압하지 마세요. 그리고 아이의 '다름'을 인정하고, 아이를 있는 그대로 사랑해주세요.

만약 아이가 조그마한 것에도 예민하게 반응하고 까다롭게 군다면, 무의식에 억압된 감정이 있는지 찾아보세요.

'부정', '억압'의 방어기제 외에 '투사'의 방어기제도 있습니다. 투사는 자신의 성격, 감정, 행동 등을 스스로 납득할 수 없을 때, 자신을 정당화하고 남의 탓으로 돌리는 방어기제예요. 투사의 방어기제를 가지고 있는 사람은 수치심, 분노, 죄책감 등을 다른 사람의 모습에서 찾아요. 자신의 상처와 대면하는 것이 두려워 자신이 아니라 남에게 관심을 쏟는 거예요.

M. 스캇 펙 박사의 《아직도 가야 할 길》에는 다음과 같은 내용이 나옵니다.

"정신질환을 앓는 사람들의 상태는 애정결핍을 경험한 시기와 그 정도에 따라 달라진다.

정신병에 걸리는 사람은 태어나서 9개월이 되기 전에 극단적인 애정결핍을 경험했을 가능성이 높다. 성격장애자들은 유아기에는 보살핌을 잘 받았으나 생후 9개월에서 만 2세 사이에 애정결핍을 경험했을 가능성이 있고, 신경증 환자들은 갓난아이 시절에는 보살핌을 잘 받았으나 만 2세에서 만 5~6세 사이에 보살핌이 부족하여 고통을 받았을 가능성이 크다."

신경증 환자는 모든 것을 자신의 책임이라고 생각하고, 성격장애자들은 모든 책임을 남에게 돌린다고 합니다.

나는 18개월 무렵에 어머니가 친정으로 가버리면서 보살핌을 제대로 받지 못했기 때문에 남에게 책임을 돌리는 투사의 방어기제를 가지고 있었습니다. 그래서 한 사람을 미워한 적도 있습니다.

그 사람은 부유한 환경에서 자라 사업을 열여섯 번 망해도 끄떡없는 사람이었습니다. 부모의 돈만 믿는 듯 약속도 잘 안 지키고 빈둥거리는 모습이 참 꼴 보기 싫었지요. 성실하지 못하다며 그 사람을 얼마나 비난했는지 모릅니다.

어린 시절 나는 몹시도 가난했고, 부모 도움 없이 세상을 헤쳐나가야 했으므로 단 한 번도 빈둥거리는 삶을 살아본 적이 없습니다. 결국 나의 상처받은 내면 아이와 대면하는 게 두려워 그 사람 탓을 하고 있었던 거예요. 내면 아이와 대면하여 상처를 치유한 뒤에는 더 이상 그 사람이 밉지 않습니다.

어린 시절 사회성이 없다는 말을 들었거나 또래와 친밀한 관계를 맺기 힘들었던 사람은 자신의 수치심을 아이에게 던지기도 합니다. 이들은 정작 사회성이 부족한 것은 자신이면서, "우리 아이가 사회성이 부족하잖아."라며 아이의 사회성을 키워준답시고, 상처받는 공간으로 아이를 내몰아요.

그러면 관심이 자신이 아닌 아이에게 돌려지고, 아이를 위해 하는 행동이기에 부모 자신의 이미지도 좋아지니까요. 그러나 아이는 그곳에서 사회성이 없다는 낙인이 찍히거나 상처를 받으면서 자신이 사회성이 없고, 수치심이 많은 사람이라고 생각하게 되지요.

만약 어떤 일이 생길 때마다 남 탓으로 여겨진다면, 자신의 내면에 투사의 방어기제가 있는 건 아닌지 살펴보세요.

투사의 방어기제가 있는 부모는 아이를 키우는 동안 아이 탓을 많이 하여 아이에게 깊은 상처를 안겨줍니다.

아이에게 자신의 상처를 대물림하지 않으려면, 자신이 가지고 있는 방어기제가 무엇인지 인지하고 치유하며 성장해야 합니다. 내면에 있는 '부정', '억압', '투사'의 방어기제를 털어내면, 자연스레 아이의 행동도 변할 거예요.

Q 낯가림 심하던 아이가 달라졌어요

돌 되기 전에는 아이가 낯을 심하게 가렸어요. 잠깐만 자리를 비워도 자지러지게 울고요. 그런데 언제부턴가 낯가림이 사라졌어요. 아무한테나 잘 안기고 인사도 잘해요. 밤에 자려고 불 꺼놓고 "엄마 잠깐 부엌 갔다 올게." 하고 나갔다 오면, 캄캄한 데서 울지도 않고 잘 기다려요.

사람들 말로는 낯가림이 엄마와의 신뢰도와 관련 있다고 하더라고요. 아이가 이러는 건 저에 대한 신뢰도가 떨어져서일까요? 아니면 사회성이 발달해가는 걸까요?

A 낯가림이 사라지고 다른 사람들과 잘 어울리는 것은 엄마가 아이에게 충분한 사랑을 주었기 때문입니다. 아이는 엄마를 신뢰하고 있습니다. 엄마가 잠깐 자리를 비워도 곧 자신한테 돌아올 거라고 믿기에 울지 않는 것입니다.

아이의 낯가림은 분별력과도 관련 있지요. 처음에는 엄마와 깊은 애착관계였기 때문에 엄마가 아닌 다른 사람 앞에서는 울었던 거예요. 앞에 있는 사람이 엄마가 아니라는 걸 분별하기 때문이지요.

엄마가 일관되게 아이를 사랑해주면, 아이의 무의식에 '나는 사랑받을 만해.'라는 생각이 자리 잡게 된답니다. 아이는 지금 엄마가 자신을 사랑한다는 사실을 너무도 잘 알고 있습니다. 그래서 엄마를 놔두고 자신 있게 세상을 탐색하게 되었지요.

만약 어머님이 일관된 사랑을 주지 않았다면, 아이는 세상을 믿지 못하여 엄마 품을 떠나지 못했을 거예요. 울음으로 엄마의 관심을 호소하고 까칠하게 굴었을 테지요.

불안해하지 마시고, 지금처럼 아이를 사랑해주세요. 아이에게는 부모의 무조건적이고 헌신적인 사랑이 무엇보다 중요합니다.

Q 엄마는 성적이 좋을 때만 웃었어요

어린 시절, 좋은 성적만이 엄마를 웃게 했습니다. 엄마는 그 흔한 설거지도 저에게 안 시키셨어요. 저는 공부만 하면 된다고요. 대학원 나올 때까지 치열하게 공부만 하다 결혼을 했습니다.

집안일하고 아이를 보며 하루를 보내는 지금의 제 모습에 패배감이 들다가도, 아이에게 엄마라는 존재가 얼마나 중요한지를 되새기며 마음을 다잡습니다. 그러나 그것도 하루 이틀이지 힘이 드네요.

엄마 노릇을 잘해주지 못했는데도 티 없이 밝은 아이의 모습을 보면 참 고맙고 행복하면서도 미안한 마음이 듭니다.

A 어머님, 아이를 키우면서 느끼는 패배감이 어디에서 왔는지 자각하셔야 합니다. 그렇지 않으면, 패배감을 거듭 느끼며 살아갈 수밖에 없어요.

사람은 꼭 무엇을 잘해야만 존재가치가 있는 게 아니랍니다. '존재한다는 것' 그것만으로도 존재가치가 있습니다. 어머님이 패배감을 느끼는 것은 어렸을 때 존재 그 자체로 사랑받은 적이 없기 때문입니다. '공부를 잘해야 한다.'는 조건을 완수했을 때만 엄마의 사랑을 받을 수 있었지요. 이 과정에서 어머님은 자신의 엄마를 우상화했고요. 엄마의 우상화를 깨뜨리고 진실에 맞닥뜨리셔야 합니다.

엄마 노릇을 제대로 못 했다고 느끼는 것은 아이와의 친밀감이 두려워서입니다. 아이와 좀 더 적극적으로 함께하면 자신감이 생길 거예요. 적어도 3년 동안만 아이와 밀도 있는 시간을 가져보세요. 지금은 아이에게 중요한 시기이기도 하지만 어머님을 위해서도 꼭 필요한 시간이에요.

내면을 바라보는 일은 참 수치스럽고 고통스럽습니다. 그러나 상처를 드러내야만 치유할 수 있답니다. 육아서와 심리서를 꾸준히 읽어 자신을 되돌아볼 기회를 많이 가져보세요.

Q 아이가 리더십이 너무 강해요

저는 어린 시절에 소극적이었어요. 남 앞에 서는 게 참 부끄럽고 싫었지요. 그런데 제 아이는 저랑 정반대예요.

유치원 선생님 말로는 우리 아이가 리더십이 무척 강하대요. 선생님 지시를 잘 안 따르는 아이들이 있으면, 본인이 나서서 아이들한테 이래라저래라 지시를 하고요. 아이들과 뭐 하고 놀지 정할 때도 항상 앞장서서 아이들을 이끈다고 하네요.

너무 나서면 친구들이 싫어할 것 같은데, 아이를 제지해야 할까요? 아니면 이대로 그냥 두어도 될까요?

A 아이는 부모의 억압된 감정을 온몸으로 표현한답니다. 엄마의 내면에 화가 억압되어 있으면 화를 내고, 성이 억압되어 있으면 성적인 행동을 하지요.

어머님 내면에는 어린 시절 리더십과 관련된 감정이 억압되어 있는 것 같습니다. 친구들 앞에 나서는 아이의 모습을 있는 그대로 보기 힘든 걸 보면요. 어머님, 아이의 모습을 걱정하기 전에 어머님의 어린 시절 모습을 떠올려보시는 건 어떨까요?

아이는 아주 잘 성장하고 있습니다. 리더십이 강하고 다른 아이들을 바르게 이끌어주려고 하네요. 사랑받은 아이들이 보이는 전형적인 행동이랍니다. 그러니 걱정할 필요가 전혀 없습니다. 특히 전능한 자아가 우세할 때는 아이가 지나치게 도덕적으로 행동하기도 합니다. 어른의 시각에서는 아이가 친구들에게 미움을 살까 봐 걱정이 될 수도 있지만, 대체적으로 아이들은 리더십 있는 아이를 좋게 생각하고 잘 따른답니다.

이때 만약 어머님이 아이의 행동을 제지하지 않고 아이의 감정을 읽어준다면, 그리고 아이가 다른 사람의 감정도 고려할 수 있도록 분별의 기회를 준다면, 유능한 자아가 발달하면서 아이는 온유하고 남을 배려하는 건강한 사람으로 성장할 것입니다.

어머님, 내면을 잘 들여다보세요. 자신을 억압하는 게 무엇인지 알아야 아이를 억압하지 않아요. 아이를 억압하면, 아이는 상처를 받고 그 상처가 해결될 때까지 그 행동을 반복할 거랍니다.

아이가 크는 만큼 엄마도 함께 성장해야 합니다. 아이가 마음껏 자기표현을 할 수 있도록 도와주되, 다른 사람에게 상처를 주지 않는 방법에 대해 알려주세요.

가족을 위한다는 이름으로
가면 뒤에 숨어 살지 마세요

몇 년 전의 일입니다. 강연을 하고 온 뒤 지쳐서 잠이 들었다가, 아내와 아이의 이야기 소리에 잠에서 깼습니다.

"네 아빠는 왜 남에게 다 퍼주고, 혼자서 책임지려 할까?"

"엄마, 생각해보세요. 아빠는 어렸을 때부터 소년가장 역할을 해왔잖아요."

'소년가장'이라는 말이 귀에 또렷하게 박히고 가슴이 아파옵니다. 머리는 멀쩡한데 몸이 울기 시작합니다. '아, 나는 어렸을 때부터 소년가장 역할을 해왔구나. 그리고 지금도 그 역할에서 벗어나지 못했구나.'라는 깨달음이 한순간에 몰려왔지요.

경제적으로 무능력하고 술만 마시면 폭력적으로 변하는 아버지를 보면서, 나는 어머니가 짊어진 짐이 얼마나 무거울까 가늠해보곤 했습니다. 그 짐을 덜어주고 싶은 마음에 아버지를 대신하여 집안을 돌보았지요.

가난에서 벗어나야 한다는 일념으로 새벽까지 공부에 전념하기도 했습니다. 하루에 서너 시간 이상 자지 않았으며, 밥 먹는 시간도 아까워 끼니를 라면으로 대충 때웠지요.

몸을 아끼지 않다 보니, 결국 십이지장에 궤양이 생기고 말았습니다. 고등학교 3학년 때는 학교에서 피를 토하고 세 번이나 쓰러졌는데도 어머니가 걱정할까 봐 알리지도 않고 병원에도 가지 않았지요. 내가 소년가장 역할을 제대로 해내야 우리 가족이 살아남을 수 있다는 생각에 이를 악물고 안간힘을 쓰고 버텼던 거예요.

그러는 동안 나도 모르게 나와 소년가장 역할을 동일시했습니다. 사회에 나와 결혼을 한 뒤에도 나는 '내가 돌봐주어야 해.'라는 사명감을 가지고 남을 보살폈지요.

내 눈에는 유난히 불쌍한 사람이 많이 보였습니다. 그래서 보증을 서달라고 부탁하는 사람을 선뜻 뿌리치지 못했습니다. '얼마나 힘들면, 보증을 서달라고 부탁할까? 내가 도와주지 않으면, 누가 도와주겠어.'라며 기꺼이 보증을 서주었지요.

내가 소년가장 역할을 하는 동안 아내와 아이들이 얼마나 힘들었을지 그때는 헤아리지 못했습니다.

아무리 선한 마음으로 베풀었어도 내 행동으로 가족이 상처받는다면 그건 가족에게 희생을 강요하는 것이나 다름없습니다.

사람마다 가족 내에서 맡는 역할이 다릅니다. 어떤 사람은 부모를 기쁘게 하는 귀염둥이 마스코트 역할을, 어떤 사람은 가족의 수치심을 떠맡는 희생양 역할을 하지요. 또 부모를 안쓰럽게 여기는 사람은 말썽을 부리는 형제자매를 대신하여 자신의 욕구와 감정을 감춘 채 착한 아이의 역할을 하고요.

이렇게 가족 내에서 어떤 역할을 맡게 되면, 자신의 정체성을 잃게 됩니다. 자신이 맡은 역할을 제대로 수행하지 못했다는 생각이 들 때마다 "나는 못났어."라며 스스로를 수치스럽게 여기고요.

혹시 가족의 부족한 부분을 채우기 위해 자신을 희생하고 있는 것은 아닌지 곰곰이 생각해보세요. 가족을 위해 자신을 희생한 사람은 자신의 아이에게도 희생을 강요합니다.

마음이 건강한 부모는 자신의 아이에게 어떠한 역할을 요구하지 않습니다. 아이가 고유한 인격체로 자랄 수 있도록 튼튼한 울타리가 돼주지요.

인간에 대한 깊은 연민이 아닌 방어기제나 단순한 동정심에 "저 사람, 정말 가엽다. 내가 도와줘야 할 것 같아."라고 말하는 사람에게 이렇게 말해주고 싶습니다.

"네가 제일 불쌍해!"

Q 이혼을 생각하고 있습니다

남편은 시어머니를 몹시 가엽게 여깁니다. 알코올중독자인 아버지를 대신하여 모진 고생을 다 겪었다고 시어머니를 추억하지요.

작년에 시어머니가 갑작스레 돌아가신 뒤로 남편은 게임에 빠졌습니다. '내가 먼저 성장하면 된다.'는 마음으로 남편을 기다렸지만, 제 인내심이 부족했는지 얼마 전 게임하고 있는 남편의 모습에 폭발했습니다.

남편이 그러더군요. "네가 며느리로서 한 게 뭐가 있냐?"고요. 살아생전 어머니를 못 모시고 떠나보낸 게 한이 된대요. 남아 계신 아버지라도 모시고 살겠다며, 아버지를 모시지 않으면 이혼하겠대요.

이런 남편과 미련 없이 헤어지고 싶지만, 아이가 눈에 밟힙니다. 편부모 가정에서 과연 아이가 잘 자랄 수 있을까요? 제 아버지도 알코올중독자라서 술이라고 하면 치를 떠는데, 그런 제가 술을 입에 대고 있네요.

A

서로의 내면 아이가 부딪히고 있네요. 지금이 결혼생활에 닥친 최대 위기인 것 같아도 이 고비를 잘 넘기고 제대로 자신의 내면을 찾아가면, 더할 나위 없는 부부관계로 거듭날 수 있어요. 서로를 존재 그 자체로 사랑하면서 독립된 부부의 삶을 살아갈 수 있는 거예요.

우선 남편을 진정으로 사랑하는지 어머님의 마음속을 들여다보세요. 남편을 아버지 대신으로 여기고, 아버지에게 받지 못한 사랑을 남편에게 받으려 한 건 아닌지 되돌아보세요.

남편은 역기능 가정에서 자라, 소년가장 역할을 했습니다. 어릴 때부터 어머니와 정서적으로 밀착되어 있었기 때문에 남편은 부모를 떠나 한 가정을 이룰 수 있는 힘이 부족한 사람입니다.

연애할 때 남편은 일등 신랑감이었을 겁니다. 누구보다도 어머님을 잘 챙겨줬을 테지요. 저도 아버지가 알코올중독자였고, 어린 시절 소년가장 역할을 떠맡았기에 남편이 어떻게 행동했을지 눈에 선합니다. 어머님은 아버지에게 받지 못한 사랑을 남편에게 대신 받을 수 있어서 만족스러웠을 것이고요.

문제는 결혼한 뒤에 생기지요. 시어머니는 자식을 빼앗겼다고 여겼을 거예요. 성장한 엄마는 자식이 엄마로부터 독립하여 배우자에게 가는 것을 진심으로 응원하지만, 희생으로 자식을 키운 엄마는 자식이 자신의 품을 떠나는 것을 용납할 수 없거든요. 특히 남편은 어머니의 정신적인 배우자로 밀착되어 있기에 더욱 떠나보내기 힘들었을 겁니다.

사실 이러한 문제는 시어머니를 모신다고 해서 해결될 문제도 아니었습니다. 그러나 남편은 그 사실을 모릅니다. 어머니가 희생한 세월을 자신이 보상해야 한다고 생각하고는 아내까지 끌어들이게 되지요.

저는 남편이 이혼을 못 할 거라고 생각합니다. 제 눈에는 이혼을 요구하는 남편이 자신의 내면 아이를 자식 돌보듯 돌봐달라고 절규하는 모습으로 보이거든요.

알코올중독자인 아버지 때문에 어머니의 정신적인 배우자 역할을 해야만 했던 남편은 어릴 때부터 정서적인 착취를 당했습니다. 자신의 감정을 억압해야 했고 화를 참아야 했기에 무의식에 분노를 가지고 있을 겁니다. 자신이 그렇게 희생한 데에 대한 대가도 바라고 있을 겁니다. 그 대가가 '복종'이지요. 지금 남편은 어머님의 '복종'을 바라고 있습니다. 아내의 복종을 통해 자신의 힘을 느끼고 싶어서예요.

관계를 개선하려면 어머님의 분노를 먼저 내려놓으세요. 그래야만 흔들림 없이 평온한 마음으로 남편을 바라볼 수 있지요. 비로소 남편의 내면 아이를 달래줄 수 있는 거예요. 자신을 사랑하고 자신의 감정을 존중하면, 남편을 변화시킬 수 있습니다. 그리고 이 길이 어머님을 성장의 길로 인도할 테고요.

불가피하게 남편과 이혼하더라도 어머님만 성장한다면, 편부모 아래에서도 아이는 잘 성장할 수 있답니다.

사랑받지 못한 내면 아이를 위해 많이 우시기 바랍니다. 그래야 분노를 떠나보낼 수 있습니다.

Q 두려움에서 벗어나고 싶어요

저는 겁이 많아요. 지금도 누군가 저를 지켜보고 있을 것만 같은 두려움에 휩싸입니다. 어둠이 무서워서 밤에는 불도 켜놓고 잔답니다. 어른이 되었는데도 왜 이리 겁이 많은 걸까요?

어린 시절, 엄마는 저 때문에 산다는 말을 입버릇처럼 하셨어요. 그런 엄마에게 착하고 예쁜 딸이 되어주고 싶었지요. 하지만 엄마에게 자랑스러운 딸이 되지 못하는 것 같아 늘 스스로를 부끄러워했어요.

얼마 전 저는 엄마가 나를 강압으로 키웠다는 사실을 자각했습니다. 강압으로 저를 키운 엄마, 순종적인 아이로 키운 엄마가 정말 밉습니다.

그런데 방치로 저를 버린 아버지에 대해서는 왜 미운 감정이 들지 않는 걸까요?

A 두려움이라는 감정은 다른 사람의 침입으로부터 스스로를 지키기 위한 방어감정입니다. 꼭 필요한 감정 중에 하나지만, 일상생활에 방해될 정도로 두려움이 생긴다면 문제가 있답니다.

제가 보기에 분노가 두려움으로 바뀐 게 아닌가 싶어요. 어머님은 어린 시절, 착한 딸이 되어야 했기에 쉽게 분노할 수 없었을 겁니다. 분노했다가는 엄마에게 버림받을 것 같아서 분노를 두려움으로 전환시킬 수밖에 없었던 거예요.

어머님은 엄마가 자신을 억압한 사실을 알고 있습니다. 그러나 엄마의 사랑을 받으려고 자기 자신을 억압했다는 사실에는 외면하고 있어요.

엄마의 사랑을 받기 위해 자신의 자유의지를 포기해야 했던 불쌍하고 수치스러운 아이를 대면하기란 참 쉬운 일이 아니지요. 어머님은 그게 얼마나 고통스러울지 알기에 아직도 그 상처받은 내면 아이를 달래주지 못하고 있습니다.

그러나 아셔야 할 것이 있습니다. 지금 어머님의 내면 아이는 어두운 그림자 안에 갇혀 울고 있습니다. 두려움으로 떨고 있습니다.

어릴 때 부모가 던진 말 한마디, 행동 하나는 아이에게 너무 큰 영향을 미칩니다. 부모에 대한 우상화는 몇 번의 상징적인 대면만으로 쉽게 사라지는 게 아니랍니다. 어머님 내면에 있는 분노를 다 풀어낸 후에야 비로소 부모에 대한 우상화에서 벗어날 수 있습니다. 저는 말하곤 합니다. 부모를 쉽게 용서하지 말라고요. 어설프게 한 용서는 감정에 아스팔트를 덮어버리는 것과 다름없답니다.

아버지에 대해 미운 감정조차 들지 않는 것은 두 가지 이유가 있습니다. 첫째, 이미 감정이 해결되었거나 둘째, 엄마에 대한 억압된 감정이 우선이라 잠시 가려져 있는 것입니다. 시간이 지나면 어머님 감정이 자연스레 그 이유를 알려줄 것입니다.

이제 어머님은 가장 깊이 내면화된 수치심과 정면으로 대면해야 합니다. 고통스럽다는 이유로 회피하거나, 모든 것을 자신의 탓으로 돌리지 마세요.

어머님, 이제 되돌아가지 못한답니다. 앞으로 나아가 상처받은 내면 아이와 대면하셔야 합니다.

내 삶을 피폐하게 만드는
방어기제를 무너뜨리세요

부모를 우상화하는 것이 1차 방어기제, 자신이 만들어낸 역할을 연기하는 것이 2차 방어기제라면, 3차 방어기제는 거짓된 성격 뒤에 자신의 진짜 모습을 숨기는 것입니다. 상처나 수치심이 전혀 없는 것처럼 행동하는 것이지요.

예를 들어, 어렸을 때 분노를 드러낼 때마다 부모에게 혼이 났던 아이는 분노의 감정을 무의식에 꾹꾹 눌러둡니다. 그리고 부모의 뜻을 거스르지 않는 착한 아이로 자라지요. 자신의 욕구와 감정을 죽이고 부모에게 완벽히 순응하는 것입니다.

그러나 착한 아이 이면에는 어렸을 때 마음껏 드러내지 못한 분노의 감정이 차곡차곡 쌓여 있습니다. 아이는 분노의 감정을 억누를 수 있을 때까지 꾹꾹 누르다가, 어느 순간 펑 하고 터뜨립니다.

그리고 분노의 감정을 이기지 못해 자신도 모르게 끔찍한 일을 저지르기도 합니다. 친구에게 폭력을 휘두르거나 공부하라고 잔소리하는 부모를 해치기도 하지요.

아이는 분노가 표출되는 순간에는 후련함을 느끼지만, 막상 분노가 가라앉고 나면 더욱 큰 상처를 받고 죄책감에 시달립니다.

어렸을 때 남과 비교를 당하며 자란 아이도 마찬가지예요. 부모에게 받은 상처와 수치심을 무의식에 꼭꼭 눌러두고 '내가 완벽하면 비교를 당하지 않을 거야.'라는 생각에 스스로를 통제하기 시작합니다. 부모가 잔소리하기 전에 방을 깨끗하게 정돈하고 일찍 일어나며 알아서 공부하지요.

그러나 매사에 완벽을 추구하다 보니 아이는 자신도 모르게 강박증상, 중독증상, 우울증에 시달리게 됩니다.

상처받은 사람들은 고통을 피하려고 방어기제를 씁니다. 당시에는 고통을 피할 수 있어서 유용하게 여겨질지 몰라도, 시간이 지날수록 방어기제는 삶을 피폐하게 만들 뿐이에요. 방어기제가 있으면, 자신이 삶의 주인공으로서 이 순간 여기에서 생생하게 살아가는 것이 아니라 구경꾼의 위치에서 방관하면서 살아가게 됩니다.

방어기제를 무너뜨리려면 자신의 상처가 무엇인지 자각하고 대면하는 방법밖에 없습니다. 고통을 피하지 말고 온몸으로 겪어내야 합니다. 방어기제를 쓰지 않고 고통과 맞서면 방어기제는 저절로 무너져버리지요.

자신의 내면에 어떤 방어기제가 있는지 살펴보세요. 만약 모르겠다면 아이의 힘을 빌리세요. 아이의 모습을 찬찬히 살펴보면 자신의 내면에 어떤 감정이 억압되어 있고, 자신이 만들어낸 역할이 무엇인지, 또 자신의 실제 성격은 어떠한지 알 수 있습니다.

방어기제는 상처의 고통으로부터 자신을 보호하는 '갑옷'과도 같아요. 어린 시절, 살아남기 위해 만들어낸 갑옷은 어른의 몸에는 맞지 않아요. 갑옷을 입고 있으면 불편해서 자유롭게 움직일 수도 없지요.

성경에 "심령이 가난한 자는 복이 있나니 천국이 저들의 것임이라."는 구절이 있어요. 여기에서 '가난'은 무겁고 불편한 방어기제의 갑옷을 벗어던져 온전한 자신이 되는 것을 말해요. 그러면 지금 이곳에서 행복해질 수 있다는 의미지요.

이제 어릴 때부터 자신의 내면에 꽉 매어둔 방어기제를 풀고, 고통과 대면하세요. 상처를 치유하고 성장할 때, 비로소 '나다움'을 되찾을 수 있습니다.

부모가 방어기제를 쓰면, 아이가 상처를 받아요. 아이를 위해 대면의 고통을 겪어내고 자신의 내면에 있는 방어기제를 무너뜨리세요. 그리고 성장하세요.

Q 성공을 추구하는 삶, 행복하지 않아요

아버지는 무능력하고 독단적인 사람이에요. 아버지한테 "나가 죽어!"라는 말도 들어봤네요. 이런 아버지를 감내하며 힘들게 사는 엄마에게 저는 작은 고민도 털어놓지 못했어요. 짐이 될까 봐서요.

저는 반드시 성공해야 한다는 생각에 사로잡혀 제 자신을 괴롭히며 살았어요. 아무것도 안 하고 가만히 있는 꼴을 못 봤지요. 내면의 상처를 외면하고 겉으로 보이는 성공만 추구하며 살았어요.

낮은 자존감이 늘 제 발목을 잡습니다. 아이에게 상처를 줄까 봐 불행한 결혼생활도 끝을 내지 못하고 질질 끌려다니네요.

아이가 나의 못난 모습을 닮으면 어쩌죠? 아이를 위해 행복한 엄마가 되고 싶어요.

A

자존감은 있는 그대로 사랑받은 경험과 자신의 힘으로 무엇인가를 성취한 경험이 더해져 높아집니다. 자존감이 낮다는 건 전적으로 부모의 잘못된 육아 때문이지요.

부모는 아이의 존재를 비추어주는 거울 역할을 합니다. 그런데 부모 자신이 가진 수치심 때문에 억압, 방치, 방임, 희생을 통해 아이에게 조건이 걸린 사랑을 베풀면, 아이의 자존감은 떨어질 수밖에 없답니다. 아이는 부모의 뒤틀린 사랑이라도 받고 싶어서 자기 자신을 감추고 거짓 가면을 쓰게 되고요. 고유한 존재가 아닌 부모가 원하는 무엇인가가 되려고 말이에요.

스스로를 사랑하고 행복해지려면 다음과 같은 과정을 온몸으로 경험해야 합니다.

첫째, 외부에서 받은 상처에 대해 분노해야 합니다. 화는 자신을 지키는 방어감정입니다. 버림받을 두려움 때문에 화를 억압하면, 화뿐만 아니라 다른 감정도 못 느끼게 됩니다. 그리고 자신의 존재를 수치스럽게 받아들이게 되지요. 어머님 자신을 지키기 위해서 상처에 마음껏 분노하세요.

부모님이 준 상처에 분노하다 보면 자연스레 부모님에 대한 우상화도 깨진답니다.

아마 부모님도 조부모님에게 받은 상처가 있을 거예요. 그 상처에 대면하지 못했기에 그 상처를 자식에게 대물림할 수밖에 없었겠지요.

상처에 분노한다는 것은 있는 그대로 사랑받지 못하여 생긴 '상실의 감정'을 애도하는 과정과도 같습니다. 충분히 애도하고 떠나보내야 더 이상 상실의 감정이 졸졸 따라다니지 않을 겁니다.

둘째, 부모님의 사랑을 받으려고 자기 자신을 속였던 내면 아이를 인정하고 받아들여야 합니다.

외부의 억압에 대해서는 보다 쉽게 분노할 수 있습니다. 그러나 '내부의 억압', 즉 사랑받으려고 스스로를 억압해야 했던 내면 아이와 대면하는 것은 정말 고통스럽습니다. 고통을 참을 수 없기에 내면 아이를 어둠 속으로 밀쳐내고 무의식에서 발버둥 치는 것이지요. 그러나 내면 아이의 상처를 보듬어주지 않는 한 불안, 강박증상, 중독증상, 우울증은 사라지지 않을 거예요.

내면 아이와 대면하고 그 감정을 인정하면, 눈물이 하염없이 흐를 겁니다. 그 과정을 통해 내면 아이의 상처받은 감정을 진심으로 감싸주게 되면서, 비로소 고유한 자신의 모습을 볼 수 있지요. 존재 자체만으로도 소중하다는 것을 깨닫게 되는 거예요.

사랑과 두려움은 선택입니다. 아이일 때는 조건적인 사랑을 베푸는 부모님 때문에 어쩔 수 없이 두려움을 선택했지요? 이제는 사랑을 선택하세요.

PART 3

내면 여행,
상처받은 나를
어루만지는 시간

아이와 함께 누리는 기쁨, 즐거움, 웃음, 사랑, 뽀뽀⋯⋯.
상상만으로도 행복한 미소가 지어지지요.
그러나 상상은 상상일 뿐! 현실은 전쟁터입니다.
누구보다 소중한 내 아이와 함께하는 일상이
왜 나는 힘이 들고 짜증이 날까요?
왜 아이는 울고 보채고 짜증내고 화만 낼까요?
아이를 탓하기 전에 상처받은 내면 아이와 손잡고
내 마음속으로 들어가 내면 여행을 떠나보세요.
어린 시절에 받은 상처를 치유하고 내 자신을 사랑하게 되면,
비로소 사랑스럽고 귀한 내 아이도 온전히 사랑할 수 있어요.

불쑥불쑥 치미는 화,
과연 아이 때문일까요?

　종종 "내가 이렇게 화를 많이 내는 사람인 줄 몰랐어요."라고 말하는 부모를 만나곤 합니다. 제1반항기에 아이의 독립성이 길러진다는 것을 잘 알고 있으면서도 아이가 "싫어, 안 할래!"라고 표현하면, 자신도 모르게 아이의 등짝을 사정없이 때리게 된다고요. 머릿속으로는 아이의 발달과정을 이해하는데도 불쑥불쑥 치미는 화를 주체할 수 없다고 토로하지요.

　아이를 키우면서 화가 나는 것은 당연한 현상입니다. 어떤 순간에도 화가 나지 않는다면, 그것은 인간이 아닌 신의 영역으로 올라간 사람이지요.

　그럼 왜 화가 나는 걸까요? 어릴 때 채우지 못한 욕구와 감정이 무의식에 억압되어 있다가 비슷한 상황에 직면했을 때, 수면 위로 다시금 떠오르기 때문이에요.

특히 부모는 아이를 키우면서 다시 한 번 자신의 어린 시절을 겪게 돼요. 이때 아이는 부모의 무의식에 억압되어 있던 상처를 콕콕 집어주는 역할을 하고요. 마치 부모의 어릴 때 모습을 비추어주는 거울과도 같지요.

만약 부모가 어릴 때 받은 자신의 상처를 잘 보듬고 치유하지 않았다면, 자신의 상처를 콕콕 자극하는 아이에게 화를 내게 된답니다. 그 과정에서 아이도 자신과 똑같은 상처를 받고요.

어릴 때 부모님에게 매를 맞은 것을 기억하지 못하더라도 우리의 무의식은 태어나는 그 순간부터 모든 것을 기록합니다. 만약 자신도 모르게 화가 나서 아이를 억압하는 순간이 있다면, 그곳에 바로 상처받은 내면 아이가 있다는 사실을 알아야 해요. 상처받은 내면 아이가 어디에 있는지 아는 것부터가 치유의 시작이니까요.

자신이 어떤 상처를 안고 살아왔는지 찬찬히 들여다보고 상처를 치유한 부모는 아이에게 자신이 받았던 상처를 대물림하지 않으려고 노력합니다. 아이를 키우면서 부모도 다시금 성장하는 것이지요.

하지만 자신의 상처를 외면한 부모는 상처를 자극하는 아이의 말과 행동에 화부터 냅니다. 그래서 어린 시절 자신이 부모에게 받았던 상처와 똑같은 상처를 아이에게 고스란히 안겨주지요.

아이는 부모의 성장만큼 성장합니다. 부모가 세상을 바라보는 시각과 아이가 자신을 바라보는 시각은 똑같습니다. 아이는 부모의 속마음을 읽고 부모를 닮기 마련이거든요.

자신의 상처를 극복하고 성장한 부모 밑에서 자란 아이는 자신의 상처를 치유하는 법도 배웁니다. 반면 자신의 상처를 외면한 부모 밑에서 자란 아이는 상처를 받았을 때 쉽사리 무너져요. 다른 사람에게 똑같은 상처를 주기도 하고요.

어항에서 키운 금붕어는 5센티미터밖에 자라지 않지만, 강에서 자란 금붕어는 50센티미터까지 자랄 수 있습니다. 아이를 어항 속에 가두지 말고 강에서 마음껏 활개 치며 성장할 수 있도록 도와주는 것이 부모의 역할이에요.

다른 사람의 시선을 두려워하지 마세요. 다른 사람이 자신을 어떻게 생각하는지, 자신이 좋은 부모로 비추어지는지 신경 쓰기 전에 아이의 욕구를 먼저 생각하세요. 아이가 무엇을 좋아하고 무엇을 싫어하는지 더욱 관심을 가져보세요. 그러면 아이의 욕구와 감정이 눈에 보인답니다.

아이를 제대로 키우려면, 부모가 먼저 변하고 성장해야 한다는 사실을 잊지 말고 늘 마음속에 새겨두세요.

Q 저도 사랑받고 싶어요

저는 육아로 지친 마음을 위로받고 싶은데, 남편은 서랑 얘기하나 보면 짜증만 난다며 자리를 피해버리곤 해요. 지친 마음이 해소가 안 되니 아이들에게 괜스레 짜증만 내게 됩니다.

요즘은 세상에서 제일 사랑받는 여자가 되는 꿈을 꾸곤 해요. 꿈에서 깨고 나면, 이런 현실의 제가 더욱 한심할 뿐이에요.

 꿈은 억압된 욕구를 표현한답니다. '세상에서 제일 사랑받는 여자가 되는 꿈'을 꾸는 것은 실제로도 사랑받고 싶어서예요.

어머님은 어렸을 때 부모님에게 배려 깊은 사랑을 받지 못한 것 같아요. 그때 받지 못한 사랑을 남편에게 갈구하고 있는 것입니다. 어머님을 있는 그대로 받아주지 못하는 남편 또한 어린 시절 부모에게 받은 내면의 상처가 있을 테지요.

내면의 상처를 치유하지 않으면, 아이들에게 똑같은 상처를 대물림하게 된답니다. 아이들에게 괜스레 짜증을 낸다고 했지요? 짜증이 많다는 것은 내면에 축적된 분노가 많다는 증거예요.

먼저 울음으로 어머님의 감정을 표현해보세요. 울음은 꽉 막힌 내면의 감정을 풀어내는 첫 출구와도 같답니다. 억압된 감정을 누그러뜨리는 역할도 하고요.

울음은 자기치유 효과도 가져다줘요. 평소에 잘 우는 사람이 잘 울지 않는 사람보다 긍정적인 정서를 많이 가지고 있다는 연구 결과도 있어요. 신체 건강도 훨씬 양호하고요.

어머님, 자신을 위해 마음껏 통곡하세요. 울다 보면 어깨 위에 떡하니 짊어진 무거운 짐을 조금이나마 덜어낼 수 있어요. 내면에 있는 짜증도 점점 사라지게 될 테고요. 더 나아가 남편에게 사랑을 갈구하지 않아도 어머님 스스로가 자신을 사랑할 수 있게 된답니다.

아이 몸이 느끼는 감각을
있는 그대로 믿어주세요

호랑이를 만나면 생각할 겨를이 없습니다. 호랑이에게 잡혀먹지 않으려면, 본능적으로 호랑이와 맞서 싸우거나 삼십육계 줄행랑을 치거나 둘 중에 하나를 재빨리 선택하여 행동에 옮겨야 하지요.

상처받은 내면 아이가 있는 지점에 다다랐을 때 생각보다 몸이 먼저 반응하는 것도 같은 이치예요. 사람은 어릴 때 상처를 받으면, 그 순간을 위기상황이라고 생각하여 무의식에 저장해둡니다. 그래서 비슷한 상황에 놓이면 생각할 겨를도 없이 몸이 먼저 반응하지요.

"아이가 밥을 잘 안 먹어요." 또는 "아이의 키가 작아요."라며 고민을 토로하는 부모는 먼저 자신의 어린 시절을 돌아보아야 합니다. 밥과 관련한 지점에 상처받은 내면 아이가 있는 것은 아닌지 말이에요.

어릴 때 부모가 바빠서 밥을 제대로 차려주지 않았거나, 밥을 잘 먹지 않는다는 이유로 부모에게 야단을 맞은 사람은 밥과 관련하여 예민하게 반응합니다. 정성을 다해 아이에게 밥을 차려주었는데 아이가 밥을 잘 먹지 않으면, 순간 분노가 치밀어 손이 먼저 나가거나 급기야 밥상을 뒤엎기도 하지요.

분노가 지나간 자리에는 죄책감과 상처만 남을 뿐입니다. 부모는 아이에게 화를 냈다는 죄책감에 시달리고, 아이는 마음에 깊은 상처가 남지요.

아이의 몸이 느끼는 감각은 어른보다 다섯 배 이상 섬세합니다. 배가 안 고픈데 부모가 먹으라고 강요하면, 아이는 부모의 말을 따라야 하는지, 자신의 몸이 보내는 감각을 믿어야 하는지 몰라서 갈등하지요. 아이는 부모에게 절대적인 믿음을 갖고 있기 때문에 부모의 말을 따르고, 자신의 감각을 부정하게 됩니다. 나아가 자신의 존재 자체를 부정하게 되고요.

잠자는 문제도 마찬가지입니다. 아이가 밤에 잠을 자지 않아 힘들어하는 부모가 꽤 많습니다. 아이가 잠을 자지 않으면 화가 치밀어 "제발 잠 좀 자!"라며 아이에게 윽박지르기도 하고, 밤에 책을 읽어달라는 아이에게 "너 잠자기 싫어서 이러는 거 내가 모를 줄 알아? 어서 자!"라며 아이에게 잠을 강요하기도 합니다.

물론 직장을 다니는 엄마라면, 아이가 잠을 자지 않는 것에 예민하게 반응할 수 있습니다. 다음 날 일하는 데 지장이 생기니까요.

그러나 단순히 아이를 시간에 맞추어 재워야 한다는 강박관념 때문에 아이에게 잠을 강요한다면 문제가 있습니다.

아이를 재워야 한다는 강박관념을 가진 부모는 아이가 밤에 잠을 자지 않으면 괜스레 화가 나거나 짜증이 올라오지요. 어렸을 때 부모에게 잠을 자지 않는다고 혼이 나서 자신도 모르게 마음에 상처를 받았기 때문입니다. 이들은 잠에 관련한 지점에 상처받은 내면 아이가 있을 가능성이 높습니다.

아이에게 잠을 강요하지 마세요. 만약 아이가 밤에 책을 읽어달라고 재촉한다면, 아이가 그만 읽으라고 할 때까지 책을 읽어주세요.

매슬로의 욕구단계설에 따르면, 책을 읽는 욕구는 잠을 자는 욕구보다 높은 단계에 해당합니다. 책을 읽을 때의 즐거움이 잠자고 싶은 욕구보다 훨씬 크기 때문에 아이들은 잠을 참으면서까지 책을 읽어달라고 하는 거예요.

혹시 아이가 잠을 자지 않으면 키가 안 클까 봐 염려되나요? 걱정할 필요가 없습니다. 잠을 많이 자는 것보다 잠깐 잠을 자더라도 푹 자는 것이 성장에 도움이 되기 때문이에요.

자신이 가진 모든 에너지를 다 쓰고 푹 잠든 아이는 다른 아이보다 성장호르몬 분비도 잘돼서, 더욱 건강하게 자랄 수 있답니다.

오히려 잠을 자지 않는다고 부모에게 야단맞거나, 부모의 강요로 울면서 잠든 아이는 마음에 깊은 상처를 받습니다. 그래서 잠투정도

심하고 깊이 잠들지 못하지요. 이들은 자신을 방어하는 데 많은 에너지를 쏟기 때문에 신체적인 성장에도 부정적인 영향을 받는답니다.

부모에게 상처를 받지 않은 아이는 잠을 많이 안 잡니다. 순간순간이 즐겁고 신기하기 때문에 자신의 에너지를 모두 쓸 때까지 세상을 탐험하지요.

자고 싶을 때 자고, 깨어 있을 때 마음껏 세상을 탐험한 아이들은 자존감이 높고 책임감이 강합니다. 그래서 학교에 입학하면, 누가 뭐라고 하지 않아도 알아서 잠을 조절하지요.

상처받은 내면 아이가 아이에게까지 대물림되지 않도록 자신의 상처받은 내면 아이를 자각하고 치유하세요.

자신의 상처받은 내면 아이를 치유한 부모는 아이의 몸이 느끼는 감각을 있는 그대로 믿어주기 때문에 밥 먹는 문제, 잠자는 문제로 아이와 싸우지 않습니다. 아이가 스스로 욕구를 조절할 수 있을 때까지 배려 깊은 사랑을 베풀며 기다려줍니다. 그리고 배려 깊은 사랑을 받으며 자란 아이는 자신의 잠재력을 최대한으로 이끌어내며 성장해간답니다.

Q 수면교육이 필요할까요?

아이가 태어난 지 150일이 되어가네요. 안아서 재우는 버릇을 들여서 그런지, 아이는 안아주지 않으면 도통 잠을 자지 않아요. 마치 등에 센서라도 달려 있는 것처럼 바닥에 눕히면 바로 깨지요.

인터넷을 찾아봤더니 3~4개월쯤 되었을 때부터 잠자는 의식을 통해 수면교육을 해야 한다고 하더라고요. 혹시나 해서 실천해봤는데, 아이가 너무 많이 울어서 포기했습니다. 너무 미안하고 마음 아파서요.

시간이 지나면 나아지겠지 싶다가도 '아이 스스로 잠자는 방법을 가르쳐주는 게 엄마의 몫 아닐까?'라는 생각이 들기도 합니다. 억지로라도 아이에게 수면교육을 시켜야 할까요?

A 아이는 먹고, 자고, 싸는 것을 스스로 조절할 수 있답니다. 그러니 아이를 믿어주셔야 합니다. 수면교육을 한다는 이유로 아이를 떼어놓는 순간, 아이는 엄마에 대한 신뢰를 잃어버려요. 버림받을지도 모른다는 두려움이 아이의 무의식에 남게 되지요.

물론 아이를 떼어놓으면, 아이는 그 환경에 머지않아 순응할 거예요. 엄마도 계속 아이를 안아주지 않아도 되니 한결 몸이 편해질 테고요. 그러나 아이는 충분히 채우지 못한 의존욕구를 평생에 거쳐 채우려고 전전긍긍하며 살아갈 겁니다.

아이를 키우면서 참 많은 것을 깨닫게 됩니다. 그중에 하나가 필요한 욕구를 충분히 채워주면 아이 스스로 부모로부터 독립한다는 거예요. 즉 엄마 품에서 떼어놓은 아이가 자지러지게 우는 것은 아직 아이에게 엄마가 필요하다는 뜻이겠지요.

부모가 베푼 사랑으로 충분히 욕구를 채운 아이는 남에게 사랑을 베푼답니다. 그러나 욕구를 충분히 채우지 못한 아이는 남에게 자신의 것을 나누어주지 않습니다. 스스로도 부족하기 때문에 나눠줄 여유가 없는 거예요.

어머님의 아이는 엄마의 따뜻한 품과 바닥을 구별하고 있습니다. 그만큼 섬세한 분별력을 가지고 있다는 뜻이지요.

저는 아이를 키울 때 주변 사람들로부터 "아이가 부모 껌딱지네.", "발을 땅에 대지 않고 키우네!"라는 말을 듣곤 했답니다. 지금 생각하면 얼마나 다행인지 모릅니다. 아이에게 애착을 형성할 기회를 충분히 주었으니까요.

엄마 품에서 편안하게 잠드는 아이를 굳이 잠자는 의식을 통해 일부러 떼어놓아야 할까요?

물론 아이를 계속 안고 있으면 힘들다는 건 저도 아이를 키워봐서 잘 압니다. 손목이 끊어질 것처럼 아플 때도 있고, 아이를 안고 있는 동안은 편히 앉거나 누울 수도 없지요. 그러나 어머님, 순간의 고통에 무너지지 마세요.

먼 훗날, 엄마에게 사랑받고 자란 아이의 모습을 생각해보세요. 아이는 두려움이 아닌 사랑을 선택하도록 엄마가 자신을 도와주었다고 여기고, 엄마에게 감사해할 것입니다. 그리고 순조롭게 성장해나갈 것입니다.

'방치와 방임', 소중한 아이를
불행하게 만들어요

사람은 누구나 연결에 대한 욕구를 가지고 있어요. 그래서 나와 취미가 같은 사람, 나와 생각이 비슷한 사람을 만나면 먼저 다가가 친해지고 싶지요.

그러나 어렸을 때 부모에게 방치된 경험이 있는 아이는 연결에 대한 욕구가 제대로 충족되지 못한 채 자랍니다.

이들은 부모에게 방치되었을 때 느꼈던 두려움을 애써 누르고 자신의 감정을 부정하며 자란 탓에 감정표현이 서툴답니다. 사람과 친밀한 관계를 맺는 것을 무척 어려워하고, 자신의 아이도 어떻게 대해야 할지 몰라서 이리저리 허둥대다가 자신도 모르게 아이를 방치하는 경우도 참 많고요.

흔히 사람들은 어린 시절에 부모가 돌아가셔서 부모 없이 자랐다거나, 부모가 이혼했다거나, 부모가 너무 바빠서 함께한 시간이 별로 없을 때 아이를 방치해두었다고 생각합니다.

그러나 부모가 아이의 감정을 제대로 보살피지 못하고, 아이에게 사랑을 표현해주지 못한다면, 늘 아이 옆에 있어도 아이를 방치해둔 것이나 다름없어요.

엄마는 아이를 일상에서 늘 버릴 수 있습니다. 엄마의 내면에 분노가 있다면 아이의 감정을 받아주고 공감해주지 못하니까요.

아이를 키우면서 자신이 어린 시절에 방치되었다는 사실을 깨달을 수 있답니다. 일단 아이가 예쁘지 않아요. 부모로서 아이에게 필요한 것을 의무적으로 들어주긴 하지만 마음속에서 우러난 사랑을 주지는 못해요.

아이를 방치하는 부모는 아이의 감정이 어떻게 흘러가는지, 충족되지 못한 욕구가 무엇인지 알지도 못합니다. 그래서 아이의 감정에 제대로 공감해주지 못해요. "엄마, 나 유치원 안 갈래."라며 우는 아이를 보고 "왜 안 가!"라며 다그치고 아이를 유치원으로 떠밀지요.

아이들은 아직 어려서 자신의 감정이 어떤지 똑 부러지게 이야기할 수 없습니다. 유치원에서 받은 상처를 말로 다 표현하지 못해요. 그래서 아이들은 자신의 상처에 공감해주지 못하는 부모를 보며 다시 한 번 상처를 입지요.

아이를 방치하는 부모는 자신의 교육관에 확신이 없습니다. 아이에게 맞는 교육을 해야 하는데, 아이에게 맞든 안 맞든 상관없이 이곳저곳에서 짜깁기한 교육정보를 모두 대입해보지요.

애초에 부모와의 연결관계가 없어서 그런 거예요. 의존할 기준이 없기도 하지만 감정이 억압되어 판단이 불분명하기 때문이지요.

감정은 섬세하게 판단의 근거를 줍니다. 감정이 살아 있다면 다른 사람의 감정변화를 알아차릴 뿐만 아니라 무엇이 옳고 그른지, 좋고 싫은지, 충족되지 않은 욕구가 무엇인지 알기에 명확하게 판단하고 선택할 수 있습니다.

부모가 아이의 감정을 잘 읽으면, '이렇게 했더니 우리 아이가 힘들어하는구나. 이 교육방법은 우리 아이에게 안 맞네?' 또는 '우리 아이에게는 이 교육방법이 잘 맞는구나!'라며 굳이 누가 알려주지 않아도 아이의 교육방법을 알아서 깨우칩니다.

아이에게 필요한 것이 무엇인지, 아이가 무엇을 좋아하고 싫어하는지 알기 때문에 정확히 판단하고 행동할 수 있지요.

여러분은 아이의 감정을 잘 읽는 부모인가요? 아이의 감정을 읽기 어렵다면 자신의 어린 시절이 어땠는지 돌이켜보세요. 부모에게 방치되어 자란 것은 아닌지, 자신의 감정을 억압하며 살아온 것은 아닌지 말이에요.

방치되어 자란 사람은 '나는 방치된 게 아니야. 내가 스스로 할 수 있도록 부모님이 배려해준 거야.'라며 거짓된 환상을 만들어 부모의 입장을 대변하려고 합니다.

그리고 방치되어 자란 사람은 대부분 부모의 보호를 받지 못했기에 두려움이 억압되어 있습니다. 두려움 없이 어떤 일을 과감히 추진하여 사회적으로 성공하는 경우도 더러 있지요.

그러나 이들은 마음 깊은 곳에 늘 불안이 도사리고 있어 누군가 조금이라도 애정을 주면 물불을 가리지 않고 매달리고 끊임없이 애정을 갈구합니다.

부모가 자신을 믿어주고 아낌없이 사랑을 베풀어주었다는 환상을 가지고 있으면서도 "어떤 일을 결정할 때 부모가 옆에서 귀 기울여주고 공감해주었으면 좋겠지요?" 하고 물어보면 금세 눈가에 눈물이 맺히곤 합니다.

이처럼 부모와 아이 사이의 연결관계가 없는 게 방치라면 방임은 부모와 아이 사이의 관계가 굉장히 밀착되어 있는 상태입니다. 방임하는 부모는 아이의 모든 일에 사사건건 간섭하고 참견하지요. 자신이 사랑받고 싶어서 아이의 경계를 넘어간 것입니다. 아이의 건전한 성장발달에 나쁜 영향을 끼치는 무책임한 행동이지요.

아이에게는 자기주도성이 발달하는 시기가 있어요. 이 시기에 아이는 혼자서 신발끈을 매려고 하고, 부모의 손을 잡지 않고 혼자서 계단을 오르내리려고 하는 등 무엇이든 부모의 도움을 받지 않고 스스로 해내려고 하지요.

방임하는 부모는 혼자서 해내려는 아이를 가만히 놔두지 않습니다. "너 혼자서 어떻게 신발끈을 매려고 해. 엄마가 해줄게.", "엄마 손 안 잡으면 넘어져. 얼른 엄마 손잡아."라며 아이 스스로 해볼 기회를 주지 않지요.

아이는 자신을 방임하는 부모를 보며 스스로를 못났다고 생각하게 됩니다. 자신의 능력이 부족하여 부모가 대신 해준다고 여기기 때문에 자존감이 점점 낮아지지요.

아이는 더 이상 적극적으로 행동하지 않습니다. "엄마가 해줘. 난 못 한단 말이야."라는 말을 달고 살지요. 부모가 자신을 도와줄 정당한 근거를 만들어주면서 부모로서 유능하고 가치 있다는 부모의 욕구를 만족시키려 합니다.

이런 아이를 보며 부모는 "아이고, 엄마 없으면 혼자서 어떻게 살아가려고 그러니?"라고 말하면서 속으로는 '내가 아이에게 이렇게까지 사랑을 베풀고 있어.' 또는 '나처럼 괜찮은 부모는 없어.'라고 착각하며 부모 자신의 욕구를 만족시키지요.

이런 부모들은 아이에게 자신의 사랑을 알아달라며 잔소리하기도 합니다. 책을 읽히면서도 아이의 즐거움은 무시한 채 성적이 우선입니다. 말은 노골적으로 안 하지만 '성적이 이 모양이어서 어떡하려고 그러니? 엄마가 너 잘되라고 얼마나 노력했는지 아니?'라는 뉘앙스를 풍기며 아이에게 온몸으로 실망감을 전하지요. 아이는 자존감이 더욱 낮아질 수밖에 없습니다.

이렇게 자란 아이는 독립의 시기가 되어도 부모를 떠나기 어렵습니다. 부모가 아이를 심리적으로 붙잡고 놓아주지 않기 때문이에요. 부모는 아이가 떠나고 난 뒤에 겪게 될 외로움이 두려워서 아이에게 더욱 집착하지요.

방임의 환경에서 자란 아이들은 겉으로 보면 합리적이고 똑똑하며 세련되어 보입니다. 그러나 다른 사람에 대한 연민의 마음이 부족하고 자기 마음대로 행동하는 등 버릇이 없습니다. 어릴 때부터 부모의 정서를 돌보고 자신의 경계를 침범당해서 의존적이고 분노가 많지요.

그런데 남들 눈에는 부러움의 대상이 되곤 합니다. "엄마가 뭐든지 해주려고 해."라며 불만을 토로해도, 주변 사람들은 "네가 복에 겨웠구나!"라며 아이의 고민을 묵살해버리지요. 그래서 누구에게도 말 못할 고통을 혼자 짊어지고 살아갈 수밖에 없습니다.

방임하는 부모는 늘 미소를 지으며 부드러운 목소리로 말하는데도 아이는 울고불고 뒤집어지면서 끝없이 분노를 몸으로 표현합니다. 방임하는 부모는 분노를 강하게 억압하고 있기 때문이에요. 부모의 억압된 분노를 아이가 대신 표현하는 것이지요.

방임은 배려 깊은 사랑과 비슷하여 때로는 혼동될 때가 있습니다. 배려 깊은 사랑은 아이의 모습을 있는 그대로, 고유하고 독립된 존재로 사랑하는 것입니다. 배려 깊은 사랑을 베푸는 부모는 아이에게 강요하지 않으며, 아이를 자기 뜻대로 조종하고 통제하지 않습니다. 그러나 방임하는 부모는 늘 아이를 자기 마음대로 통제하려 하지요.

방치와 방임, 아이를 대하는 태도는 다르지만 결국 둘 다 아이에게 크나큰 상처를 주는 양육방식이랍니다. 소중한 아이를 불행하게 키우지 않으려면, 자신의 감정을 먼저 읽어보세요.

자신의 감정을 잘 읽는 부모가 아이의 감정도 잘 읽을 수 있습니다. 자신의 감정을 솔직하게 받아들이고 고통을 치유하고 성장한 부모는 아이를 방치하거나 방임하지 않아요. 어떤 말에도 흔들리지 않으며, 아이에게 맞는 교육방법을 찾아 아이를 위대하게 키워냅니다.

Q 아이와의 하루가 지루합니다

제 아이는 누가 봐도 사랑스럽고 해맑게 웃는 예쁜 아이입니다. 그런데 저는 아이와 함께하는 하루가 너무 힘들고 지루합니다.

'오늘은 아이랑 재미있게 놀아줘야지.' 하고 다짐하지만, 막상 아이와 놀려고 하면 설거지거리가 더 눈에 들어옵니다. 결국 아이에게 텔레비전을 틀어주거나 DVD를 틀어줘요. 동영상이 아이에게 얼마나 안 좋은 영향을 주는지 잘 알고 있지만 저도 제 자신이 제어가 안 돼요. 아이에게서 벗어나고 싶고, 내 몸 하나 편하고 싶어져요.

아이가 미워서 화를 내기도 합니다. 피곤해서 얼른 자고 싶은데 잠을 자지 않는 아이가 미워서요. 요즘은 잠도 깊이 못 들고, 안아줘야만 간신히 잠이 드는 아이 때문에 더더욱 힘에 부치네요.

얼마 전에는 우는 아이를 달래지도 않고 내버려두었습니다. 저를 따라다니며 울더니 결국 혼자서 울음을 그쳐버리더군요. 그 모습을 보며 마음이 너무 괴로워 미안하다고 사과했습니다. 마음이 힘들어서 정신과 상담도 받아봤는데, 우울증이 조금 있대요. 저와 아이는 과연 행복해질 수 있을까요?

A

아무래도 어머님의 무의식 안에서 자신의 존재가치에 대한 싸움이 벌어지고 있는 듯합니다. 그 과정에서 어머님이 가진 모든 에너지를 쓰고 있는 것 같아요.

아이와 보내는 하루가 지루하고 힘들다고 했지요? 어렸을 때 부모님에게서 받지 못한 사랑의 상처가 무의식에서 의식으로 떠오르는 것을 막기 위한 방어기제입니다.

괴로운 마음이 들어서 아이에게 사과를 했다고 했지요? 그것은 어머님의 내면에 죄책감이 억압되어 있기 때문입니다. 억압된 죄책감이 밖으로 터져 나올까 봐 두려워서 어머님은 아이의 감정을 회피하고 있어요. 이 죄책감은 그 아래에 수치심을 감추고 있을 가능성이 높습니다.

아이를 짐스럽게 생각하고, 아이가 자신을 조금이라도 방해하면 짜증을 내는 것도 어머님의 내면에 억압된 분노가 많다는 증거입니다. 짜증이라는 게 분노를 수동적으로 표현하여 남을 공격하는 행동이거든요.

우울증도 일종의 방어성격을 가지고 있습니다. '내가 이렇게 아프니까 아이를 잘 키울 수 없는 건 당연한 거야.'라고 자기합리화하는 데 이용할 수도 있고, 훗날 아이에게 '엄마는 아팠지만 네게 최선을 다했어.'라고 핑계댈 수도 있지요.

어머님의 글에서는 감정이 느껴지지 않습니다. 무기력함만 느껴질 뿐이지요. 제 생각에 어머님의 무의식은 이미 답을 알고 있습니다. 아이 때문이 아니라 자신이 가진 문제 때문에 힘들다는 것을 말예요.

아이와의 행복은 저절로 찾아오지 않습니다. 어머님이 행복을 선택할 때 비로소 행복이 찾아오지요. 행복을 선택하려면 어머님의 상처받은 내면 아이와 대면하셔야 합니다. 그리고 마음속 깊이 억압되어 있는 감정을 밖으로 드러내어 치유해야 하지요.

그러나 지금 어머님은 감정을 억압하는 데 모든 에너지를 쓰고 있는 데다가 잡생각도 많습니다. 생각으로 감정을 억압하고 있습니다. 생각하고 있는 동안에는 감정을 안 느껴도 되기 때문이지요.

어머님의 몸에 축적된 분노만 풀어내도 생기를 찾을 수 있을 텐데 그 과정을 혼자서 몸으로 겪어내기에는 너무 복잡하고 어려울 것 같습니다. 분노를 풀어낼 수 있도록 깊은 내면에 꽁꽁 감춰둔 자신의 이야기를 모임이나 상담을 통해 이끌어내길 바랍니다. 혼자서 풀어내기 어려우면 우리 부부가 진행하는 '상처받은 내면 아이 치유' 강연에 참석하거나 푸름엄마의 '푸름이 성장 코칭'을 받으시면 도움이 될 것입니다.

'착한 아이'라고요?
고유성을 잃어버리면
자존감도 사라져요

아이들은 태어날 때부터 모두 고유하고 독특합니다. 같은 배에서 태어난 첫째와 둘째라도 취향과 성격은 제각각이지요. 애초부터 다르다는 것을 인정하고 부모가 다르게 키워야 합니다.

하지만 거울이 있어야 내 얼굴을 볼 수 있듯이, 처음에 아이는 스스로를 고유하고 고귀한 존재라고 인식하지 못합니다. 자신을 대하는 부모의 태도를 보며, 스스로의 존재를 인식하기 시작하지요.

예를 들어 부모가 "너는 왜 이렇게 덜렁거리니!"라고 말하면, 아이는 스스로를 '덜렁거리는 사람'으로 인식합니다. 아이는 덜렁거리지 않으려고 평소에도 늘 긴장하고 있느라 오히려 실수를 더 많이 하게 됩니다. 실수할 때마다 부모의 비난은 반복되고, 아이의 상처는 점점 깊어갈 수밖에 없지요.

부모가 원하지 않는 행동은 하지 않으려고 애쓰다 보니 애초에 아이가 가지고 있던 고유성은 점차 사라집니다. 남에게 보여주는 나와 고유하고 독특한 내가 다르게 되지요.

대부분의 부모는 자신의 아이를 착하게만 키우려고 합니다. 물론 심성이 선하고 바른 아이로 키우는 것은 무척 중요해요.

문제는 대부분의 부모가 착하다는 개념을 잘못 이해하고 있다는 데 있어요. 대부분의 부모는 자신의 말을 곧이곧대로 따르고 반항하지 않는 아이를 보며 착하다고 생각하거든요.

그러나 아이가 부모의 말을 곧이곧대로 따르는 건 절대 착한 게 아닙니다. 단지 자신의 고유성을 잃어버린 채 감정을 억압하고 있을 뿐이지요. 특히 착한 딸로 자라서 착한 아내와 엄마가 되어 아이를 키운다면 그 아이는 엄마에게 순응하는 과정에서 자신의 느낌과 욕구를 부정하고 고유한 자신을 잃어버리게 됩니다.

아이를 착하게 키우지 마세요. 착하다는 것은 고유성을 잃어버렸다는 뜻입니다. 고유성을 잃어버린 아이는 자신이 무엇을 좋아하고, 싫어하는지조차 알지 못합니다. 어릴 때부터 '이런 행동을 하면 엄마, 아빠가 싫어할 거야.'라고 생각하며 자신의 감정을 억누른 채 지내왔기 때문에 자란 뒤에는 우울증과 강박증에 시달릴 수도 있답니다.

그러면 아이를 어떻게 키울까요? 존재 그 자체로 고유하게 키워야 해요. 원더풀 아이의 독특함이 그대로 발현되도록 키우는 것이지요. 아이의 고유성을 무시하고 부모 자신이 원하는 대로 아이를 만들려고 해서는 안 됩니다. 아이의 고유성을 인정하고 아이를 있는 그대로 받아들여야 해요.

부모로부터 고유성을 인정받은 아이는 자기 자신을 존귀하고 장엄한 존재로 인식합니다. 자기 자신을 있는 그대로 받아들일 뿐 아니라 다른 사람 또한 아무런 편견 없이 받아들이지요.

고유성을 인정받은 아이는 '모든 인간은 존엄하다.'는 생각을 자연스레 마음속 깊이 품게 됩니다. 그래서 부모가 굳이 애쓰지 않아도 자신을 귀하게 생각하는 자존감을 갖게 됩니다. 그리고 스스로 알아서 자신의 행동을 조절하고, 부모가 바라는 대로 심성이 바르고 선한 사람으로 성장하지요.

착한 아이로 키우기 위해 부모가 아이의 행동을 통제하려다 오히려 아이의 영혼을 파괴할 수도 있답니다. 아이의 고유성을 살려주세요. 그렇게 하면 아이의 내면에 있는 원더풀 아이가 깨어나 잠재적인 능력을 마음껏 발휘할 거예요.

Q 칭찬이 아이를 망치면 어쩌죠?

오늘 아이에게 반강제적으로 약을 먹였습니다. "쓴 약도 잘 먹네!" 하고 칭찬해주니까 아이가 웃으며 좋아했어요. 그 모습을 보고 불안해지더군요. 제 아이가 칭찬받는 게 좋아서 싫은 감정을 마음속에 꾹꾹 눌러놓게 될까 봐서요. 제 칭찬이 과연 아이에게 행복을 가져다줄까요?
저희 엄마는 잘 치우지 않는 게으른 저 때문에 한 번씩 폭발하곤 하셨어요. 그럴 때마다 다소 과격한 표현을 쓰셨지요. 그런데 제가 엄마를 닮았더라고요. 아이에게 한 번씩 폭발할 때마다 과격한 표현을 쓰게 됩니다.

A 칭찬은 잘한 행동에 대한 보상입니다. 칭찬을 통해 바람직한 행동을 이끌어낼 수 있지요. 그러나 아이를 규정짓는 칭찬은 부정적으로 작용할 수 있습니다.

예를 들어 "참 착한 아이구나!"와 같은 칭찬은 아이를 '착한 아이'로 규정짓는 칭찬이지요. 착한 아이라고 칭찬받은 아이는 다른 사람들에게 착한 아이처럼 보이려고 자신의 욕구와 감정을 포기하게 됩니다. 고유한 자신이 되는 것을 포기하고 거짓의 가면을 쓰게 되는 거예요.

어머님, 진정한 칭찬과 아이를 조종하는 칭찬이 어떻게 다른지 구별하셔야 합니다. 둘은 마음의 출발점이 다릅니다. 아이와 엄마의 성장을 위해 자연스레 우러나오는 칭찬은 진정한 칭찬입니다. 개의치 마시고 마음껏 하셔도 된답니다.

그러나 순종적인 아이의 모습을 보여주어 다른 사람들로부터 아이를 잘키우는 좋은 엄마라는 이미지를 얻기 위한 칭찬은 아이를 조종하는 칭찬이지요. 아이는 무의식에서 알아챌 겁니다. 엄마가 자신을 조종한다는 것을요.

아이가 쓰디쓴 약을 먹은 것은 칭찬받아 마땅합니다. 힘든 일을 용기 있게 해냈잖아요. 어머님의 마음 깊은 곳을 잘 들여다보세요. 약 먹기 싫다고 고집부리는 아이의 모습이 보기 싫어서 칭찬을 한 것인지, 아니면 진심으로 쓰디쓴 약을 잘 견디고 먹은 아이가 기특해서 칭찬을 한 것인지요.

아이에게 한 번씩 폭발할 때가 있다고 했지요? 사실 '화'라는 감정은 자아가 침범당하는 것을 막는 방어감정이에요. 이러한 방어감정은 1~2분 이상 지속되지 않지요. 그러나 그 이상으로 표출되는 화는 상처받은 내면 아이가 숨어 있기 때문이지요.

엄마가 폭발한 이유를 '게으른 저 때문에'라고 말씀하셨네요. 자신의 탓을 하고 있어요. 어머님은 어린 시절의 엄마를 우상화하고 있는 거예요. 부모에게 받은 무의식의 영향은 그 상처받은 감정을 자각했을 때 비로소 조절할 수 있답니다. 무의식에 숨죽이며 자리 잡고 있던 감정을 의식으로 끌어올리면, 자신이 누구인지를 알게 되지요.

대부분의 사람들은 상처받은 감정을 자각하는 게 두려워 회피합니다. 어머님, 회피하지 마세요. 아이를 통해 어린 시절의 상처받은 지점을 알면 치유의 과정을 겪게 됩니다. 그래서 아이를 키우는 것이 곧 축복이지요.

부모 내면의 분노,
아이가 수치심을 키워요

대부분의 아이는 만 2세 정도가 되면 대소변을 가리기 시작해요. 오줌을 쌀 때보다 똥을 쌀 때의 느낌이 더욱 분명하기 때문에 아이들은 주로 똥을 먼저 가려요. 더운 날씨에 옷을 벗겨놓고 키운 남자아이의 경우에는 오줌을 먼저 가리기도 하고요.

아이가 대소변을 가리는 시기는 수치심이 발달하는 시기와 같습니다. 그래서 아이들은 누가 뭐라고 하지 않아도 구석에 가서 똥오줌을 싸려고 하지요.

수치심은 인간의 가장 원초적인 감정입니다. 대소변을 가리는 시기에 부모가 아이에게 수치심을 주면, 아이는 자신의 존재 자체를 수치스럽게 여기게 돼요.

아이에게 일부러 수치심을 주고 싶은 부모는 없겠지만, 상처받은 내면 아이가 있는 부모는 자기도 모르게 아이에게 수치심을 주게 된답니다. 아이에게 배변활동을 강요하고 아이가 대소변을 가리지 못하면 한숨을 쉬거나 화를 내지요. 아이는 부모가 한숨을 쉬거나 화를 내는 것이 두려워서 똥오줌을 참기 시작하고요.

이렇게 자란 아이는 청결해야 한다는 강박증상을 보이거나, 무엇이든 움켜쥐고 다른 사람에게 나누어주지 않는 구두쇠나 이기적인 사람이 될 수도 있어요.

데이비드 호킨스 박사는 《진실 대 거짓》에서 이렇게 말했습니다.

"만성적 정신장애를 앓는 사람은 주로 유년기에 방화, 동물에 대한 잔인한 행동, 야뇨증의 증상을 보인다."

대소변을 가릴 시기가 한참 지났는데도 아이의 야뇨증이 사라지지 않는다면, 자신도 모르는 사이에 아이에게 수치심이나 상처를 안겨준 것은 아닌지 꼼꼼히 따져보아야 합니다. 아이들은 부모의 내면에 억압되어 있는 분노를 무의식적으로 대신 표현하거든요.

부모의 내면에 분노가 억압되어 있으면, 겉으로는 아이에게 화를 내지 않아요. 남들 눈에는 아이를 잘 키우는 인자한 부모의 모습으로 보이지요. 그러나 아이는 본능적으로 억압된 부모의 분노를 느끼고, 부모가 자신의 화를 공감해주지 못한다는 것을 안답니다. 결국 아이는 겉으로는 너무나 잘해주는 부모에게 화를 낼 수 없어서 의식의 검열이 약해지는 잠을 자는 동안 오줌을 싸는 것으로 부모에 대한 분노를 드러내지요.

상처받은 내면 아이가 있는 엄마는 아이가 똥을 싸도 냄새를 맡는 기능이 떨어져서 기저귀를 갈아줄 타이밍을 놓쳐버려요.

엄마가 기저귀를 제때 갈아주지 않으면, 아이는 쥐고 놓는 감각이 제대로 발달하지 못합니다. 기저귀에서 똥이 뭉개져도 그 감각에 익숙해질 대로 익숙해져서 똥오줌을 가리기 힘들지요.

상처받은 내면 아이가 있으면 오감이 제대로 발달하지 않습니다. 시각이 제대로 발달하지 못해 보는 시야가 좁아지고, 청각이 제대로 발달하지 못해 남의 말을 잘 알아듣지 못하지요. 또 후각이 제대로 발달하지 못해서 냄새도 잘 구별하지 못합니다.

아이가 대소변을 가리지 못한다고 해서 놀리거나 한숨짓거나 야단치지 마세요. 아이가 자신의 존재를 수치스럽게 생각하고 낮은 자존감을 갖게 될 수도 있으니까요. 시간이 지나면 자연스레 잘할 수 있으니 걱정하지 말라고 아이를 응원해주어야 합니다.

ⓠ 아이가 변기에서 안 일어나요

아이가 변기에서 똥을 누고 나면 안 일어납니다. 치우는 것도 닦아주는 것도 모두 거부하고 변기에 앉아서 계속 책을 읽어달라고 해요. 책 몇 권 읽어주고 "이제 똥 치울까?" 하면 울고불고 난리가 납니다.

사실 저는 방이 더러운 것을 참지 못하는데, 이런 나의 모습이 아이의 배변 습관에 영향을 준 걸까요? 혹시 저에게 청결과 관련된 상처가 있는 것은 아닐까요?

Ⓐ 아이의 행동보다는 그 행동을 바라보는 어머님의 무의식에 근본적인 문제가 있는 듯합니다. 또한 청결을 중요하게 여기는 것은 상처받은 내면 아이로 인한 강박증상으로 보이고요.

어린 시절 대변을 가리는 시기에 부모님에게 어떤 대우를 받으셨는지요? 또 어떤 수치스러운 말을 들으셨는지요?

아이가 변기에서 일어나지 않을 때, 어머님이 어떤 행동을 하든 상관없습니다. 다만 행동을 할 때 어떤 마음으로 아이를 바라보느냐가 중요합니다. 어머님의 마음에 아이에 대한 사랑이 가득하다면, 똥을 치워도 아이는 상처를 받지 않습니다. 물론 울기는 하겠지요. 아이가 울면, 어머님은 아이의 감정에 공감해주면 됩니다.

변기에서 떨어지지 않으려는 아이의 마음을 읽어주세요. "변기에 앉아서 책을 읽고 싶구나?" 하고 반복해서 아이의 감정에 공감해주세요. 아이가 좋아하는 모양이나 색깔의 변기를 하나 더 마련하는 것도 좋은 방법 중에 하나입니다. 아이가 똥을 다 싸면, 아이를 새로운 변기에 앉힌 후 똥을 치우는 거예요.

아이의 마음에 공감해주면서 대안을 마련하면, 문제는 자연스레 해결될 거예요. 아이의 행동 이면에 어떤 감정이 숨어 있는지 찬찬히 살펴보시길 바랍니다.

낯선 사람을 경계하는 아이에게
인사를 강요하지 마세요

아들을 둔 한 아버지의 이야기입니다. 종갓집에서 태어난 이 아버지는 예의를 무척 중요하게 생각하는 어른들 밑에서 자랐습니다. 자연스레 자신도 예의를 중요하게 여기게 되었지요.

그런데 아이가 집안어른을 만나면 아버지 뒤에 쏙 숨을 만큼 부끄러움이 많지 뭐예요. 아버지는 집안어른이 자신의 아이를 버릇없다고 여길까 봐 얼굴이 화끈거릴 때가 한두 번이 아니었지요.

이 아버지는 어떻게 해야 할까 고민한 끝에 때려서라도 아이에게 예의를 가르쳐야겠다고 결심했습니다. 아이가 사람들에게 인사를 하지 않을 때마다 혼을 내고 매를 들었지만 아이는 주눅만 들 뿐 나아지는 기미가 보이지 않았지요.

이 아버지에게 조언해주었습니다. 아이에게 인사를 강요하지 말라고요. 인사하는 모습을 아이에게 많이 보여주면, 언젠가 아이 스스로 인사할 때가 올 것이니 묵묵히 기다리라는 말도 덧붙였지요. 그리고 아이 스스로 인사하는 순간에는 칭찬을 아끼지 말라고 했습니다.

조언을 들은 뒤, 이 아버지는 사람들에게 인사를 안 하는 아이를 볼 때마다 화가 나도 꾹 참았다고 합니다.

그로부터 6개월쯤 흘렀을까요? 퇴근하여 집에 왔는데, 아이가 쪼르르 달려오더니 "아빠, 다녀오셨어요!" 하며 배꼽인사를 하더랍니다.

앞에서 말했듯이 이 아버지는 어렸을 때 예의를 중시하는 집안에서 자랐습니다. 당연히 인사를 하지 않으면 부모님께 호되게 야단맞으며 자랐겠지요. 그때 이 아버지에게 상처받은 내면 아이가 생긴 겁니다. 그래서 인사를 안 하는 자신의 아이를 보고 화가 났던 것이지요.

혹시 여러분도 아이에게 인사를 강요하고 있지는 않은가요? "인사도 안 하고 뭐 하니!"라며 아이를 호되게 야단치거나, 아이의 뒷머리를 잡고 억지로 머리를 숙이게 한 적은 없나요?

공자님이 말씀하셨지요. "인사는 예의범절을 다해 가르쳐야 한다."고 말이에요. 공자님 말씀 때문인지 대부분의 부모는 아이가 인사를 안 하면, 자신이 아이를 잘못 키우고 있다고 생각합니다. 그래서 아이에게 인사하라고 강요하지요.

아이에게 인사를 강요하기 전에 생각해보세요. 왜 아이가 인사를 안 할까요?

부모는 자신의 아이에게 주의를 주곤 합니다. "낯선 사람을 조심해."라고 말이지요. 아이의 눈에는 부모, 형제, 친구, 선생님을 제외한 나머지 사람은 모두 낯선 사람입니다.

아이는 부모의 말대로 낯선 사람을 보면 경계합니다. 그런 아이를 보고 부모가 인사를 안 한다고 야단을 치면 아이는 당황해서 이러지도 저러지도 못하지요. 이처럼 부모의 모순된 말과 행동에 혼란을 겪는 상태를 이중구속이라고 합니다.

부모가 아이에게 인사를 강요하면, 아이는 부모가 원하는 대로 예의 바른 사람이 될 수는 있습니다. 그러나 그 과정에서 아이가 받은 수치심은 어루만져줄 수 없지요.

아이들은 조그마한 자극에도 쉽게 상처받는 존재예요. 그러니 인사 잘하는 아이로 키우고 싶다면, 부모가 먼저 사람들에게 반갑게 인사하는 모습을 많이 보여주세요. 아이는 부모가 인사하는 모습을 보고, 상대방이 믿을 만한 사람인지 아닌지 판단합니다. 부모와 친밀한 대화를 나누는 사람은 경계하지 않지요.

아이가 인사를 잘하지 않아도 뭐라 하지 말고 묵묵히 기다려주세요. 기적처럼 아이 스스로 인사를 잘하는 순간이 올 거예요. 그때가 되면 억지로 시키지 않아도 아이와 눈을 맞추고 기쁨과 사랑이 가득 담긴 인사를 나눌 수 있답니다.

Q 아이와 외출을 못 하겠어요

얼마 전 아이를 데리고 이웃과 함께 백화점 쇼핑을 갔어요. 그런데 아이가 이곳저곳 방방 뛰어다니며 다른 사람들에게 피해를 주더라고요.
이대로는 안 되겠다 싶어 제지했더니 보란 듯이 아이가 나에게 고래고래 소리를 지르지 뭐예요! 그 모습을 보고 이웃은 아이 버릇 좀 고치라고 한소리 했고요. 속이 정말 상했어요.

A 아이가 개구쟁이네요. 아직 아이는 자신의 장난이 남에게 피해를 준다는 사실을 분별하지 못할 겁니다. 시간이 지나면 자연스레 분별력을 기르게 되니 지금은 가급적이면 남에게 피해를 줄 만한 장소에 아이를 데리고 가지 않는 게 좋겠네요.

이웃의 말은 신경 쓰지 마세요. 아이라면 누구나 쇼핑을 질색합니다. 지루함을 참을 수 없어 더욱 장난기가 발동되지요. 버릇없는 아이라고 규정짓고 야단치면, 아이의 장난은 더욱 짓궂어지고, 어머님에 대한 반항도 거세질 겁니다.

다만 아이를 제지했을 때 아이가 고래고래 소리를 질렀다는 것은 이미 여러 번 부정당한 경험이 있다는 의미입니다. 어떤 경우라도 아이가 부정당할 수 있는 상황을 만들어선 안 됩니다. 아이가 남에게 피해를 주는 행동을 했을 때는 왜 그런 행동을 했는지 아이의 마음에 공감해주는 게 우선입니다.

물론 아이의 마음에는 공감해주되 잘못된 행동에 대해서는 일관되고 단호하게 잘못된 행동임을 아이에게 이야기해줘야 하지요. 해야 할 것과 하지 말아야 할 것을 부모가 일관되게 알려주면, 아이는 혼란을 겪지 않고 점차 분별력을 키워갑니다.

이웃의 말에 휘둘리는 것을 보면, 아직 어머님은 아이 교육에 대한 확신이 없어 보이네요. 아이를 절대적으로 신뢰하시길 바랍니다. 그리고 일관된 태도로 아이에게 다가가시길 바랍니다.

형제자매가 싸우는 이유,
'나를 더 사랑해줘!'라는 뜻이에요

강연을 하다 보면 형제자매의 사이가 너무 나빠서 걱정이라는 부모의 이야기를 듣곤 합니다. 싸우면 안 된다고 야단을 쳐보기도 하고 아이들에게 《의좋은 형제》 동화를 들려주며 타일러보기도 하지만 좀처럼 사이가 나아지지 않는다며 고민을 털어놓지요.

아이들이 시시때때로 싸우고 좀처럼 사이가 나아지지 않는다면, 아이들의 문제가 아니라 부모 자신의 문제일 수도 있습니다.

아이들의 발달과정에 따르면, 아이들은 만 2세 이전에 대상항상성을 획득합니다. 대상항상성이란 아이의 눈앞에서 부모가 사라져도 부모의 존재는 변함없이 그대로 있다는 사실을 아이가 인지하는 거예요. 이 시기에 부모들은 아이와 '까꿍놀이'를 많이 하지요.

대상항상성을 획득한 아이는 부모의 기분이 좋든 나쁘든 상관없이 부모는 늘 변함없이 자신을 사랑한다는 심리적인 연속성을 느낍니다.

그러나 대상항상성을 획득할 시기에 부모가 옆에 없거나 배려 깊은 사랑을 받지 못하면, 아이는 '부모가 내 곁에 있는 상황', '부모가 내 곁에 없는 상황' 딱 두 가지 상황으로 나누어 보면서 부모의 사랑을 끊임없이 갈구하게 되지요. 결국 온전하고 고유하게 사랑을 받지 못해서 부모의 사랑을 독차지하기 위해 형제자매끼리 피 터지게 싸우는 거예요.

엄마는 아이가 하나일 때는 온갖 정성을 다해 아이를 잘 키웁니다. 그런데 아이가 둘이 되면 체력적으로 힘에 부치면서 육아가 힘들어지지요. 게다가 두 아이가 엄마의 사랑을 서로 받겠다고 싸우기라도 하면, 엄마는 너무 지친 나머지 자신도 모르는 사이에 목소리를 높이고 짜증을 내며 마침내 매까지 들게 됩니다.

어렸을 때 부모에게 배려 깊은 사랑을 받고 자랐는지 떠올려보세요. 자신의 아이들에게 골고루 사랑을 베풀었는지도 되돌아보세요. 어릴 때 상처받은 내면 아이로 인해 대상항상성을 획득하지 못한 엄마라면, 둘 다에게 고유한 사랑을 주는 것이 어렵답니다.

그리고 자신도 모르게 아이들을 비교하지요. 자존감도 낮고 스스로를 부정적으로 바라보기 때문에 자신을 닮은 아이를 미워하기도 하고요. 자신을 있는 그대로 사랑한다면 아이가 자신을 닮는 것이 기쁘고 행복하지요.

형제가 똑같을 수는 없습니다. 아이마다 고유성이 있기 때문이지요. 만약 부모에게 다르다는 것을 인정받으면서 제각각 고유하게 사랑받는다면, 아이들은 싸우거나 질투심에 서로를 깎아내리지 않을 거예요.

그런데 부모가 비교를 하면 부모의 사랑을 얻기 위해 서로 경쟁하고 싸웁니다. 부모는 싸우는 아이들을 통해 무의식적으로 '나는 아이들에게 없어서는 안 되는 존재야.'라고 생각하고, 어릴 때 부모에게 받지 못한 사랑을 아이들에게 대신 받으려고 하지요.

아이들을 통해 자신의 부족한 사랑을 채우려고 하지 마세요. 그리고 스스로를 있는 모습 그대로 사랑해주세요. 스스로를 사랑할 줄 아는 사람만이 아이들에게 배려 깊은 사랑을 베풀 수 있습니다.

부모의 배려 깊은 사랑을 받고 자란 아이들은 부모의 사랑을 사이에 두고 싸우지 않습니다.

Q 아이가 아빠만 찾아요

쌍둥이를 키우는 워킹맘입니다. 신생아 때부터 둘째가 굉장히 끼다로웠어요. 그래서 다른 사람에게 맡기지 못하고 제가 매일 안고 키웠네요. 순한 첫째는 자연스레 남편이 돌보게 되었고요.

지금 첫째는 울 때도 "아빠~." 하고 운답니다. 자다가도 아빠만 찾고요, 둘째가 아빠 근처에만 가면 막아서요. 아빠는 자기만의 아빠라면서요.

저는 안중에도 없습니다. 지금은 둘째보다 첫째를 더 챙겨주려고 노력하는데도 효과가 없네요.

첫째는 유독 징징거림도 심해요. 혹시 첫째 마음에 상처가 있는 걸까요?

A 첫째는 엄마에게 안기고 싶은 순간마다 늘 동생에게 밀려나야 했습니다. 자연스레 동생에게 엄마를 빼앗겼다고 생각했을 겁니다. 그래서 아빠만큼은 동생에게 빼앗기고 싶지 않을 거예요. 아빠마저 빼앗기면 자신에게 남는 게 하나도 없다고 생각하며 두려워하고 있어요.

물론 아빠의 사랑만으로는 엄마의 사랑까지 채울 수 없지요. 엄마의 사랑이 필요한 순간마다 첫째는 더욱 더 아빠를 찾고 아빠에게 매달렸을 거예요.

과도한 집착은 허전함에서 출발합니다. 첫째는 지금 엄마의 사랑에 목말라 있습니다.

둘째보다 첫째를 챙겨주려고 노력한다고요? 자연스럽게 나오는 사랑이 아니라 노력해서 베푸는 사랑이라는 것을 아이는 알지요. 그러니 겉보기에 둘째보다 첫째를 더 챙겨주는 것은 올바른 행동이 아니에요. 첫째와 아빠의 애착관계를 인정해주시고, 첫째와 둘째 모두 고유하게 사랑해주어야 합니다. '골고루', '똑같이' 사랑을 베풀라는 의미가 아니라, 아이마다 원하는 사랑이 다를 테니, 그 욕구에 맞춰주라는 이야기입니다.

일주일에 한두 번이라도 좋습니다. 둘째를 아빠한테 맡기고 첫째와 함께 시간을 보내세요. 놀이터에 가든, 마트에 가든, 산책을 하든, 엄마를 온전히 독차지했다는 느낌을 갖게 해주세요.

엄마가 첫째에게 사랑을 채워주고, 그동안 아빠도 둘째에게 사랑을 채워주어 애착을 형성하면 '동생의 엄마, 나만의 아빠'라는 인식은 사라지고 '우리 엄마, 우리 아빠'로 인식하는 날이 올 겁니다.

첫째가 많이 징징거린다고요? 그 원인을 어머님 자신에게서 찾아보세요. 첫째의 욕구불만이 무엇인지, 어떤 상처를 받았는지 곰곰 생각해보세요.

제가 보기에 아이는 엄마와 친숙해지고 싶어 하는 것 같습니다. 그러나 동생에게만 사랑을 베푼 엄마에게 상처를 받았기 때문에 그 상처를 징징거림으로 표현하는 게 아닐까 싶네요.

인형놀이, 숨바꼭질 등 아이가 좋아하는 놀이를 하며 서서히 아이에게 다가가보세요. 아이가 징징거릴 때 달래주는 것으로 사랑을 표현하는 것보다 아이의 기분이 좋을 때 재미난 놀이를 하거나 책을 읽어주면서 사랑을 표현하는 게 훨씬 효과적입니다.

아이가 받은 상처를 어머님이 알아주고 공감해주면, 아이의 상처는 서서히 회복될 겁니다.

아이의 성적이 떨어질 때마다
화가 나고 불안한가요?

아이의 학교성적에 연연하는 부모가 많습니다. 성적을 올리려고 아이를 학원으로 등 떠밀고, 그것도 모자라 과외까지 시키지요. 그래 놓고 아이의 미래를 위해서는 그렇게 할 수밖에 없다고 애써 자기합리화를 합니다.

이런 부모들에게 묻고 싶습니다. 현재를 즐기지 못하는 아이가 과연 미래를 즐길 수 있을까요?

최근 성적을 비관하여 목숨을 버리는 아이들이 늘고 있다고 합니다. 꽃다운 나이에 고작 성적 때문에 목숨을 끊는다는 사실이 너무나도 안타깝습니다.

아이의 성적이 떨어질 때마다 화가 나고 불안해진다면, 상처받은 내면 아이가 있는지 돌아보아야 합니다. 어릴 때 공부 잘하는 형제나 친척과 비교당하지는 않았는지, 성적에 따라 부모의 태도가 달라지지는 않았는지 말이에요.

성적 때문에 부모에게 상처받은 사람은 아이의 성적에도 민감하게 반응합니다. 아이의 성적이 나쁘면, 어렸을 때 부모에게 받았던 수치스러운 기억이 새록새록 떠오르거든요.

부모는 자신의 상처받은 내면 아이와 대면하는 게 싫고 고통스러워서 아이의 성적만 좋으면 모든 게 해결된다고 생각해요. 그래서 아이에게 좋은 성적을 강요합니다.

이런 부모 밑에서 자란 아이는 성적이 나쁠 때마다 야단맞기 때문에 열등감에 시달립니다. '이번에 성적 나오면 또 엄마한테 혼나겠지?'라는 생각에 공부 자체를 싫어하고 배움 자체를 거부하게 되는 거예요.

존재는 물건이나 객관적인 수치가 아니기에 다른 무엇과 비교할 수 있는 대상이 될 수 없습니다. 그러니 학교성적이라는 틀 안에 아이를 가두어두고 비교하지 마세요. 비교당한 아이는 자신의 존재 자체를 수치스럽게 여기게 되니까요.

어린 시절 성적으로 인해 받았던 불안, 두려움, 수치심의 상처를 아이에게 그대로 물려주지 마세요. 아이에게 소중한 것은 좋은 성적이 아니라 배움 자체의 즐거움이에요. 그 즐거움을 빼앗지 마세요.

부모가 수학을 두려워하면, 아이는 수학을 배우기도 전에 두려움을 먼저 습득해요. 부모가 영어를 두려워하면, 쉽고 자연스럽게 영어를 배울 수 있는 방법을 아이에게 찾아주지 않아요. 심지어 영어를 배울 기회조차 주지 않기도 하고요. 아이는 영어 배우기를 두려워하여 미리 포기하거나 두려움과 싸우다 지치게 됩니다. 자식에게만은 주고 싶지 않은 상처를 대를 이어 물려주게 되는 거예요.

아이를 있는 그대로 사랑해주세요. 받아쓰기에서 빵점을 맞았다 하더라도 아이의 잠재적인 가능성을 믿고 기다려주세요.

부모에게 있는 그대로 사랑받고 자란 아이는 망설이지 않고 자신이 좋아하는 분야에 몰입해 에너지를 쏟아붓습니다. 부모가 전전긍긍하지 않아도 언젠가 최고의 성취를 이루어낸답니다.

Q 우리 아이가 영재인 줄 알았어요

제 아이는 한글과 영어를 DVD를 보며 혼자서 깨쳤답니다. 덧셈, 뺄셈도 알아서 척척 해냈고요. 주변 사람들의 감탄을 자아낼 정도로 영특했지요. 그런데 지금은 너무나 평범해졌어요. 여전히 책을 좋아해서 글줄이 많은 책도 어려워하지 않고 읽지만, 어찌 된 게 성적은 늘 평균이네요. 제가 아이의 능력을 제때 키워주지 못한 걸까요?

A 아이가 뛰어난 특성을 보이면, 부모는 특히 조심해야 합니다. 아이를 남에게 자랑삼아 내보이지 않아야 하며, 기대에 가득 찬 시선으로 아이를 바라보지 않아야 합니다.

아이에게 기대가 큰 부모는 자신도 모르게 아이를 재촉하게 됩니다. 다른 아이보다 자신의 아이가 뒤처지는 걸 참지 못하거든요. 부모의 재촉과 실망감을 견딜 수 없어 아이는 점차 배움에서 멀어지지요.

영재들이 사라지는 대부분의 이유가 부모의 암묵적인 강요 때문이랍니다. 어머님은 어떤 부모였나요? 아이가 더 잘하길 바라며 채찍질하는 부모는 아니었나요?

만약 강요하지 않고 아이를 있는 그대로 받아주는 부모였다면, 아이에게 시기적절한 도전과제가 주어지지 않았을 가능성이 있습니다. 너무 쉬운 과제에 맞닥뜨리거나 반복학습에 질리게 되면, 아이는 배움에 대한 흥미를 잃어버리거든요.

둘 중 하나입니다. 아이에 대한 기대 때문에 본의 아니게 아이를 재촉했다면, 그 마음을 과감히 버리시기 바랍니다. 좀 더 느긋하게 아이를 지켜보며 기다려주셔야 합니다. 도전할 과제의 수준이 낮아서 그런 거라면, 좀 더 높은 난이도의 과제를 아이에게 던져주면 됩니다. 물론 그 과제는 학교성적과는 상관없는, 아이가 흥미롭게 여기는 것이어야 할 테고요.

사랑받은 아이는
부모로부터 빨리 독립해요

나는 어렸을 때 부모의 사랑을 받을 기회가 많지 않았습니다. 아버지는 늘 술에 취해 있었고, 어머니는 먹고살기 위해 부지런히 일을 해야 해서 형제들에게 사랑을 베풀 시간이 없었거든요.

어릴 때 울고 싶을 때마다 부모님은 옆에 있어주지 못했습니다. 넘어져서 무릎에서 피가 나도 선생님에게 꾸중을 들어서 속상할 때도 혼자서 감정을 추슬러야 했지요. 게다가 아버지와 어머니의 빈자리를 대신하여 동생들의 감정까지 보살펴주어야 했습니다.

나의 감정을 받아주는 사람이 없어서였을까요? 아니면 집안에서 영웅의 역할을 해야 해서 그랬을까요? 나는 힘든 일이 있어도 징징거릴 줄을 몰랐습니다.

그래서인지 아이들이 징징거릴 때마다 어찌해야 할 바를 모르겠더군요. '내가 어릴 때에는 아파도 아프다고 말 못 하고, 슬퍼도 슬프다고 말 못 했는데, 너는 아프고 슬프다는 말을 참 잘도 하는구나.'라는 생각이 들면서 화가 났답니다. 마음속에 상처받은 내면 아이의 분노가 자리 잡고 있으니 아이들을 진정으로 사랑하고 공감해주기 어려웠지요.

다만 아이들에게 화를 내면 아이들이 상처를 받는다는 사실을 알고 있었기에 "응, 그래. 많이 슬프구나!", "많이 힘들었구나!"라며 책에서 읽은 대로 앵무새처럼 따라 해주었답니다.

놀랍게도 아이들은 내가 제대로 공감해주지 못한다는 사실을 본능적으로 알고 있었습니다. 어느 날, 아이들이 "아빠 이제 '~구나! ~구나!'는 그만하세요."라고 말하더군요.

내가 입으로만 공감해주는 척할 뿐 무의식에는 화가 나 있다는 것을 아이들은 알고 있었던 것입니다.

아이는 부모의 감정을 읽는 데에는 도가 튼 도사입니다. 부모도 모르는 감정을 아이는 본능적으로 알아채지요. 그러니 무의식에서도 아이를 속여서는 안 된답니다. 아이들에게 베푸는 사랑 속에는 진정성이 담겨 있어야 합니다. 진정성이 없는 사랑은 배려 깊은 사랑이 아닙니다.

혹시 잠시라도 떨어져 있으면 징징거리는 아이 때문에 힘이 드나요? 아이가 시시때때로 매달리고, 무엇이든 해달라고 졸라서 힘들다면 부모가 먼저 안전한 환경에서 마음껏 징징거리고 울어보세요. 그러면 속이 시원해지고 아이가 자신의 감정을 전달할 수 없어 답답하기에 징징거린다는 것을 알게 될 거예요.

아이가 엄마에게 매달려서 떨어지지 않는 것은 엄마의 무의식 깊은 곳에 어릴 때 충족되지 않은 친밀감의 욕구가 자리 잡고 있기 때문이에요. 이러한 엄마의 감정을 읽은 아이는 뭐든지 엄마가 해주기를 기다립니다. 옷도 엄마가 입혀주길 바라고, 밥도 엄마가 떠먹여주길 바라지요. 엄마의 충족되지 않은 친밀감의 욕구를 자신이 대신 채워주려는 거예요.

그러나 엄마를 위한답시고 하나에서 열까지 엄마가 해주길 기다리다 보니, 아이는 혼자서는 아무것도 못하고 자존감도 낮아지지요. 아이는 자존감을 버리면서까지 엄마를 사랑합니다.

과일은 익으면 저절로 떨어져요. 아이도 그러해야 하는데 독립할 시기가 지나도 계속 부모 곁을 맴돌고, 부모가 무엇이든지 다 해주기를 바란다고 생각해보세요. 정말 끔찍하지 않나요?

자신의 속마음을 들여다보세요. 아이가 독립하면 죽을 것 같은 외로움이나 두려움에 빠질 것 같나요? 그렇다면 아이가 엄마에게 매달리고 의존하는 것이 아니라, 아이가 엄마의 정서를 돌보고 있는 것입니다.

만약 아이가 시간이 지나도 엄마에 대한 의존성을 버리지 못한다면, 엄마 자신의 어린 시절을 떠올려보길 바랍니다. 부모와의 애착관계 없이 외롭게 자란 것은 아닌지, 형제자매가 말썽을 많이 피워 나만이라도 부모님의 속을 썩이지 않겠다는 생각에 스스로를 희생하며 산 것은 아닌지 말이에요.

어린 시절에서 자신의 상처받은 내면 아이를 발견했다면, 즉시 상처받은 내면 아이와 대면하여 자신의 감정을 치유해야 합니다. 그렇지 않으면 아이는 어른이 되어도 영영 부모 곁을 떠나지 못할 거예요. 아이가 부모를 붙잡고 있는 것이 아니라, 부모가 아이를 붙잡고 있어서요.

부모가 자신의 감정을 치유했다고 느끼는 순간 아이는 부모로부터 독립할 거예요.

Q 아이가 울 때마다 "엄마, 나가~!"라고 합니다

제가 아이를 혼낼 때 "너 나가!"라고 한 적이 있어요. 그다음부턴가 아이가 울 때마다 "엄마 나가~!"라고 합니다. 아이를 안아서 달래주려고 해도 소용없고, 나가라는 말만 반복합니다.
정작 "엄마, 나갈까?" 물어보면 엉엉 울면서 나가지 말라고 바짓가랑이를 붙잡아요. 아이가 울 때마다 이러지도 저러지도 못하겠네요.

A 아이에게 나가라며 혼을 내는 것도, 아이를 안아주면서 달래는 것도 사실은 화난 아이의 감정에 제대로 반응해주는 게 아닙니다. 아이의 화를 받아주기 힘들어 회피하는 것에 불과합니다. 버리겠다고 아이를 협박하거나 사랑한다는 말로 그 상황을 모면하려는 것이지요.

아이는 버림받은 경험이 있습니다. "나가!"라는 말은 버린다는 말과 똑같습니다. 그 말을 들은 아이는 죽음과도 같은 공포를 느꼈을 것입니다. 아이에게 있어서 버림받는다는 것은 곧 죽음을 뜻하니까요.

어머님, 아이에게 "나가!"라는 말을 하셨을 때 화가 난 상태였지요? 어머님이 하신 행동 그대로 아이는 화가 날 때마다 나가라는 말을 하는 거예요.

화라는 감정이 끝끝내 해결되지 않으면, 아이는 화가 날 때마다 그 말을 반복하며 어머님에게 매달릴 겁니다. 아이는 마음속으로 이렇게 묻고 있습니다. '엄마, 제가 정말로 버림받을 만한 사람인가요?'

제가 보기에 어머님 마음속에 버림받은 내면 아이가 있는 것 같습니다. 버림받은 내면 아이가 없다면, "아이고, 우리 아이가 화가 났구나! 그래서 엄마가 나갔으면 좋겠구나! 혼자 있고 싶구나!" 하고 아이의 감정을 그대로 받아줄 수 있을 겁니다. 그렇게 아이의 마음을 받아줬다면, 아이는 화가 스르르 풀렸을 테고요.

아이에게 "엄마, 나갈까?" 하고 묻지 마세요. 그것은 아이에게 너무 무거운 짐을 짊어지게 하는 거예요. 아이는 아직 어려서 자신의 감정을 정확하게 모르고, 감정을 제대로 표현하기도 어렵습니다.

아이를 꼭 말로 달래줄 필요는 없습니다. 가슴으로 아이의 화를 받아주며 지켜봐주면 됩니다. 모든 감각을 다해 아이에게 전념하는 것이 바로 '사랑'입니다. 진심을 다해 들어주고, 진심을 다해 공감해주고, 진심을 다해 놀아주고, 진심을 다해 배려하는 것이 사랑입니다.

아이와 행복한 관계를 맺기 위해서는 어머님 스스로를 돌아보시길 바랍니다. 어머님이 지금 무엇을 회피하고 있는지 아셔야 합니다. 어머님 안에 존재하는 화와 아이가 표현하는 화에 정면으로 대응하셔야 합니다.

지금처럼 아이를 나가라는 말로 위협하면, 아이는 언젠가 굴복하여 순응할 거예요. 그러나 결국 거짓된 자아를 가진 채 살아가게 될 테지요.

또 아이를 무조건 달래려고만 하면, 아이는 자신에게 잘해주는 엄마에게 못되게 굴었다는 생각에 죄책감을 가지게 됩니다.

아이를 바꾸려고 하지 마세요. 어머님 스스로를 바꾸세요. 어머님이 변하면 아이는 자연스레 달라집니다.

아이의 진심은 엄마가 자신을 버리지 않고 지켜주기를 바라는 것입니다. 아이의 진심을 어루만져줄 수 있도록 하루 빨리 성장하시길 바랍니다.

결혼은 두 사람이 아니라 네 사람이 하는 거예요

나는 아내와 결혼하고 추석만 되면 말다툼을 했습니다. 명절음식으로 고구마줄거리볶음을 만들곤 했는데, 나는 "고구마줄거리를 따고 벗기는 게 얼마나 힘든데!" 하며 늘 한숨과 푸념을 늘어놓곤 했지요.

아내는 "자기야, 고구마줄거리가 얼마나 된다고, 이렇게 좋은 명절에 우울해해?" 하며 나의 감정을 축소하며 위로하려 했지만, 나는 그 말을 듣고 화가 나서 늘 하던 말로 더욱 큰소리를 쳤지요. "눈물 젖은 빵을 먹어보지 않은 사람과는 인생의 대화를 나누지 말라고 했어!" 하며 말이에요.

사실 나는 고구마줄거리를 보면 아픈 기억이 떠오릅니다. 전쟁에서 부상을 당해 경제력을 잃어버린 아버지를 대신하여 우리 가족은 온종일 고구마줄거리를 따다 시장에 갖다 팔아야 했습니다.

한번은 자전거에 고구마줄거리를 싣고 시장에 가다가 넘어지는 바람에 고구마줄거리가 부러져서 그날 장사를 허탕 친 적이 있었어요. 그날 저녁 온 가족이 굶었던 기억이 납니다. 이러한 상처 때문에 고구마줄거리만 보면 화가 나고 슬펐지요.

물론 이 사건 하나 때문에 고구마줄거리를 싫어하게 된 건 아닙니다. 어릴 때의 지독한 가난, 이것이 고구마줄거리로 상징화되어 내면에 각인된 것뿐이지요. 지금 돌이켜봐도 정말 끔찍한 가난이었습니다. 어머니 또한 지난날을 회상하며 "너무나 가난해서 자식을 3일 동안 굶겼다."고 말씀하실 정도니까요.

아내는 내 안에 상처받은 내면 아이가 있다는 사실을 몰랐기 때문에 내가 화를 내는 이유를 몰랐습니다. 그래서 우리는 추석 때마다 싸울 수밖에 없었지요.

그런데 십 년쯤 지나자 아내가 나의 상처받은 내면 아이를 보듬어주기 시작했습니다. "이제야 당신이 이해가 가. 그 어린 나이에 고구마줄거리를 다듬고 시장에 가서 파느라 얼마나 힘들었을까? 험난한 세상을 헤쳐오느라고 힘들었다는 것을 알아달라는 거지?"라며 내 상처에 공감해주었지요. 그 따뜻한 위로를 받고 얼마나 울었는지 모릅니다.

그 뒤로는 고구마줄거리 때문에 싸워본 적이 없습니다. 고구마줄거리 때문에 생긴 상처받은 내면 아이와 대면하고 치유한 다음부터는 고구마줄거리를 보아도 화가 나지 않아요.

결혼은 두 사람이 하는 것이 아닙니다. 남편과 남편의 내면 아이, 아내와 아내의 내면 아이까지 네 사람이 하는 것이지요.

부부는 함께 먹고, 함께 이야기하고, 함께 아이를 키우면서 수시로 자신의 상처받은 내면 아이를 만나게 됩니다. 그래서 부부는 싸울 수밖에 없어요. 자신의 상처받은 내면 아이와 대면하기 두려워서 상대방에게 변화를 요구하기 때문이에요.

'네가 먼저 해주면 내가 해줄게.'라는 식의 태도는 자신의 구미에 맞게 배우자를 통제하는 것이나 다름없어요. 상대방을 억지로 바꾸려하지 말고 스스로가 먼저 깨닫고 변해야 합니다. 상처받은 내면 아이를 깨닫고 자신의 상처를 먼저 치유한 사람이 공감과 배려, 사랑으로 상대를 보듬어주면, 상대 또한 아름답게 성장할 수 있답니다.

부부가 행복한 결혼생활을 하려면, 결혼 전의 가족으로부터 완전히 독립해야 합니다.

나는 경제적으로 무능력한 아버지 밑에서 자랐습니다. 아버지는 술만 마시면 어머니에게 폭력을 휘두르고 욕설을 퍼부었습니다. 그 모습을 지켜보며 자란 나는 집안의 수치심을 감추는 영웅이자 어머니를 보살피는 소년가장 역할을 하면서 자랐지요. 아내는 셋째 딸로 태어나 가족들에게 애교를 떠는 마스코트 역할을 하면서 자랐고요.

나는 누군가를 돌보는 게 익숙하고 아내는 누군가에게 보살핌을 받는 게 익숙한 사람이라서 우리의 결혼생활은 톱니바퀴처럼 잘 맞물려 돌아가는 듯했습니다. 그런데 그것은 착각이었습니다.

나는 아내가 슬퍼하거나 우울해하면 내가 제대로 돌보지 못한 것 같아 괴로웠습니다. 내가 괴로워하는 모습을 보며 아내는 점점 자신의 감정을 감추기 시작했고, 자신의 감정을 드러내지 못해 혼자서 힘들어했지요.

이대로는 우리 관계가 더욱 악화될 것 같아서 그 근원이 무엇인지 찬찬히 따져보기로 했습니다. 그 과정에서 깨달았지요. 우리 둘 다 결혼 전의 가족으로부터 완전히 독립하지 못했다는 사실을 말이에요.

나는 몸만 독립했을 뿐, 정서적으로는 아직 어머니로부터 독립하지 못했더군요. "우리 어머니는 콩나물을 무칠 때 이렇게 안 하는데?"라며 나도 모르게 아내를 어머니와 비교하고 아내에게 상처를 주곤 했지요. 아내 또한 아버지와 충분한 애착을 형성하지 못했기에 나에게서 자꾸 아버지의 모습을 찾으려고 했고요.

우리 부부는 각자의 부모로부터 온전히 독립하고, 스스로를 있는 그대로 받아들이기로 했습니다. 내 감정은 내 것이고 아내의 감정은 아내의 것이라는 사실을 있는 그대로 받아들이자, 서로의 감정을 살펴야 한다는 부담감이 줄어들었어요. 그제야 진정으로 서로의 감정에 공감하게 되었지요.

이제 나는 혼자 있을 때에도 외로움을 느끼지 않습니다. 그리고 아내와 함께 있는 순간에는 무한한 행복감을 느끼지요. 아내와 서로 마주 보고 앉아 도란도란 수다를 떨며 마늘을 까는 순간이 너무나 평온하고 즐겁습니다.

레바논의 대표 작가 칼릴 지브란은 이렇게 노래했습니다.

"부부는 신전의 돌기둥처럼 서로 마주 보아라. 그리고 그 가운데 하늘의 바람과 구름이 놀도록 하라."

부부가 행복한 가정을 꾸려나가려면, 어느 한쪽에 기대려고 하지 말고, 신전의 돌기둥처럼 혼자 우뚝 서야 합니다. 서로의 다름을 인정하고 독립된 존재로 함께 마주 보며 살아가야 하지요.

결혼은 더하기가 아니라 곱하기입니다. 반쪽이 만나 완전한 하나가 될 것 같지만 독립하지 못한 반쪽이 만나면, 하나가 아닌 사분의 일이 되지요.

혼자 우뚝 서려고 노력하지 않고 한쪽에 기대려고만 하면 싸울 수밖에 없어요. 의존적인 부부관계에서는 자신이 원하는 모습을 상대방에게 강요하지요. 이처럼 마주 보지 못하고 서로의 어깨에 의존하려고만 하면 끝내 둘 다 무너지고 만답니다.

Q 남편의 내면 아이를 보듬어주고 싶어요

남편은 어린 시절 제가 받은 상처에 대해 이야기하면, "그래도 넌 밥은 먹었잖아!", "그래도 넌 엄마가 옆에 있었잖아." 이렇게 대꾸합니다.

사실 남편은 기구한 어린 시절을 보냈습니다. 사기를 당해 집안이 망하면서 엄마는 생계를 위해 밤낮으로 일했고, 남편은 엄마를 대신해 어린 동생의 끼니를 챙겨주어야 했지요.

이런 남편이 가여워 "엄마가 얼마나 미웠을까? 얼마나 힘들었니?"라고 달래주면 남편은 정색합니다. 엄마처럼 불쌍한 사람이 어디 있냐며, 자신은 엄마를 원망하지 않는다고요.

저는 남편의 내면 아이를 보듬어주고 싶은데, 남편은 거부하고 화를 냅니다. 어떻게 해야 하나요?

 A 꼭 제 이야기 같군요. 저는 경험해봤기에 남편의 마음을 너무나 잘 압니다.

남편은 엄마를 불쌍히 여기고 있습니다. 다른 사람이 엄마에 대해 조금이라도 나쁜 말을 하면 자신도 모르게 분노가 치솟아 오르지요.

사실 엄마는 최선을 다했습니다. 생계를 위해 밤낮으로 일한 건 엄마 잘못이 아니니까요. 엄마의 노력과 희생을 먼저 인정해주세요. 그런 다음, 엄마와 함께할 수 없었던 남편의 소망과 욕구, 감정에 대해 보듬어주세요.

또한 섣불리 단정하지 마세요. "당신의 내면 아이가 외롭고 불쌍해."라고 말해버리면 오히려 거부감이 들 수도 있습니다. 이전에 아내는 나를 "아가~."라고 부른 적이 있습니다. 나의 내면 아이를 위로해주고 싶다면서요. 그 모습을 보면 화가 치밀어 올라서 "당신은 도대체 몇 살이야?" 하고 소리치곤 했지요.

어려서부터 소년가장 역할을 해온 사람은 가족을 지키기 위해 강해져야 한다고 생각합니다. 조금이라도 약하게 보이면 안 된다고 굳게 믿으며 자랐기 때문에 아내가 연민의 감정을 조금이라도 비추면 분노하게 되지요. 스스로가 약한 사람처럼 느껴져서요.

치유는 부모에게 받은 상처를 인지하는 것에서부터 시작됩니다. 이때 조심스럽게 접근하시 않으면, 남편은 자칫 아내가 자신의 부모를 거부하거나 밀어내는 것으로 오해할 수 있지요.

소년가장으로서 살아온 사람은 부모가 상처를 줬다는 사실을 쉽게 인정하지 못합니다. 또한 어릴 때 가난하게 살았던 사람은 성장하기 어렵지요. 먹고살기 빠듯하면 감정을 사치라고 여기고 억압하게 되거든요.

남편을 있는 그대로 사랑해주세요. 아내에게 배려 깊은 사랑을 받으면, 남편은 그제야 자신의 내면으로 들어갈 용기를 얻게 될 것입니다. 그러기까지 많은 시간이 필요할 테지만요.

남편이 먼저 상처를 이야기하면, 그때는 진심을 다해 공감해주세요. 그러나 일부러 남편의 상처를 끌어내지는 마세요.

어머님의 성장에 먼저 집중하세요. 한쪽이 성장하면, 균형이 깨지면서 다른 한쪽도 성장하려고 하거든요. 어머님이 먼저 성장한 뒤, 남편의 성장을 즐거운 마음으로 기다려주세요.

부부가 함께 행복하기란 참으로 어렵습니다. 그러나 서로의 내면 아이를 발견했다면, 좋은 날이 곧 올 것입니다.

여자는 사랑받을 때 행복하고
남자는 존중받을 때 슈퍼맨이 돼요

아내가 누군가와 다투고 왔습니다. 기분이 안 좋은 아내는 남편에게 미주알고주알 어떤 일이 있었는지 털어놓습니다. 그 말을 듣고 있던 남편이 한마디 던집니다.

"당신도 잘못했네!"

"그 말 듣자고 당신에게 이야기했어?"

그 순간 아내의 입에서 '으~악!' 하는 날카로운 분노의 목소리가 튀어나오고 부부싸움은 시작되지요.

아내의 감정에 공감해주면 싸우지 않을 텐데, 왜 남편은 그런 말을 던져서 긁어 부스럼을 만드는 걸까요? 그것은 남자와 여자의 관점이 달라서입니다.

인간의 본성에는 수평축과 수직축이 있습니다. 수평축은 관계의 축인 배려이고, 수직축은 경계의 축인 존중입니다. 남자는 존중을 중요하게 여기고, 여자는 배려를 중요하게 여깁니다.

그래서 대부분의 남자는 상대방이 요청하지도 않았는데 관여하면 자신을 분별없는 사람으로 생각할까 봐 요청할 때까지 움직이지 않아요. 그러나 여자는 자신이 요청하기 전에 상대방이 알아서 해주기를 바라지요.

이러한 남자와 여자의 관점차이는 결혼한 뒤에도 이어집니다. 아내는 결혼한 뒤에도 남편이 알아서 척척 해주기를 바라기 때문에 원하는 것을 직접적으로 이야기하지 않고 에둘러 표현합니다.

예를 들어, 남편이 쓰레기를 치워줬으면 할 때, 아내는 "쓰레기가 꽉 찼네?"라고 표현합니다. 하지만 남편은 아내의 표현방법에 익숙하지 않기 때문에, "응." 하고 말지요.

그럼 아내는 "쓰레기가 가득 찼다고!" 하고 더욱 힘주어 말하지요. 남편은 이 말을 쓰레기가 가득 찬 사실을 인지하고 있는지를 물어보는 것으로 해석합니다. 그러니 남편은 "응. 가득 찬 거 안다고! 왜 똑같은 말을 몇 번이나 해?"라며 큰 소리로 대꾸합니다. 결국 쓰레기 하나 때문에 싸움으로 번지는 거예요.

서로의 관점차이를 잘 이해한 부부는 사소한 일로 다투지 않습니다. 남편은 아내를 배려하고, 아내는 남편을 존중하거든요.

남편을 존중하는 아내는 요청하는 법을 알고 있습니다. 에둘러 표현하지 않고, "쓰레기 좀 치워줄래요?"라며 구체적이고 직접적으로 행동할 것을 요청하지요.

또한 한 번에 한 가지만 요청합니다. 한 번에 많은 것을 요청하면 남편은 기억하지 못해 화가 나거든요.

거부당할 두려움이 있는 아내는 남편에게 섣불리 요청하지 못한답니다. 남편이 자신의 요청을 들어주지 않으면, 자신의 존재가 거부당한 것처럼 느껴지기 때문이에요. 그러나 남편을 믿고, 남편에게 요청하는 것을 배워야 합니다.

아내를 배려하는 남편은 아내가 요청의 말을 꺼내기까지 얼마나 힘들었을지 잘 알고 있기에 기꺼이 아내의 요청을 들어줍니다.

행복한 가정을 꾸려나가려면 남자와 여자의 관점차이를 잘 이해하고, 자신의 부족한 점을 채워나가야 합니다. 특히 남편은 배려의 마음을, 아내는 존중의 마음을 키워야 하지요.

여자가 사랑받을 때 만족스러운 것처럼 남자는 존중받을 때 마음이 움직입니다.

아내는 저를 노예처럼 부려먹는 기막힌 방법을 알고 있답니다. 무엇을 해달라고 할 때 항상 붙이는 존칭이 있습니다. '존경하는 남편'이 그 말이지요. 그 말을 들으면 저는 이미 움직일 준비를 하고 있답니다.

Q 제 남편은 시키지 않으면 안 해요

제 남편은 "아빠한테 책 읽어달라고 할까?" 하고 무언의 압력을 넣으면 그제야 마지못해 아이에게 책을 읽어줘요. 한두 권 읽어주다가도 "늦었으니까 이제 자자." 하고 아이를 빨리 재우려고 하고요.

제가 시키지 않아도 남편이 자발적으로 육아에 동참하려면 어떻게 해야 하나요?

A 남편의 모습이 하루아침에 변하긴 힘들 거예요. 행동하려면 의식이 먼저 변해야 하는데, 어린 시절부터 받아온 교육과 사상이 뿌리 깊게 자리 잡고 있기 때문에 쉽게 변할 수 없지요.

우선 남편에게 '아빠는 돈을 벌고, 집안일과 육아는 엄마가 담당한다.'라는 고정관념이 있는 건 아닌지 살펴보세요.

그리고 남편에게 육아에 대한 압력을 가하기 전에 남편과 아이의 성장에 관해서 진지하게 대화를 나누어보세요. 아이를 사랑하는 마음이 깊은데도, 어떻게 아이를 대해야 할지, 어떻게 표현해야 할지 몰라서 그런 걸 수도 있거든요.

남자는 무엇을 해달라고 요구하면 일단 거부감부터 갖는답니다. 그러나 요구하기 전에 진지하게 생각할 만한 요소를 던져주면, 그때는 자신이 어떻게 행동하는 것이 바람직한가를 고민하게 됩니다.

저는 아빠의 역할이 얼마나 중요한지 깨달은 아빠가 엄마보다 열렬하게 자녀교육에 동참하는 사례를 수없이 보았습니다.

남편이 쉽게 교육의 장에 발을 들이지 않더라도 포기하지 마시고, 남편과 아이에 대해 많은 대화를 나누시길 바랍니다. 그러다 보면 언젠가 시키지 않아도 자발적으로 아이와 함께하고 있는 남편의 모습을 보게 될 거예요.

배우자와 아이에게
사랑의 덫을 놓지 마세요

상처받은 내면 아이가 있는 사람은 자신뿐 아니라 사랑하는 사람도 잘 믿지 못해요. 그래서 늘 사랑을 시험합니다.

'만약 나를 사랑한다면, 지금 당장 나에게 달려오겠지?', '나를 사랑한다면, 내가 어떤 일을 해도 이해해줄 거야.'라며 사랑의 덫을 놓고, 상대방이 걸려들기를 간절히 바라지요.

그러나 상대방이 자신의 덫에 걸려들지 않으면, 크나큰 좌절감에 휩싸입니다. '나를 사랑하지 않는 게 분명해!'라는 생각에 상대방의 행동을 일거수일투족 감시하고, 싸울 때마다 "그때 내가 필요할 때 달려오지도 않았잖아!"라며 상처받았던 순간을 끄집어내지요.

이들은 결혼하고 나서도 똑같이 행동합니다. 배우자에게 사랑의 덫을 놓고, 걸려들지 않으면 배우자를 끊임없이 괴롭히고 비난해요.

예를 들어 집 안에 휴지가 떨어져 있을 때 '남편이 저 휴지를 치워주면 나를 사랑하는 것이고, 치워주지 않으면 사랑하지 않는 거야.'라고 생각하면서 마음속으로 사랑의 덫을 놓는 거예요. 그러나 남편은 애초에 휴지가 있는지조차 알지 못하기 때문에 결국 휴지는 아내가 치우게 되지요.

아내는 남편의 무심함 때문에 받은 상처를 마음속에 고스란히 남겨두었다가, 부부싸움을 할 때 "그때 휴지도 안 치워줬잖아!"라며 화를 냅니다. 그러면 남편은 황당한 표정으로 "무슨 휴지? 휴지를 봤어야 치워주지."라고 대꾸할 수밖에 없어요.

이들이 사랑의 덫을 놓는 것은 사실 얻는 게 있어서예요. 배우자의 행동에 집중하다 보면, 자신의 상처받은 내면 아이와 대면하지 않아도 되거든요. 이들은 배우자를 탓하면서 우월감을 느끼고, 스스로를 배우자에게 희생하는 가련한 사람으로 둔갑시켜 동정심을 유발하지요.

그러나 간과하는 사실이 있습니다. 사랑의 덫을 놓은 대가를 톡톡히 치를 수밖에 없다는 것이지요.

이들은 남 탓만 하기 때문에 배우자, 아이들과 친밀한 관계를 유지할 수 없어요. 배우자, 아이들과 함께하지 못하고, 그들의 삶을 남의 일 구경하듯 바라볼 수밖에 없지요. 결국 현재의 삶을 생생하게 느끼지 못하고 사랑을 잃게 된답니다.

배우자와 아이들에게 향한 손가락을 자신을 향해 돌려보세요. 자신의 내면을 잘 들여다보고 내 안에 있는 상처받은 내면 아이를 보듬어 주는 거예요.

그리고 이제 더 이상 나약한 아이가 아니라는 사실을 자각하세요. 아이는 약한 존재이기 때문에 상처를 받아도 어찌할 바를 모르고 그 감정을 마음속에 꼭꼭 눌러놓지만, 어른은 스스로의 상처를 치유할 수 있을 만큼 강한 존재거든요.

물론 상처를 치유하는 과정이 무척 고통스러울 거예요. 그러나 내 아이에게 상처를 물려주지 않으려면, 성장의 고통을 기꺼이 감수해야 합니다.

성장한 부모는 자신의 배우자와 아이들에게 사랑의 덫을 놓지 않아요. 배우자와 아이들이 사랑의 덫에 걸리기만을 바라면서 전전긍긍하지도 않고요. 있는 그대로 배우자와 아이들을 사랑하기 때문에 늘 가정이 평화롭답니다.

Q 독박육아를 하고 있습니다

맞벌이인데도 남편은 전혀 육아에 신경을 쓰지 않아요. 제가 알아서 잘하는데, 굳이 본인이 나서서 할 필요가 없다고 말합니다.

평소에 야근이 많은데 오늘따라 남편이 일찍 퇴근했더라고요. 아이와 좀 놀아줬으면 했는데, 텔레비전만 보더니 금세 잠이 들더군요. 얼마나 얄밉던지요. 일찍 와봤자 집이나 어지르는 것 같고, 도움은 하나도 안 되네요.

울고 보채는 아이를 달래주지도 않고 내버려두었습니다. 남편 좀 듣고 깨라고요. 애꿎은 아이에게 화풀이하는 제가 참 밉네요.

A 남편이 육아를 안 도와주면 속상하지요. 더구나 직장과 육아를 병행해야 하는 상황에서는 아이를 키우는 것이 행복하면서도 한편으로는 체력적으로 힘에 부치지요.

육아를 도와주지 않는 남편의 대다수는 어떻게 해야 하는지 모르기 때문이랍니다. 아이를 어떻게 대해야 할지 몰라서 자신이 받아온 교육방식 그대로 아이에게 적용하고, 아내에게 육아를 떠넘기지요. 그러다 보면, 남편은 점차 육아에서 소외되고요. 지금 당장 몸은 편하지만, 결국은 중요한 삶의 일부분을 잃어버리는 셈이에요. 아이와 함께한 추억이 없을 테니까요.

남편이 자발적으로 육아에 동참하려면, 남편 스스로 상처받은 내면 아이를 자각하고 치유해야 합니다. 자신이 부모에게 무엇을 받지 못했는지를 알아야 자신이 아이에게 무엇을 주지 못하고 있는지도 알기 때문입니다.

남편은 육아에 대한 두려움 때문에 육아를 회피하는 것일 수도 있습니다. 이때 육아에 대한 두려움에 공감해주고 극복할 수 있도록 도와주는 게 아내의 역할이지요.

그러나 어머님은 남편이 오히려 집을 어지른다고 표현하고 있네요. 어머님은 남편을 '육아의 조력자'로 보는 게 아니라 '육아의 방해자'로 여기고 있는 듯합니다.

어머님, 스스로를 한번 되돌아보세요. '나는 이렇게 아이를 열심히 키우는

데, 당신이 도와준 게 뭐 있어?'라고 남편에게 따져 물으려고 육아에 힘쓰고 있는 건 아닌가요? 남편보다 도덕적 우위를 차지하기 위해 남편을 육아에서 제외시키고 희생으로 아이를 키우고 있는 것은 아닌지 생각해보세요.

남편이 미워서 아이가 우는 것을 그대로 방치하셨지요? 그것은 남편에게 의존하고 싶어서입니다. 실제로는 남편에게 사랑받고 싶은데 자신의 내면을 솔직하게 표현하지 못하고 있는 거예요. 자신의 감정을 솔직하게 표현했다가 남편에게 버림받을까 봐 두려워서 그렇습니다. 그러니 억압된 감정으로 인한 분노를 오히려 아이에게 떠넘기게 되는 거지요.

어머님은 남편이 육아에 동참하기를 바라면서도, 한편으로는 남편이 육아에 동참할까 봐 두려우실 겁니다. 남편이 육아에 동참하는 순간, 어머님이 차지한 도덕적 우위를 포기해야 하니까요. 어머님 내면에 있는 수치심을 남편에게 들킬까 봐 두렵기도 하고요. 어머님이 이런 마음을 가지고 있는 이상 남편은 변화하기 어렵답니다.

PART 4

힐링,
내 삶의 쉼표이자
새로운 시작

정신없이 삶을 살아가다 보면
'지금 내가 어디에 와 있는가?',
'내가 무엇을 향해 달려가는가?',
'왜 이렇게 제대로 되는 것이 없는가?' 하는
회의가 들 때가 있어요. 그럴 때는
몸과 마음에 치유의 시간을 가져보세요.
어린 시절의 상처와 대면하고 그 상처를
끄집어냄으로써 새로운 삶을 시작할 수가 있어요.
그 시간이 고통스러울 수 있지만,
고통의 시간이 지나고 나면 사랑과 평화의
시간이 찾아올 거예요.

상처받은 내면 아이를 치유해야
아이를 온전히 사랑할 수 있어요

어떤 사람이 가로등 불빛 아래서 무엇인가를 열심히 찾고 있었어요. 그 모습을 보고 지나가던 사람이 물었습니다.

"무엇을 그렇게 찾고 있나요?"

"인생에 중요한 열쇠를 잃어버렸어요."

"어디에서 잃어버렸는데요?"

"저기 캄캄한 데서 잃어버렸어요."

"그런데 왜 이곳에서 찾고 있지요?"

"여기가 밝으니까요."

이 이야기의 '열쇠'는 상처받은 내면 아이입니다. 상처받은 내면 아이는 부모의 인정을 받지 못해 어두운 무의식 세계로 밀려난 우리의 그림자이지요. 우리는 상처받은 내면 아이와 만나는 게 두려워서 본능적으로 어둠을 멀리하고 밝음을 좇습니다.

그러나 상처받은 내면 아이를 치유하려면 어둠 속으로 들어가야 합니다. 춥고 어두운 곳에서 수치심, 죄책감, 무력감, 슬픔, 두려움에 떨고 있는 내면 아이의 손을 잡고, 밝고 따뜻한 의식세계로 데려와야 하지요.

상처받은 내면 아이를 치유한 사람은 삶의 관점이 완전히 바뀝니다. 다른 사람에게 상처를 받았을 때 '눈에는 눈, 이에는 이!' 하고 그 사람에게 고스란히 복수했던 사람이 상처받은 내면 아이를 치유한 뒤에는 다른 사람을 용서하고 감싸주게 되지요.

다른 사람에게 복수하려면, 분노라는 불덩이를 손에 쥐고 있어야 해요. 그러니 다른 사람에게 복수하기도 전에 뜨거운 불덩이에 자신이 먼저 상처를 받게 되지요.

마음속에 분노와 사랑은 양립할 수 없습니다. 마음은 전일해서 사랑하면 사랑하는 것이고, 미워하면 미워하는 것이지 누구를 조금 사랑하면서 동시에 조금 미워할 수는 없습니다. 즉 분노를 무의식에 감추고 있는 한 사랑을 행할 수 없지요. 그러나 치유를 통해 관점이 달라지면, 복수심이 담긴 분노의 감정이 사랑의 감정에 녹아들어 용서를 행하게 된답니다.

무조건 남 탓을 했던 사람도 상처받은 내면 아이를 치유하면, 자신의 감정을 온전히 책임질 줄 알게 되고요.

상처받은 내면 아이를 치유하는 과정은 크게 '자각', '대면', '받아들임'이라는 세 단계로 이루어집니다.

자각은 어렸을 때 받은 상처가 무엇인지 아는 것입니다. 대면은 어렸을 때 외면했던 상처의 고통을 직접 겪어내어 애도하는 것이고요. 받아들임은 상처를 떠나보내고 자신의 내면에 있는 진짜 자아를 찾는 것입니다. 자신의 진짜 자아를 찾으면, 스스로를 있는 그대로 사랑할 수 있답니다.

상처받은 내면 아이는 한 번에 치유되지 않습니다. 한 계단 두 계단 성장해나가다 보면 또 다른 지점에서 자신이 몰랐던 상처를 하나둘 발견하게 되거든요. '산 넘어 산이구나.'라는 생각이 들어 지레 겁먹고 포기하지 마세요. 상처를 극복하는 과정은 무척 힘이 들지만, 극복한 뒤에 찾아오는 기쁨만큼 뿌듯하고 행복한 것은 없습니다.

때로 상처를 긍정적인 태도로 유야무야 덮으려는 사람이 있습니다. 그러나 아무리 상처 앞에 긍정적으로 보이려고 애써도 아이들은 금세 알아차립니다. 상처와 용기 있게 대면하면, 일부러 긍정적인 태도를 취하지 않아도 태어날 때부터 가지고 있던 긍정적인 태도가 저절로 나온답니다.

사막에 한번 들어서면 힘들어도 끝이 보일 때까지 가로질러 지나야 합니다. 이처럼 치유의 길에 들어선 이상 이전 상태로 돌아갈 순 없습니다. 묵묵히 치유가 될 때까지 고통 속을 가로질러 지나야 합니다.

Q 오빠와 차별받고 자랐어요

엄마는 아들인 오빠와 저를 차별하며 키웠습니다. 저에게 매도 참 많이 들었는데, 어느 누구 하나 엄마를 말리는 사람이 없었습니다.

결혼한 뒤 본인 생각만 하는 이기적인 시아버지를 보면서 분노가 치밀었던 것도, 강압으로 다른 사람을 조종하려고 하는 시어머니에게 화가 나는 것도 어찌 보면 제 내적 불행 때문이었습니다.

어린 시절, 부모님이 한 번이라도 나를 귀하게 여겨줬더라면 어땠을까요? 내적 불행을 깨닫고 난 뒤 친정에 갔는데, 오빠 먹으라고 이것저것 챙겨주는 엄마의 모습을 보고 왈칵 눈물이 쏟아졌습니다. 놀라는 가족들 얼굴을 뒤로한 채 황급히 남편을 데리고 집에 와버렸습니다.

화장실에서 용변을 보다가도 부엌에서 음식을 하다가도 시도 때도 없이 눈물이 납니다. 엄마한테 계속 전화가 오는데도 무시하고 있습니다.

엄마가 얼마나 걱정할지 알고 있지만, 지금은 제 감정만 생각하고 싶어요. 엄마와 대면할 용기가 아직은 나지 않아요.

A 상처받은 내면 아이를 만나는 순간, 누구나 하늘이 무너질 것만 같은 고통을 느낀답니다. 그리고 지금껏 살아온 자신에게 회의감이 들지요. 그동안 '나는 거짓된 삶을 살고 있었던 것인가?' 하고 말예요.

마음속 깊이 억압되어 있는 분노가 밖으로 터져 나오면, 자신의 내면 아이가 너무 불쌍해 눈물이 하염없이 흐르고, 나에게 이런 불행을 안겨준 부모가 미워 만나기도 싫어지지요.

저는 부모를 쉽게 용서하지 말라고 말하곤 합니다. 쉽게 용서해버리면, 부모를 사랑하는 척은 할 수 있어도 진정으로 사랑할 수는 없거든요. 분노와 사랑이 하나의 마음속에 양립할 수 없기 때문이에요.

당분간은 어머님의 감정에 집중하고 분노를 풀어내세요. 몸이 기억하는 분노의 감정을 몽땅 풀어내고 자신을 있는 그대로 사랑할 수 있을 때까지요.

아직은 엄마와 대면할 단계는 아닙니다. 좀 더 성장한 뒤에 대화를 나누는 것이 바람직합니다. 섣불리 대면했다가 엄마가 사실을 부정하는 태도라도 보이면 감정이 갈피를 잡지 못하고, 이리저리 흔들리고 말 테니까요.

일단 엄마에 대한 분노를 글로 써보거나 베개, 인형 등 엄마를 대체한 상징물을 통해 분노를 풀어내보세요. 그리고 아이를 키우면서 화가 나고 힘든 부분이 있을 때마다 기록해보세요. 자신의 내면 아이가 어떤 상처를 받았는지 찾아낼 수 있을 거예요. 그 상처를 알아야 치유할 수 있답니다.

또 내적 불행과 관련한 책이나 심리학 책을 꾸준히 읽고, 자신을 성찰해보세요. 그러다 보면 자연스레 성장의 길로 들어서게 될 거예요.

자신의 내면 아이를 찾아 치유하는 사람이 이 세상에 얼마나 될까요? 살면서 가장 두려운 것이 자신의 내면 아이를 만나는 거예요.

하지만 내면 아이를 만난 뒤의 내 삶은 천국과 다름없답니다. 어머님은 분명 인생 최고의 순간을 내면 아이를 만난 시간이라고 꼽게 될 거예요.

내면 아이를 만나 눈물이 날 때는 눈물이 저절로 멈출 때까지 놔두세요. 단 우는 모습을 보고 아이가 걱정하면 너 때문이 아니라고 아이에게 말해주어야 합니다. 너를 잘 키우고 싶어 운다고 말해주세요.

잘못된 스토리를 자각하는 것, 치유의 첫걸음!

지구가 둥글다는 것을 몰랐던 옛날 사람들은 믿고 싶은 대로 스토리를 만들곤 했어요. 지구가 평평할 것이라고 상상하고, 지구 끝에 다다르면 무시무시한 절벽이 있어서 떨어져 죽고 만다고 스토리를 지어냈지요. 마치 자기암시처럼 그 스토리를 믿어서 배를 타고 멀리 나가지 않았답니다.

이처럼 이해의 범위인 맥락이 좁거나 정확한 사실을 알지 못하거나 분별력이 없을 때, 사람들은 자신의 관점으로 상황을 해석하고는 합니다.

부모에게 상처받은 아이도 마찬가지예요. 아이는 분별력이 부족하기 때문에 부모가 준 상처를 '사실'로 받아들이지 못합니다. 그래서 자신의 관점으로 상황을 해석하고, 스토리를 만들어내지요.

아이는 스토리 속에서 '우리 부모님은 나약한 나를 위해 늘 충만한 사랑을 베풀어주었어.'라며 상처를 준 부모를 사랑을 베풀어준 부모로 둔갑시키고, 그 스토리를 철석같이 믿어버립니다.

두려움이 없는 척, 수치심이 없는 척, 불안하지 않은 척, 아이의 '척'하는 거짓자아는 방어기제로서 계속해서 스토리를 만들어냅니다. 그러면 아이는 사실과 자신이 만들어낸 스토리가 무의식에 복잡하게 섞여 있는 상태로 자랍니다. 그리고 어린 시절과 비슷한 상황을 만나면, 자신의 무의식에 혼재되어 있는 사실과 스토리 중에서 자동적으로 스토리를 선택하지요.

인간의 두뇌에는 감정을 처리하는 두 영역 즉 전두엽과 변연계가 있습니다. 그중 전두엽은 감정에 대하여 사고하는 영역을 담당하고, 변연계는 위기상황이 닥쳤을 때 즉각적으로 반응하는 영역을 담당하지요.

아이가 자동적으로 스토리를 선택하는 것은 바로 변연계와 관련이 있습니다. 아이는 부모에게 상처받은 순간을 위기상황이라고 여기고 무의식에 저장해둡니다. 그래서 비슷한 상황을 만나면 즉각적으로 어렸을 때 만들어둔 스토리를 꺼내들지요.

자동반응은 위험으로부터 스스로를 보호하고 생존을 위해 꼭 필요한 훌륭한 장치입니다. 그러나 인간을 분별력 없는 기계나 로봇으로 전락하게 하는 수단이 되기도 하지요.

예를 들어, 어린 시절 아버지의 외도를 목격하여 '모든 남자는 바람을 피워.'라고 자신만의 스토리를 만든 사람은 결혼한 뒤에 자신의 남편을 믿지 못합니다. 자신의 배우자가 바람을 피울 것이라는 확신을 갖고 있어서, 남편을 일거수일투족 감시하고 있지도 않은 외도의 증거를 찾아 헤매지요.

이러한 행동은 상대방을 지치게 만들 뿐입니다. 모든 남자는 바람을 피운다는 잘못된 스토리에서 벗어나고, 자신의 남편과 아버지는 다르다는 사실을 분별해내야 합니다.

어느 것이 사실이고 어느 것이 스토리인지 분별하는 것이 바로 '자각'입니다. 자신의 상처를 자각한 사람은 비슷한 상황이 닥쳐도 스토리를 지어내지 않습니다.

자각은 어느 순간 불현듯 찾아오곤 합니다. 내 강연을 듣다가 갑자기 오열하는 부모님들이 종종 있는데, 그것은 자신의 내면에 상처가 있다는 사실을 모르다가 강연을 듣고 비로소 자신의 내면에 상처가 있다는 사실을 자각했기 때문이지요.

노력을 통해 자각하는 경우도 있습니다. 그중 하나가 자신의 장점을 통해 자각하는 거예요. 내 장점은 남을 잘 돌보는 것입니다. 이 장점은 18개월 무렵, 어머니에게 버림받은 뒤 생겼지요. 더 이상 버림받고 싶지 않아서 남에게 인정받으려고 남을 돌보게 된 거예요.

자신의 장점이 어디에서 비롯되었는지 자각하면 비로소 진정한 장점으로 거듭나게 됩니다.

아이를 키우면서 화가 나거나 슬퍼지는 등 감정이 북받치는 순간을 기록하는 것도 자신의 상처를 자각하는 데 도움이 됩니다.

비록 과거에 일어난 사실을 바꿀 수는 없지만, 그 사실을 대하는 태도인 스토리는 바꿀 수 있답니다. 자신의 상처를 자각하여 사실과 스토리를 구별해내세요. 그리고 더 이상 거짓된 스토리를 지어내지 마세요.

자각은 고통과 변화의 시작점입니다. 그 고통이 지나간 자리에는 온전한 자신으로 새롭게 태어날 수 있는 기회가 찾아옵니다.

Q 아이보다 제 감정이 더 중요해요

저는 부모님에 대한 기억이 없어요. 아주 어렸을 때 아버지는 돌아가셨고, 엄마는 집을 나가셨거든요.

부모님과 함께한 기억이 없으니 부모님에게 받은 상처도 없을 것이라고 믿었는데, 얼마 전 제 내면 아이를 만났어요. 얼마나 서럽게 울었는지 몰라요. 문제는 그 뒤로 제 아이가 눈에 안 들어온다는 거예요. 아이의 행동을 보면 왜 저러는지 알겠는데 마음으로는 공감이 전혀 안 돼요. 아이보다 제 감정이 더 중요하게 느껴져요.

A 내면 아이를 만나고 그 아이를 충분히 애도하면, 마음속 깊이 억압되어 있던 감정이 살아나기 시작합니다. 한동안 자신의 감정을 보듬는 데 집중할 수밖에 없지요.

어머님은 이제 감정의 주인이 될 준비가 되었습니다. 고유한 존재로서 자신을 인식하고 있으니까요. 고유한 존재가 된다는 것은 자신의 삶을 살게 된다는 것입니다. 더 이상 다른 사람의 짐을 대신 짊어지지 않고요.

고유한 존재가 되려면 이전의 익숙한 것과는 결별해야 합니다. 의존욕구를 채우지 못한 유치한 아이를 떠나보내야 합니다. 거짓자아에 집착하던 아이를 떠나보내면, 그 자리에는 생명력 있고 감정이 살아 있는 아이가 찾아온답니다.

어머님, 이제 머리가 아닌 가슴이 이끌어줄 것입니다. 머리가 이끄는 대로 따라가면 아이의 욕구와 감정을 제대로 볼 수 없답니다. 아이에게 무엇을 줄지에 대해서만 고민하게 되지요. 그러나 가슴이 이끄는 대로 따라가면 아이의 감정에 진심으로 공감할 수 있어요. 그러면 굳이 아이에게 베풀려고 노력하지 않아도 아이는 잘 성장합니다.

과거의 상처인 썩은 동아줄을
미련 없이 놓아버리세요

《해님 달님》 이야기를 아시나요? 마음씨 착한 오누이는 하늘에서 내려온 튼튼한 동아줄을 잡고 하늘의 해님과 달님이 되고, 못된 호랑이는 썩은 동아줄을 잡고 올라가다 떨어져 죽어버리지요.

과거의 상처를 극복하지 못하는 것은 썩은 동아줄을 부여잡고 있는 것과 같습니다. 과거의 상처를 극복하지 못하면, 미래에 같은 상처를 또 받게 될까 봐 두려워집니다. 아직 일어나지도 않은 미래의 두려움 때문에 현재의 삶 또한 흔들리게 되고요. 두려움이 늘 발목을 잡고 있으니 현명한 선택을 내리지 못하거든요.

언젠가 한 어머니가 "남편이 술만 안 마셨다면, 아이를 잘 키울 수 있었을 텐데……." 하며 하소연한 적이 있습니다.

이 어머니의 아버지는 알코올중독자였다고 합니다. 술에 취해 어머니와 싸우는 아버지의 모습을 보며 자랐기에, 남편이 술을 마시고 늦게 들어오면 불안감에 휩싸였지요. 이제나저제나 남편이 언제 들어올까만 걱정하느라 아이도 제대로 돌보지 못했고요.

사실 이 어머니의 남편은 술을 많이 마시는 사람도 아니고 늘 늦게 들어오는 사람도 아니었답니다. 과거에 아버지로부터 받은 상처를 극복하지 못했기 때문에 현실을 제대로 자각하지 못했을 뿐이에요. 그래서 아이를 제대로 돌보지 못한 이유도 남편에게서 찾은 것이고요.

M. 스캇 펙 박사는 《그리고 저 너머에》에서 이렇게 말했습니다.

"유일한 진실이라고 믿어 의심치 않았던 것에 의문이 생기기 시작하면, 사람들은 미칠 것 같은 혼란에 휩싸인다."

과거의 상처와 대면하는 것은 무척 고통스러운 일입니다. 하지만 상처를 자각하고 자신이 부여잡고 있던 썩은 동아줄을 내려놓으면, 과거의 상처받은 내면 아이가 현재의 내 삶에 어떤 영향을 미치는지 한순간에 알게 됩니다.

그리고 지금까지 자신의 모습이라고 굳건히 믿었던 거짓자아와 방어기제가 무너지면서, '그동안의 나는 과연 누구였지?'라는 의문이 들고 극심한 고통에 시달리게 됩니다. 끝없이 추락하게 되는 거지요. 자신에게 인격이란 게 있었나 싶을 정도로요. 이때 누가 말 한마디 툭 던지면 눈물이 흐르고 자신이 찌질이라고 느껴지기도 합니다.

마음의 고통은 신체적인 통증을 수반하기도 합니다. 복통, 두통을 느낄 뿐 아니라 숨이 막히고, 속이 메스껍기까지 하지요.

자각을 통해 그동안 회피했던 고통을 몸으로 고스란히 받아들이기 때문입니다. 이러한 신체적인 감각은 새로운 삶으로 인도하는 활기찬 신호와도 같지요.

어렸을 때, 남자아이들은 '오이디푸스 콤플렉스' 시기를 거칩니다. 이 시기에는 엄마를 독차지하고 아빠를 밀어내지요. 여자아이들도 마찬가지입니다. 아빠를 독차지하고 엄마를 밀어내지요.

이 시기에 배려 깊은 사랑을 받은 아이는 곧 '엄마는 아빠의 아내이고, 아빠는 엄마의 남편'이라는 사실을 자각합니다. 남자아이는 엄마를 포기하고 여자아이는 아빠를 포기하면서 진정한 자아를 찾지요.

그러나 이 시기에 부모가 옆에 없었거나, 부모에게 상처를 받은 아이는 엄마, 아빠를 포기하는 법을 제대로 배우지 못합니다. 그래서 어른이 되어 배우자를 고를 때 자신도 모르게 아빠나 엄마처럼 나이가 많은 사람을 고르거나, 이미 가정이 있는 사람에게 끌려 집착하지요.

썩은 동아줄을 붙잡고 있는 한 불안감과 통제, 집착의 악순환에서 벗어날 방법이 없습니다. 혹시 썩은 동아줄을 놓으면 붉은 수수밭으로 떨어져 죽을 것 같나요? 걱정 마세요. 떨어져 죽는 건 거짓자아니까요. 손을 놓으면 내면에 있던 방어기제도 스토리도 사라질 거예요. 그리고 타버린 재에서 불사조가 태어나듯, 상처 없는 순수한 자신으로 다시 태어나게 된답니다.

Q 남편의 아이이고 싶어요

어린 시절, "내 옆에 있어줘.", "나랑 같이 놀자!" 하고 매일 아빠에게만 매달렸어요. 엄마의 사랑을 바랄 만한 상황이 아니었거든요.
지금은 남편한테 매달려요. 마치 어린아이처럼요. 저는 아직도 어른이 될 준비가 안 됐나 봐요.
그런데 어른이 되지 않으면, 아이를 제대로 키울 수 없잖아요. 제 아이가 제 어둠을 물려받으면 어쩌죠?

A 엄마의 사랑을 포기해버린 순간 아이는 아빠를 있는 그대로 보지 못하고 우상화한답니다. 그렇게 자란 아이는 결혼하고 나서 남편에게 우상화된 아빠의 모습을 요구하지요. 아빠처럼 자신을 사랑해주라고요.

그러나 남편을 아빠로 바라보기 시작하면, 남편은 통제받는다는 느낌 때문에 숨이 막힐 거예요. 당연히 부부관계는 위태로워질 테고요. 그러니 행복한 결혼생활을 위해 어머님은 하루 빨리 내면의 상처를 치유하고 성장하셔야 해요.

어머님의 무의식을 들여다보세요. 어머님이 생각하는 '아빠'는 사실 '엄마'일 거예요. 사랑을 주지 않는 엄마를 받아들이는 게 너무 고통스러워서 엄마에 대한 모든 것을 닫아둔 것뿐이지요.

온전해지려면 엄마에게 받은 상실의 고통을 오롯이 느끼고 떠나보내야 해요. 충분히 애도한 뒤 과거를 놓으면, 미래에 대한 두려움도 사라지고 현재를 살아갈 수 있어요.

어머님이 살아온 삶은 외부에서 끌어온 허상과도 같아요. 허상에서는 행복을 찾을 수 없어요. 그러니 진정으로 행복해지려면 자신의 내면에 있는 행복을 찾아야 한답니다.

어린 시절, 사랑을 주지 않는 엄마에게 느낀 분노와 슬픔을 온몸으로 겪고 애도하세요. 그러면 행복해질 수 있습니다.

어머님이 사랑을 찾는 순간 두려움은 먼지처럼 흩어질 거예요. 그러나 사랑은 어떤 경우에도 흩어지거나 사라지지 않아요. 사랑은 엉망진창인 삶에서조차도 상처받지 않도록 도와준답니다.

어머님, 내면의 상처를 자각하셨으니 아이는 괜찮을 거예요. 어머님이 성장의 길을 걸으면, 아이도 자연스레 어머님의 마음을 알게 될 것입니다. 어머님이 있는 그대로 사랑해주려고 한다는 걸 말예요.

상처받은 내면 아이와 대면하면 내면의 감시자가 사라져요

두 개의 문이 있습니다. 하나의 문에는 '천국'이라고 쓰여 있고, 다른 문에는 '천국에 대한 강연'이라고 쓰여 있습니다. 사람들은 어디에 줄을 설까요? 당연히 '천국'이라고 쓰여 있는 문 앞에 설 것 같지만, 실제로는 '천국에 대한 강연'이라고 쓰여 있는 문 앞에 선다고 합니다. 천국과 직접 대면하는 일이 두렵기 때문입니다.

마찬가지로 사람들은 상처받은 내면 아이에 대한 책도 많이 읽고 강연도 많이 듣지만, 가장 중요한 대면은 피하려고 합니다.

자신의 상처받은 내면 아이와 대면하지 않는 한 과거의 상처로부터 순식간에 일어나는 자동반응 스토리를 피할 수 없습니다. 그래서 강연 중에 항상 묻게 됩니다.

"대면했습니까? 해보았는지요?"

대면은 자전거 타는 법을 배우는 것과 비슷합니다. 자전거 타는 법만 주구장창 조사한다고 해서 자전거를 잘 탈 수 있는 것은 아닙니다. 실제로 자전거를 타봐야 합니다. 흔들흔들거리다 넘어지고, 다시 일어나서 시도해야 어느 순간 나도 모르게 자전거를 탈 수 있지요.

자신의 상처받은 내면 아이와 대면하는 순간은 무척 고통스럽습니다. 수치심이 느껴지면서 얼굴이 화끈거리고 어깨는 축 처지지요. 쥐구멍에라도 숨고 싶은 생각이 불쑥불쑥 듭니다.

또한 마음 깊은 곳에서 분노가 올라오면서, 가슴이 터질 것 같은 압박감으로 가득 차고, 몸은 긴장되어 딱딱하게 굳어버리지요.

두려움이 샘솟기도 합니다. 온몸에 소름이 돋으면서 몸이 부들부들 떨리고, 입안이 바싹 마릅니다. 배 속 깊은 곳에서 매듭이 꽉 꼬이며 가슴이나 목이 꽉 죄이는 감각도 느껴지지요.

사실 감각을 온몸으로 받아들이는 데 쓰는 에너지보다 고통스러운 감각을 피하기 위해 쓰는 에너지가 훨씬 크답니다. 그러니 자신의 감각을 무시하거나 피하지 말고 자신에게 찾아온 감각을 있는 그대로 느껴야 합니다.

대면은 감각을 피하지 않고 그대로 느끼며 몸으로 받아들이고 통과시키는 것입니다.

대면의 과정은 편안할 수도 긴장될 수도 불편할 수도 숨이 막혀 죽을 것 같을 수도 있습니다. 어떤 감각이 오든 피하지 말고 그 감각과 함께 있어야 합니다. 단 감각을 해결하려고 시도하진 마세요.

감각은 자신이 떠날 때를 정확히 알고 있습니다. 상처받은 내면 아이와 대면하여 상처를 치유한 순간, 언제 머물러 있었냐는 듯 떠나버리고 없지요.

몇 년 전, 어떤 사람을 뽑아 함께 일한 적이 있습니다. 그런데 이 사람 때문에 여기저기에서 마찰이 생기고 있다는 것을 한동안 알지 못했습니다. 어느 순간 이 사람의 문제가 표면 위로 떠올랐고, 드디어 진실과 대면하는 순간이 왔습니다.

피하고 싶은 마음이 굴뚝같았지만 대면하기로 굳게 마음먹었습니다. 여러 사람들과 이야기를 나누기 시작하자, 비로소 문제의 형체가 드러났습니다.

그때 한 사람이 일어나서 외쳤습니다.

"왜 그런 사람을 뽑아 우리에게 상처를 주었나요?"

그 말에 대답할 수가 없었습니다. 나로 인해 사람들에게 상처를 주었다는 사실이 너무 고통스러웠습니다.

나는 어릴 때 받은 상처 때문인지 좋은 사람이 되어야 한다는 압박감이 컸습니다. 그리고 다른 사람에게 인정받고 싶은 욕구가 강했지요. 이러한 내면의 상처 때문에 피해야 할 사람을 알아보지 못했던 것입니다.

사람들에게 무릎을 꿇고 용서를 구했습니다. 수치심이 확 몰려오더니, 눈에서 하염없이 눈물이 흘렀지요. 마치 시간이 정지된 것만 같은 느낌이었습니다. 누군가가 내 팔을 잡고 일으켜 세웠을 때에는 이미 한 시간이 지난 뒤였지요.

상처받은 내면 아이와 대면하고 나니, 머릿속에서 작은 목소리로 이야기하던 스토리가 사라졌다는 사실을 깨달았습니다. 어떤 일을 할 때마다 '다른 사람이 나를 어떻게 생각할까?' 망설이게 만들었던 내면의 감시자가 사라진 것이지요.

상처받은 내면 아이와 대면하면, 그 이후의 삶이 확 달라집니다. 대면 이후에는 다시는 그 이전의 삶으로는 돌아갈 수 없습니다. 고통이 지나간 자리에는 행복이 자리 잡습니다.

Q 부모님과의 대면을 앞두고 있습니다

지난 주, 부모님과 전화통화를 하면서 제 안에 있는 내적 불행을 두서없이 공격적으로 털어놨습니다. 그 뒤로 만신창이가 되고 말았네요. 아무 죄 없는 아이를 공격하고, 남편을 공격합니다.

부모님으로부터 걸려온 전화를 무시했더니 '다음 주에 올라가마.'라는 문자를 남겨놓으셨네요.

부모님 얼굴을 직접 마주 보고 제 이야기를 다 털어놓을 자신이 없는데, 어떡하면 좋나요? 제 걱정 하느라 잠도 못 주무실까 봐 걱정이 되면서도 한편으로는 부모님이 저를 내칠까 봐 두렵습니다.

A 또다시 버림받을까 봐 극심히 두려워하는 어머님의 모습이 제게도 생생하게 느껴집니다. 저도 그런 시간이 있었습니다. 너무 두려워서 미칠 것 같은 시간이었지요. 다시는 그런 시간을 가지고 싶지 않지만, 그 시간 덕분에 제 인생이 달라졌습니다.

저는 어머님의 두려움을 이해합니다. 두려움 때문에 모든 게 마비되고 무기력해지고 엉망이 되었지요? 그러나 지금 어머님이 인생의 전환점에 직면해 있다는 사실을 아셔야 합니다.

어머님, 인생이 어떻게 변할지는 아무도 모릅니다. 낭떠러지로 끝없이 추락할 때는 어디가 바닥인지 알지 못합니다. 게다가 보이는 거라곤 어둠뿐, 한 줄기 빛조차 없으니 절망할 수밖에 없지요. 그러나 분명한 사실은 바닥에 떨어지고 난 뒤에는 올라갈 일만 남았다는 것입니다. 모든 것이 무너져야 새롭게 태어날 수 있습니다.

새롭게 태어나려면 자신의 가장 약한 부분을 인정하고 밖으로 드러내야 합니다. 두려워하는 자신의 모습을 있는 그대로 받아들이세요. 다시 버림받을 것을 각오하고 부모님과 대면하세요. 그것이 용기입니다.

만약 두려움 때문에 부모님과의 대면을 회피하면, 그 분노의 화살은 결국 아이에게 향한다는 사실을 잊지 마세요.

대면의 결과는 중요하지 않습니다. 부모님이 진심으로 사과하면, 그 뒤로 부모님을 진정으로 사랑할 수 있게 될 테니 더할 나위 없이 좋고요, 부모님이 사과하지 않아도 부모님에 대한 우상화를 깨고 고유한 존재로 독립할 수 있으니 다행인 것입니다.

부모님과 대면하여 어머님의 이야기를 하세요. 아이를 키우면서 깨달은 상처, 부모에게 받고 싶었던 사랑에 대해 말하세요.

상처받은 감정을 이야기하되 논쟁을 하지는 마세요. 옳고 그름을 따지기 위해 대면하는 게 아니니까요.

부모님과 싸우러 가는 게 아니라는 사실을 아셔야 합니다. 부모님에게 종속된 어린아이가 아니라 당당한 어른으로 독립하기 위해 대면하는 것임을 명심하세요.

부모님과 대면하기 전에 어머님의 감정을 차분하게 글로 써보면 정리가 될 것입니다.

더 이상 도망치지 마세요. 어머님은 아이에게 배려 깊은 사랑을 베풀어야 할 '엄마'임을 잊지 마세요.

부글부글 들끓는 분노와 대면하면
평온한 삶이 찾아와요

임상심리학자 이자벨 필리오자는 《아이 마음속으로》에서 아이의 감정표현에 어떤 의미가 있는지에 대해 이야기했습니다.

"때로는 아이에게 상처를 줄까 봐 화를 전혀 내지 않는 부모도 있다. 그것은 자기욕구를 부정하고 감정을 억압하는 것이다. 이런 태도가 갖는 가장 큰 문제는 부모의 억압된 분노를 무의식적으로 느낀 아이가 그것을 겉으로 드러낸다는 것이다. 아이는 자신이 왜 화가 나는지 모른다.

이런 아이는 조금만 불만이 있어도 화를 내는 독불장군이 된다. 독불장군은 부모가 벌을 주지 않거나 엄격하지 않아서 탄생하는 것이 아니라 분노가 억압된 부모 밑에서 탄생한다."

무의식에 화가 억압되어 있는 부모는 아이가 화를 낼 때마다 자신의 무의식에 쌓여 있는 분노가 폭발할 것 같은 두려움에 휩싸입니다. 그동안 간신히 쌓아올린 자신의 좋은 이미지가 와르르 무너지고 수치심이 밖으로 드러날 것 같은 위기감에 사로잡히지요.

그래서 아이의 감정에 공감해주는 대신 아이의 관심을 다른 데로 돌리거나, 아이가 화를 내지 못하도록 혼을 내지요.

이처럼 부모가 아이의 감정을 제대로 보살펴주지 못하면 아이는 자신의 화난 감정이 제대로 해결될 때까지 화를 냅니다. 이러한 과정을 반복하면서 결국 아이는 독불장군이 되고 말지요.

화는 자신의 욕구가 제대로 충족되었는지 알려주는 감정입니다. 화를 억제하며 살아온 사람은 부당한 일에 처해도 "안 된다."라는 말을 잘 못 하지요. 이들은 자신이 원하는 대로 행동할 수 없기 때문에 스스로를 희생자처럼 여기고 무기력해집니다.

정당한 화는 다른 사람과 조화로운 관계를 맺는 데 꼭 필요합니다. 내 욕구가 얼마나 중요한지 상대방에게 알릴 수 있어서 오히려 관계 회복의 첫걸음이 될 수도 있지요.

정당한 화는 불의를 발견했을 때 정의롭게 행동할 수 있도록 용기를 주기도 한답니다. 정의롭게 행동하는 사람이 많아질수록 세상은 당연히 긍정적으로 바뀌고요. 결국 정당한 화가 세상을 바꾸는 힘이 되어주는 거예요.

자신의 욕구가 충족되지 않았거나 부당함에 맞설 때 내는 화는 길게 지속되지 않습니다. '내가 언제 화가 났더라?' 하고 생각할 정도로 화를 내고 나면 순식간에 화난 감정이 사그라지지요.

그러나 화를 억누르기 시작하면 무의식에 화가 차곡차곡 쌓여 분노가 됩니다.

"나 지금 화나."라며 자신의 화난 감정을 표현할 때에는 다른 사람에게 위협이 되지 않습니다. 오히려 자신의 감정을 표현함으로써 상대방으로 하여금 자신의 감정을 보살펴주게 하지요. 하지만 "꺼져!"라며 분노를 표출할 때에는 다른 사람에게 위협이 됩니다. 이처럼 분노는 자칫 남을 공격하는 무기가 될 수도 있습니다.

분노는 여러 가지 얼굴을 가지고 있습니다. 비벌리 엔젤의 《화의 심리학》을 보면, 16가지 유형의 분노에 대해 자세히 알 수 있어요.

분노가 전혀 없는 것처럼 행동하는 것, 싸늘하고 냉담하게 행동하는 것, 다른 사람이 분노하는 모습을 보면서 만족을 느끼는 것 모두 분노의 또 다른 얼굴입니다.

분노는 스스로도 통제하기 힘든 감정입니다. 죽음에 가장 가까운 감정인 수치심조차도 뚫고 나가는 감정이 분노거든요. 게다가 한순간 폭발하면, 삶을 파괴할 만한 위력을 가지고 있고요. 그러니 다른 사람의 분노를 통제하기란 쉽지 않지요.

특히 평소에 조용조용하다고 여겼던 사람이 분노를 드러내기 시작하면 막을 도리가 없습니다. 그 사람의 모습을 보고 사람들은 '원래

저런 사람이었어?'라는 생각을 할 정도로 섬뜩함을 느끼지요.

정당한 화를 억누르지 마세요. 자신의 무의식에 쌓여 있는 분노를 어떻게 해결할지 고민하세요. 분노를 잘 다루고 해결한 사람은 성장할 수 있답니다.

무의식에 억압된 분노를 자각하고 치유하는 과정에 이르면 뱀처럼 욕이 나오기 시작합니다. 끊으려 해도 마음대로 끊을 수가 없어요.

욕은 자신의 수치심을 깨고 화를 표현하는 수단입니다. 욕을 적절히 사용하면 카타르시스를 느낄 수도 있지요. 그러나 다른 사람을 공격하기 위해 사용하는 욕은 폭력입니다.

나는 술만 마시면 어머니에게 욕설을 퍼붓는 아버지 밑에서 자랐습니다. 그때의 상처 때문인지 철이 든 이후부터는 욕을 하지 않았습니다. 술 마시고 주정하는 사람과 욕을 하는 사람은 사람 취급을 안 할 정도로 경멸했지요.

그러던 어느 날, 성장의 길을 먼저 가고 있던 아내가 욕하는 모습을 봤습니다. 호랑이보다 이웃사람의 눈이 무섭다는 환경에서 자란 아내가 욕을 하는 모습은 당시에 무척 충격이었지요.

나는 아내의 모습을 보며, 어린 시절의 상처가 떠올라 욕을 하지 못하도록 제지했습니다.

그러던 어느 날, 아내가 욕하는 모습을 보고 결국 내가 폭발하고 말 있습니다. 그 욕이 내 무의식의 상처를 건드렸던 것입니다. 차 안에서 아내에게 욕을 하기 시작했지요. 한번 욕이 나오기 시작하니까 두 시간이 지나도 욕이 멈추지 않았습니다.

나는 내가 이렇게나 많은 욕을 알고 있다는 사실에 깜짝 놀랐습니다. 욕을 해본 적도 없는데 입에 착착 붙는 것을 보면, 아버지에게 들었던 욕이 무의식에 남아 있었던 모양입니다.

그런데 아내의 반응이 더 놀라웠습니다. 내 행동에 분노가 치솟을 법도 한데, "욕하고 싶으면 더 해. 안 하면 병들어 죽어." 하면서 욕을 더 하도록 부추겼지요.

욕과 분노가 폭풍처럼 몸을 통과하여 휩쓸고 가더니 가슴이 후련해지고 고요해지면서 더 이상 욕하고 싶은 마음이 사라졌습니다. 아내 덕분에 어린 시절의 상처를 치유하게 된 것이지요.

내가 조용해지자 아내가 웃으며 묻습니다. "그동안 어떻게 욕을 참았어? 어디에서 도라도 닦고 온 거야?"

딱히 대답할 말이 떠오르지 않았습니다. 마침 농협 앞을 지나가고 있었기에 "농협에서 닦고 왔어."라며 우스갯소리로 대답했지요.

그때는 몰라서 아내의 욕을 제지했지만 지금이라면 욕을 받아주어 아내가 하루라도 빨리 분노와 대면하고 통과하도록 도와주었을 것입니다.

제1반항기에 아이들은 다른 사람을 때리거나 물거나 혹은 안경을 잡아채는 등의 공격적인 행동을 합니다. 이 행동은 남을 해치려는 의도에서 하는 행동이 아닙니다. 자신의 생명을 사랑하고 보호하기 위한 행동이지요. 아이는 타인과의 관계에서 자기주장을 하고, 넘지 말아야 할 경계선을 그으며, 고통을 거부하는 화의 감정을 발달시키고 있는 것입니다. 이때 자신의 경계를 지키는 화가 잘 발달한 아이는 다른 사람의 생명도 소중히 여기고 보호할 수 있습니다.

그러나 이 시기에 부모가 아이의 공격적인 행동을 받아주지 못하면, 아이는 오히려 폭력적이 되어 다른 사람을 때리거나 비난하면서 상처를 입히지요.

만약 내 아이가 욕을 내뱉으면서 다른 사람을 때린다면, 아이에게 어떤 충족되지 않은 욕구가 있는지 살펴보아야 합니다. 아이는 내면에 무력감, 수치심, 두려움, 외로움이 있을 때, 어떻게 해결해야 할지 몰라서 폭력을 휘두르거든요. 자신을 한번 봐달라며 부모의 관심을 끄는 마지막 시도인 셈이지요. 사랑을 요청하고 있는 것입니다.

다른 사람에게 욕을 하는 아이를 혼내기 전에, 아이의 내면에 무엇이 있는지 살펴볼 줄 아는 부모가 되기를 진심으로 바랍니다.

Q 욕하는 딸, 어쩌면 좋죠?

딸이 욕하는 모습을 직접 본 건 아닌데요, 하루에도 몇 번이나 욕하고 싶다고 말하네요. 학교에 갔다 와서는 "엄마, 나 학교에서 욕했어!"라고 말하기도 하고요. 한동안 딸이 자위를 해서 병원상담도 받고 지금은 나아진 상태거든요. 어떤 욕구 때문에 딸이 이러는 걸까요?

A 남자아이랑 여자아이는 성향이 많이 다르답니다. 남자아이는 스트레스를 받으면 남들 눈에 드러나게끔 난폭한 행동을 하지만, 여자아이는 속으로 참는 경우가 많아요. 그래서 부모 입장에서는 남자아이보다 여자아이의 상처받은 감정을 보듬어주기가 힘이 들지요.

혹시 아이가 부모 말을 잘 듣는 착한 아이었나요? 그렇다면 그동안 부모에게 받은 상처를 아무 말 안 하고 마음속에 꾹꾹 눌러두었다가 지금 폭발한 걸 수도 있답니다.

스트레스를 풀기 위해 무의식에서 나온 욕은 걱정할 필요 없어요. 이때 내뱉는 욕은 스스로를 지키기 위한 욕이니까요. 어머님은 아이가 욕하는 걸 막기보다는 스트레스를 풀 수 있도록 아이를 도와야 한답니다.

지금 아이가 어머님 앞에서는 욕하지 않는군요. 아이가 어머님을 엄격한 선생님으로 여기고 있는 건 아닌지 살펴보세요. 부모가 엄격한 선생님의 모습으로 아이에게 다가가면, 아이는 부모를 주제넘게 참견하는 침입자로 여기고 마음의 빗장을 더욱 단단하게 걸어 잠그게 되지요.

부모는 변화의 중계자로서 아이에게 다가가야 합니다. 약간 거리를 두고 아이를 지켜보면서 이따금 충고하는 정도에 그쳐야 하지요.

아이가 어머님 앞에서도 마음껏 욕할 수 있는 환경을 만들어주세요. 어머님이 자신을 사랑한다고 느끼고 어머님과 함께 있는 게 안전하다고 느끼면, 아이는 그동안 쌓아온 스트레스를 모두 분출해낼 거예요. 그러면 아이 마음속에 쌓여 있는 게 없기 때문에 자연스레 욕할 일이 없어진답니다.

수치심, 죄책감과의 대면,
나 자신을 사랑하게 해줘요

사람들은 흔히 감정을 긍정적인 감정과 부정적인 감정으로 나누곤 합니다. '기쁨', '즐거움', '사랑' 등을 긍정적인 감정으로, '수치심', '죄책감', '슬픔', '두려움' 등을 부정적인 감정으로 생각하지요.

사실 감정에는 선과 악이 없습니다. 수치심, 죄책감, 슬픔, 두려움 등은 부정적인 감정이 아니라 스스로를 보호해주는 방어감정입니다.

만 2세 전후의 제1반항기에 아이들은 '수치심'이 발달합니다. 수치심은 우리가 인간이라는 사실을 깨닫게 해주고, 자아경계를 정해주는 근원적인 감정입니다.

건강한 수치심은 잘못된 행동을 했다고 해서 인간 존재의 고귀함까지 사라지는 것은 아니라는 사실을 알게 해줍니다. 사람이라면 누구든지 실수할 수 있다는 사실을 깨닫게 해주어 안도감을 주지요.

수치심이 제대로 발달하면 '모든 인간은 부족하고 유한한 존재'라는 사실을 있는 그대로 받아들여 겸손해집니다. 그러나 수치심이 억압되어 스스로를 수치스럽다고 여기게 되면, 자신을 철저히 통제하는 완벽주의자가 되거나, '난 무엇을 해도 안 되는 인간이야.'라는 생각에 빠져 비참하고 굴욕적인 삶을 살게 되지요.

존 브래드쇼는《수치심의 치유》에서 "수치심만큼 인간에게 죄를 짓게 하는 것은 없다."고 말했습니다. 그리고 절센 카우프만의 말을 인용하여 수치심은 모든 종류의 정신적 질병을 일으키는 데 핵심적인 요소가 된다고 했지요.

"수치심은 내면의 혼란을 가져다주는 절망감, 소외감, 자기회의감, 고독감, 외로움, 편집증과 정신분열증, 강박장애, 자아분열, 완벽주의, 뿌리 깊은 열등감, 자신에 대한 부적당함, 경계선 성격장애와 악성 나르시시즘을 일으키게 한다."

수치심이 억압된 사람들은 자신의 모든 감정을 붙잡고 가둡니다. 웃어도 수치스럽고, 울어도 수치스럽고, 화를 내도 수치스럽다고 여기기 때문에 웃지도 울지도 화를 내지도 못하지요. 심지어 부모의 장례식장에서도 미소를 짓고 있다 사람들의 입방아에 오를 수 있습니다. 수치심을 감추기 위해 미소를 짓다 보니 얼굴근육조차 미소에 적응되어 울지 못하는 것이지요.

이들은 감정을 느낄 수 없기 때문에 환상을 만들어 감정을 느끼려고 합니다. 그래서 술의 힘을 빌려 감정을 느끼는 알코올중독자가 되거나, 일을 통해 감정을 느끼는 일중독자가 되기도 합니다. 사람을 죽이는 것을 통해 감정을 느끼는 연쇄살인범이 되기도 하고요.

방어감정 중 하나인 죄책감은 만 3세 전후의 무법자시기에 발달합니다. 양심의 기초가 되는 감정으로 건강한 죄책감은 바른 행동을 하도록 도와주고, 도덕성을 발달하게 해주지요. 만약 죄책감이 없다면 사회는 무질서해지고, 거리에는 범법자로 넘쳐날 거예요.

수치심이 존재에 대한 감정이라면 죄책감은 행동에 대한 감정입니다. 잘못된 행동을 했을 때, '그렇게 하지 말걸…….' 하며 양심의 가책을 느끼는 것이 죄책감이지요. '나는 살 만한 가치가 없어.'라고 느낀다면 수치심입니다.

죄책감이 제대로 발달하지 못한 사람은 잘못을 저질러도 양심의 가책을 느끼지 못하거나, 잘못을 저질렀을 때 스스로를 비난하느라 한 발자국도 앞으로 나아가지 못합니다.

사실 스스로를 비난하는 사람에게 있어서 죄책감은 자신을 향한 위장된 분노에 불과합니다. 어릴 때, 주애착자에게 상처받아 깊은 분노가 생겨도 아이는 부모에게 분노할 수 없기에 오히려 스스로에게 죄가 있다고 단정해버린답니다. 결국 내면 아이는 분노를 죄책감 안에 숨기고 스스로를 탓하며 부모의 사랑을 기다리지요. 죄책감에 사로잡혀 있으면, 스스로를 죄인처럼 여길 수밖에 없어서 평온할 수가 없습니다. 따라서 아이를 야단치거나 때린 다음, 죄책감 때문에 잠 못 이룬다면 자신의 내면에 억압된 분노가 있는지부터 살펴보아야 합니다.

죄책감은 수치심을 감추려는 방어기제일 수 있습니다. 스스로를 비난하면서 수치심과 대면하지 않고 피하려는 방어행동을 하는 한 변할 수 없습니다. 똑같은 잘못을 반복할 뿐이지요.

감정은 현실을 있는 그대로 느낄 수 있게 도와줍니다. 우리가 어떤 욕구를 가지고 있고, 그 욕구가 제대로 충족되었는지 알게 해주지요. 위험으로부터 스스로를 보호해주고, 현명한 판단을 할 수 있도록 도와주기도 하고요. 만약 감정이 억압되어 있으면 선택의 갈림길에서 어리석은 판단을 내리게 될 수도 있답니다.

배려 깊은 사랑을 받고 자란 사람은 자신이 지금 어떤 감정을 느끼고 있는지 감정에 이름을 붙일 수 있습니다. 그러나 어릴 때 부모가 자신의 감정에 공감해주지 않은 사람은 자신의 감정을 정확하게 표현하기 힘들어하지요.

자신의 내면에 억압되어 있는 감정이 무엇인지 알고, 제대로 감정을 표현할 수 있을 때 비로소 어린 시절에 받은 상처가 치유됩니다. 만약 아이를 키우면서 수치심과 죄책감에 시달리는 순간이 있다면, 그 지점에 자신의 상처받은 내면 아이가 있는 거예요. 자신의 상처와 당당히 대면하여 상처를 치유하길 바랍니다.

Q 아이가 수치심을 느껴요

제 아이는 부끄러움이 많습니다. 누군가에게 말을 걸거나 부탁을 해야 할 때 저보고 대신하라고 할 때도 있고요, 우리 앞에서 노래를 부르고 나서는 끝나기가 무섭게 제 뒤에 숨어요.

자신의 감정을 숨기거나 다르게 표현하기도 해요. 책 보다가 눈물을 글썽여서 슬프냐고 물으면 안 슬프다고 말해요.

아이가 화났을 때 가끔 절 때리거나 물건을 던지는데 그러고 나서는 꼭 제 눈치를 본답니다. 아이가 이러는 게 결국 저 때문인 것 같아서 죄책감이 들어요.

아이의 욕구불만이 수치심으로 연결될 수도 있나요? 아이가 수치심을 너무 많이 느끼는 것 같아 걱정이에요.

A

수치심은 자신을 지키는 방어감정으로 다른 사람과의 경계를 알려주지요. 건강한 수치심이 있으면 파렴치한 행동을 하지 않으며, 남의 경계를 침범하지 않습니다.

수치심은 우리가 인간임을 알게 해주는 감정이기도 합니다. "완벽하지 않아도 돼!", "실수하면서 성장하는 게 인간이야."라고 알려주는 것도 수치심이지요.

그러나 수치심을 억압하면 실수를 유발하게 만든 행동을 부끄러워하지 않고, 실수를 한 자신의 존재를 수치스럽게 여기게 돼요. 그래서 신처럼 완벽해지려고 끊임없이 자신을 채찍질하거나 오히려 완벽을 포기하고 인간 이하의 삶을 살게 됩니다.

완벽주의를 추구하는 사람은 자신의 수치심을 남에게 들키지 않기 위해 철저히 자신을 감춘답니다. 누구도 믿지를 못해서 늘 외롭고 공허하지요. 돈, 일, 쇼핑, 운동, 술, 음식, 성 등 외적인 요인으로 자신을 채우려 하지만, 만족스러울 리 없습니다.

아이의 행동을 보면 아직 수치심이 내면화되었다고 보기는 어렵습니다.

그러나 엄마를 때리는 아이의 행동, 감정 표현을 어려워하는 아이의 모습을 보면, 건강한 수치심을 억압당한 경험이 있는 것 같군요. 반대로 말하면 엄마 내면에 억압된 수치심이 있다고 할 수도 있겠네요.

내면에 억압된 수치심이 있는 엄마는 아이의 건강한 수치심을 보호해주지 못해요. 다른 사람이 아이에게 수치심을 줄 때, 단호하게 아이를 보호해주지 못하고 외면해버립니다.

아이가 인사를 안 한다고 야단을 치는 사람은 대부분 수치심이 많은 사람입니다. 건강한 수치심이 있는 사람은 낯설어서 몸 둘 바 모르는 아이를 있는 그대로 인정해줍니다. 아이의 경계를 침범하지 않지요. 반면 수치심이 내면화된 사람은 아이가 인사를 안 하면 자신을 무시한다고 생각합니다. 스스로를 수치스럽게 생각하기에 아이의 인사에 민감하게 반응하여 아이를 야단치게 되지요. 이런 사람은 누군가를 야단칠 때야 비로소 스스로를 힘 있고 완전한 존재라고 느낀답니다.

어머님은 지금 죄책감을 느끼고 있네요. 죄책감은 잘못한 행동에 대해 느끼는 감정입니다. 죄책감에도 건강한 죄책감이 있고 해로운 죄책감이 있습니다. 건강한 죄책감은 행동을 바로잡게 도와주지만, 해로운 죄책감은 수치심을 감추는 역할을 할 뿐입니다.

역기능 가정의 부모는 대부분 수치심이 없는 것처럼 행동하면서 아이에게 죄책감을 허용합니다. 모든 잘못을 아이에게 돌려야 부모 자신의 내면화된 수치심을 들키지 않기에 죄책감만 허용하는 것이지요.

욕구불만은 당연히 수치심과 연결됩니다. 사랑받고 싶은 욕구, 감정을 표현하려는 욕구 등 부모가 기본적인 욕구를 충족해주지 못하면 아이는 자신이 그런 사랑을 받을 만한 존재가 아니어서 그렇다고 생각합니다. 결국 아이는 자신을 수치스럽게 생각하게 된답니다.

아이가 화가 났을 때 아이를 다 받아주는 것과 아이의 감정에 공감해주는 것은 다릅니다. 다 받아주는 것은 회피하는 행동이나 다름없어요. 아이에게 큰 사랑을 베푼다는 자신의 이미지를 유지하기 위해서 아이의 행동을 다 받아줘봤자 아이에게는 지독한 상처만 남을 뿐이거든요.

아이의 감정에 공감한다는 것은 아이가 마음껏 화를 표현할 수 있도록 엄마가 마음의 평정을 유지하는 것입니다. 내면에 화가 억압된 엄마는 아이의 화를 억압하거나 외면해버립니다. 그러나 공감하는 엄마는 아이의 감정을 그대로 대면하고 인정하기에 아이가 화를 내도 두려움이 없습니다.

공감하는 엄마 밑에서 자란 아이는 절대로 남을 공격하지 않습니다. 그러니 화났을 때 아이가 엄마를 때린다는 것은 아이가 감정적인 상처를 받고 좌절한 경험이 있다는 것입니다.

이제 어머님은 내면으로 들어갈 수 있는 실마리를 잡은 것 같습니다. 하나하나 풀어내고 치유의 과정을 거치면 죄책감과 수치심으로부터 자유로워질 것입니다.

아이를 대하는 자신의 모습을 돌이켜보면, 자신의 내면 아이를 발견할 수 있습니다. 아이에게 해주고 싶은 것을 생각하면 자신이 받지 못한 것이 무엇인지를 알게 되지요.

미숙해서 아이에게 상처를 주는 것은 우리가 인간이기에 어쩔 수 없습니다. 그러나 그 사실을 깨닫고 아이에게 진심으로 사과하면 과오를 반복하지 않게 됩니다. 아이는 건강하기에 부모가 사과하고 있는 그대로 사랑해주려고 노력하면 스스로 상처를 치유합니다.

두려움과 대면하세요
용기 있게 맞서는 순간
사랑이 찾아옵니다

엘리자베스 퀴블러 로스와 데이비드 케슬러가 함께 쓴 《인생 수업》에는 두려움에 대해 이렇게 말합니다.

"우리가 평생 겪는 감정에는 행복, 불안, 기쁨, 분노 등 다양한 이름이 있습니다. 그러나 마음속 깊은 곳에 있는 감정은 사실 '사랑'과 '두려움' 두 가지뿐입니다. 모든 긍정적인 감정은 사랑에서 나오며, 모든 부정적인 감정은 두려움에서 나옵니다. 행복, 만족, 평화, 기쁨이라는 감정은 사랑에서 나오며, 분노, 미움, 걱정 그리고 죄의식이라는 감정은 모두 두려움에서 나옵니다.

사랑은 현재에서만 느낄 수 있는 감정입니다. 그러나 두려움은 과거에 일어난 어떤 경험이나 일에 근거를 두고 있기 때문에 미래에 비슷한 일이 생길지도 모른다는 걱정을 하게 만듭니다."

전쟁터에서는 두려움이 없는 병사가 가장 먼저 죽습니다. 자신을 보호하지 않고 적을 향해 돌진하기 때문이지요. 그런 면에서 두려움은 외부의 위험으로부터 자신을 보호하고, 어떤 일이 일어날지 알 수 없는 상황에 대비할 수 있도록 도와줍니다.

그러나 두려움의 감정을 억지로 누르거나 감정처리를 제대로 하지 못하면, 두려움은 분노로 변합니다. 분노마저 억누르면 특정대상에 대한 공포심이 생기고요. 물속에 빠진 경험이 있거나 엘리베이터에 갇힌 경험이 있는 사람이 물, 방, 지하실 등을 무서워하는 것은 이런 이유 때문이지요.

이러한 공포의 대상은 다른 대상으로 옮겨 나타날 수도 있습니다. 특히 거미를 무서워하거나, 순간 뒤에서 누군가가 지켜보고 있다는 느낌이 들거나, 귀신 같은 환상이 보인다면 두려움의 대상이 엄마일 가능성이 높습니다. 자신에게 상처 준 엄마이지만, 엄마에게 분노할 수 없으니 엄마를 상징하는 대상으로 두려움이 옮겨간 것입니다.

나는 식당, 지하철 등에서 누군가가 목소리 높여 싸우면, 왠지 모르게 목뒤가 뻣뻣해질 정도로 긴장이 되곤 했습니다. 안 좋은 일이 생길 것만 같은 두려움에 휩싸였지요. 어릴 때 술만 마시면 큰 소리로 욕설을 내뱉던 아버지와 그 모습에 질려 잠시 친정으로 떠난 어머니가 떠올랐기 때문입니다.

어머니가 내 곁을 떠난 경험이 있었기에 나는 버림받는 것에 대한 두려움이 있었습니다. 결혼한 뒤에도 아내가 나를 버리고 떠날 수 있다는 두려움이 무의식에 깔려 있었지요.

특히 부부싸움을 할 때면, '아내가 나를 떠나면 어쩌지.'라는 두려움이 밀려왔습니다. 하지만 두려움을 애써 누르고 오히려 큰 소리로 버럭버럭 화를 냈지요.

배우자에게 '난 당신이 떠날까 봐 두려워.'라고 두려움을 표현하는 것보다는 '난 당신에게 화가 나.'라고 표현하는 것이 쉽고 힘 있게 보였으니까요.

상처받은 내면 아이와 대면한 뒤, "나는 사실 당신이 나를 버리고 떠날까 봐 너무 두려워."라고 솔직하게 고백했습니다. 아내는 "이렇게 하기 어려운 말을 솔직하게 말해주는 당신이 무척 존경스러워." 하고 말해주었지요.

그 뒤로 부부싸움을 하거나, 누군가가 싸우는 모습을 목격해도 아내가 나를 떠날 수도 있다는 두려움에 사로잡히지 않습니다.

두려움은 화를 내거나, 진정제를 먹거나, 운동을 한다고 해서 사라지지 않습니다. 있는 그대로 두려움을 받아들였을 때 비로소 사라진답니다.

두려울 때는 두렵다고 솔직하게 이야기하세요. 상대방이 두려운 감정에 공감해주고 보듬어주면 신기하게도 두려움은 말끔히 사라집니다. 두려움은 과거에 기초한, 미래에 오지 않을 허상의 감정이거든요.

성장의 과정에서 많이 울고 나면 갑자기 두려움이 몰려올 때가 있습니다. 그때는 누군가에게 자신의 두려움을 말로 표현하거나 글로 표현해보세요. 다른 사람과 사랑으로 연결되면, 두려움이 사라지는 신기한 경험을 하게 됩니다.

사랑과 분노가 마음에서 양립할 수 없듯이 사랑과 두려움 역시 함께 있을 수 없습니다. 두려움이 물러나고 나면, 그 자리에는 사랑이 들어섭니다.

Q 남편이 죽을까 봐 두려워요

남편은 군인 출신인 엄한 아버지 밑에서 자랐어요. 그래서인지 남편은 아직
도 아버지를 무서워하지요. 반면 시어머니는 인자하고 따뜻하게 남편을 감
싸주고, 늘 사랑을 베풀어주었다고 합니다.

제가 보기엔 남편에게 내적 불행이 있는 것 같아요. 일단 절제를 잘 못해
요. 하루에 담배를 두세 갑 피우고요. 술자리가 있으면 끝날 때까지 자리를
지켜요.

그렇다고 방탕한 생활을 하는 건 아니에요. 일도 완벽히 해내거든요. 이러
다 쓰러지겠다 싶을 정도로 일에 매진해요.

같은 부모 밑에서 자란 시누가 얼마 전 병으로 하늘나라에 갔어요. 제 남편
도 내적 불행 때문에 병에 걸려 죽을까 봐 걱정돼요. 어떻게 하면 남편의
내적 불행을 치유해줄 수 있을까요?

A 남편이 죽을까 봐 걱정되는 마음, 충분히 공감합니다. 몸은 마음을
따라간답니다. 마음에 두려움이 있으면, 그 두려움 때문에 병이 생
기기도 하지요.

남편은 엄격한 통제 속에 자신을 가둔 아버지가 미울 겁니다. 자신을 지
켜주지 못한 어머니도 미울 테고요. 그러나 어머니를 우상화했기 때문에 어
머니를 좋은 사람으로 착각하고 있지요. 당분간은 어머니에 대한 분노를 알
아차리기 힘들 겁니다.

남편의 무의식에는 부모에 대한 분노가 억압되어 있습니다. 분노가 억압
된 사람은 다른 감정도 못 느껴요. 기쁨, 즐거움과 같은 감정도 분노를 억압
하면서 함께 억압했으니까요. 그래서 어딘가에 중독돼야만 비로소 기쁨을
느낀다고 착각한답니다.

자기 자신을 절제하지 못하고 담배를 피우는 것도, 자신을 돌보지 않고
일에 미치는 것도 형태만 다를 뿐 모두 중독증상입니다. 남편은 이러한 중독
증상을 통해 거짓된 기쁨을 느끼고 있어요.

문제는 입이 닳도록 말해봤자 스스로가 느끼지 않으면 변하지 않는다는 겁니다. 어머님이 아무리 내적 불행에 대해 이야기하고 치유하자고 권유해도 남편은 그런 어머님의 행동과 말을 통제로만 받아들일 거예요.

남편이 변하도록 요구하지 마세요. 그냥 있는 그대로 남편을 사랑해주세요. 사랑을 받은 사람은 저절로 변한답니다. 남편의 상처받은 내면 아이를 있는 그대로 사랑해주면, 남편은 그 사랑의 빛을 통해 자신의 내면 아이를 찾게 될 거예요.

내면 아이 치유, 나를 사랑하고 성장하게 만드는 인생과제

데이비드 호킨스 박사가 쓴 《의식 혁명》에는 의식수준을 1에서 1000까지 대수로 구분한 의식지도가 나와 있습니다. 가장 낮은 것이 수치심이며, 죄책감, 무기력함, 슬픔, 두려움, 욕망, 분노, 자부심, 용기, 중용, 자발성, 수용, 이성, 사랑, 기쁨, 평화, 깨달음의 수준으로 의식은 점차 높아지지요.

강연을 하면서 수많은 부모를 만나보니, 자신의 상처받은 내면 아이와 대면하고 치유하여 성장한 부모는 《의식 혁명》에 나오는 의식지도의 순서대로 의식수준이 점차 높아진다는 사실을 깨달았습니다.

자신의 상처받은 내면 아이와 대면한 사람은 한순간에 몰려오는 '수치심'에 몸부림치면서 '죄책감'에 시달립니다. 대면하기 이전의 삶이 수치심과 죄책감으로 인해 늘 불안하게 흔들렸다면, 이제 몸은 스스로를 보호하기 위해 자연스레 움직임을 최소화하면서 '무기력'해집니다. 무기력해진 사람은 스스로를 죽일 만큼의 힘도 없기에 자살이라는 극단적인 선택을 하지 않습니다.

무기력한 시간이 지나고 난 뒤, 사람들은 울기 시작합니다. 고통스러운 마음에 먹는 것을 거부하던 사람들도 울다 보면 자연스레 먹기 시작하지요.

슬픔은 치유의 감정입니다. 많이 통곡하고 자신의 상처와 맞닿아 우는 사람은 어느 순간 무의식에 억압된 두려움이 의식으로 떠오르면서 현실처럼 느껴집니다. 이때 다른 사람과 연결되고 공감과 인정, 격려를 받으면서 두려움과 대면하면, 그동안 두려워서 하지 못했던 것을 하고 싶은 욕망이 올라와 이것저것 시도하게 됩니다.

그러나 자신이 욕망했던 일이 좌절되면 사람들은 '분노'합니다. 나에게 상처를 준 사람이 한없이 밉고, 왠지 모를 억울함이 뼛속 깊이 사무치지요. 분노가 극에 달하면, '왜 나한테만 이런 시련을 주는 겁니까?' 하며 신을 향해 분노를 퍼붓기도 합니다.

수치심이 내면화되어 움추러들었던 사람이 분노하면 내면에 잠재되어 있던 강력한 힘을 느낍니다. 스스로를 세상의 중심이라고 여기고, '나는 무엇이든지 할 수 있어.'라는 '자부심'을 갖게 되지요. 이러한 자부심은 해병대를 통솔하고 목숨까지 내놓을 만큼 에너지가 엄청 크지요.

그러나 이러한 자부심에는 자신이 최고라는 나르시시즘과 다른 사람에 대한 경멸의 마음이 담겨 있습니다. 여전히 자신의 존재가치를 판단할 때 외부의 기준에 의존하기 때문에 다른 사람을 무의식적으로 통제하거나 교묘하게 조종하고, 자신이 최고가 안 되면 깎아내리면서 질투합니다. 결국 자부심이 있는 사람은 망신당할 일을 자초하여 한순간에 수치심의 나락으로 떨어지곤 합니다.

용기에까지 의식수준이 오르면, 살아남기 위한 충동에서 벗어나 비로소 다른 사람의 안녕을 생각하게 됩니다. 그 이후에는 무엇을 얻기 위해 변화하는 것이 아니라 존재의 근원으로 돌아가고 싶은 마음에 이끌려가게 되지요.

자신의 상처를 받아들이고 고통을 치유하기까지는 오랜 시간이 걸립니다. 재촉한다고 해서 금세 상처가 치유되고 성장하는 것은 아니지요.

그러나 자신의 상처를 치유하고 성장한 사람을 보면, '이 사람이 어느새 이만큼이나 성장했지?'라며 깜짝 놀라기도 합니다.

자신의 상처와 대면하고 치유하세요. 그렇게 성장한 사람은 자신의 아이에게 배려 깊은 사랑을 베풀 수 있습니다. 배려 깊은 사랑은 한평생을 추구해도 모자랄 만큼 가치 있는 의식수준입니다.

Q 평생 상처를 짊어지고 살아갈 자신이 없어요

부모님과 함께 사는 동안 저는 잔병치레가 참 많았습니다. 대학을 타지역으로 가게 되어 부모님과 떨어진 후로는 아픈 적이 없네요.
아마도 어려서부터 부모님에게 제대로 사랑받지 못하고 존재 자체를 버림받았기에 아픈 게 아니었나 싶어요.
이렇게 존재 자체를 부정당하며 자라온 저는 어찌 살아야 할까요? 평생 상처를 되뇌며 고통스럽게 살아야 하나요?

A 어머님은 어릴 때 받은 상처를 자각하고 있네요. 자신의 내면 아이를 사랑하고 있고, 그 아이를 위해 울고 있습니다. 다른 사람에게 위로받고자 흘리는 울음이 아니라 온전히 자신을 위해 울고 있습니다.

그렇게 울다 보면 자연스레 치유된답니다. 울음에는 치유의 기능이 있으니까요. 처음에는 그저 멍하고 무기력해지고 잠만 올 거예요. 치유하는 데 쓰는 에너지가 너무 커서 몸의 다른 기능이 일시적으로 멈추거든요.

존재 자체를 부정당한 경험이 있기에 처음에는 아무것도 하지 않는 자신의 모습을 견디기 힘들 겁니다. 그동안 어떤 행동을 해야만 비로소 자신의 존재가 가치 있다고 느끼고 살아왔을 테니까요.

저도 그랬습니다. 일을 안 하면 불안감이 엄습해왔지요. 일을 하는 동안에는 불안을 느끼지 않아도 되기에 일에 매진했습니다. 그러나 치유와 성장을 위해 고통스럽지만 빈둥거림을 연습했답니다.

무기력함은 기존의 질서가 깨지는 과정에서 찾아옵니다. 질서가 깨지면 모든 것이 혼란스럽지요. 그러나 무기력함과 혼란스러움을 온전히 받아들이셔야 합니다. 그래야 다시 태어날 수 있어요.

마침내 거짓과 진실이 분리되고 새로운 질서가 찾아오면, 마음에 평온과 자유로움이 깃든답니다.

상처받은 내면 아이와
대면하는 네 가지 방법

아내는 나와 달리 경제적으로 자식에게 걱정을 준 적이 한 번도 없는 아버지 밑에서 자랐습니다. 늘 부지런한 아버지를 보며 자랐기 때문에 경제적으로 무능한 것은 게으르고 열심히 일하지 않기 때문이라고 생각했지요.

그런데 결혼한 뒤 내가 벌인 사업이 IMF 때 모두 망하고, 살고 있던 작은 아파트까지 경매로 넘어가고 말았습니다. 경매로 집이 넘어가면, 대부분 그 집을 넘겨받은 사람이 이사비용을 줍니다. 그런데 아내는 그 사람이 오기도 전에 부랴부랴 짐을 챙겨 집을 나가려 했습니다.

그 이유를 물어보니 "그 사람이 우리를 집 하나 지키지 못한 한심한 사람으로 볼 것 아냐!"라고 말하더군요.

사실 아내에게 직접적으로 한심하다고 말을 하거나 경멸의 눈으로 바라본 사람은 아무도 없습니다. 단지 두려움과 수치심 때문에 이사 비용을 받는 상황을 피하려고 했던 것이지요.

어느 날, 자신의 상처받은 내면 아이와 대면한 아내가 소리쳤습니다. "그래, 나 집 날린 여자야. 그래서 뭐 어쩌라고!" 하고 말예요.

자신의 상처받은 내면 아이와 대면하는 순간, 사람들은 어떤 것이 사실이고 어떤 것이 자신이 만들어낸 스토리인지 분별할 수 있습니다. 그리고 자신이 만들어낸 스토리로부터 자유로워지지요.

상처받은 내면 아이와 대면하는 방법은 여러 가지입니다.

첫째, 강한 상상을 통해 상처받은 내면 아이를 만나는 것입니다. 나는 중학교 2학년 때, 아이들이 보는 앞에서 국사 선생님에게 뺨을 맞은 적이 있습니다.

시험이 끝난 뒤 친구들과 점심을 먹고 있는데, 아직 점심시간도 아닌데 밥을 먹었다며 벌을 받게 되었습니다. 벌을 서는 동안 선생님은 아이들에게 시험문제의 답을 알려주었고, 나는 내가 백 점을 맞았다는 사실을 깨닫게 되었지요.

기분이 좋아 미소를 지었는데, 내 표정을 본 선생님이 벌서는 주제에 비웃는다며 뺨을 때리기 시작했습니다. 그 뒤로 그때의 상황만 떠올리면 수치심이 몰려왔습니다. 그 기억 때문인지 나는 아이들 일로 학교에 갈 때면 왠지 주눅이 들고 긴장이 되곤 했습니다.

더 이상 이렇게 살 수는 없다는 생각에 가능한 한 강하고 구체적으로 상상하기 시작했습니다. 머릿속에 국사 선생님을 떠올린 다음 욕을 퍼붓고 때리기 시작했습니다. 급기야는 뜨거운 용광로에 넣어 한 줌의 재로 만들어버렸지요. 그 이후로는 국사 선생님을 머릿속에 떠올려도 수치심이 밀려오지 않습니다.

우리 두뇌는 실제로 일어난 일과 구체적으로 강하게 상상하는 것을 구별하지 못합니다. 따라서 나처럼 강한 상상을 통해 상처받은 내면 아이와 대면하여 치유할 수 있습니다.

둘째, 상처를 준 사람에게 보내지 않을 편지를 쓰는 것입니다.

자신의 상처를 구체적인 글로 표현하는 과정에서 상처받은 내면 아이와 대면할 수 있습니다.

셋째, 안전한 공동체에 참여하는 것입니다. 그곳에서 자신의 이야기를 하거나 다른 사람의 이야기를 들으면 상처받은 내면 아이와 대면할 수 있습니다. 특히 집단 무의식 안에 있는 죄책감을 처리할 때는 있는 그대로 사랑해주는 공동체의 도움이 필요합니다.

넷째, 상징을 통해 분노를 처리하는 것입니다. 어느 날, 나는 아내와 대판 싸운 뒤, 분노가 가라앉지 않아서 몽둥이를 들고 산에 가서 나무를 패기 시작했습니다. 나무를 아내라고 상징화하고 두들겨 팬 거지요.

나무를 패다 보니 무의식에 억압되어 있던 살인의 분노가 정신없이 쏟아져 나오기 시작합니다. 패고 패도 상상의 이미지 속에서 아내가 끈질기게 살아납니다. 완전히 죽여 아내가 사라지고 나니 그새 세 시간이 흘렀더군요. 그제야 아내 때문이 아니라 어린 시절 나를 버리고 친정에 간 어머니 때문에 분노가 치솟은 것이라는 사실을 깨닫게 되었지요.

분노가 가라앉은 뒤 집에 가자 아내가 무척 예쁘고 사랑스럽게 보였습니다. 분노가 사라지니 그 자리에 사랑이 들어선 것이지요.

부부는 한 사람이 변하면 지금까지 유지되어온 관계의 균형이 깨지고 배우자의 변화를 불러일으킵니다. 내가 억압된 분노를 해소하니 이제는 아내가 분노하기 시작합니다. 어느 날, 밥을 먹는데 내가 뭐라고 말하니까 아내가 분노를 참지 못하고 일어나면서 숟가락을 밥상에 집어 던집니다. 두 손을 자신의 허리에 붙이고 이글거리는 분노의 눈빛으로 쳐다보면서 한마디 합니다.

"이 개새끼!"

내가 분노가 많을 때 그런 욕을 들었다면 나 또한 숟가락이든 젓가락이든 집어 던졌을 겁니다. 하지만 분노를 상징으로 처리하고 나니 분노가 일어나지 않더군요.

작고 차분한 목소리로 저도 한마디 했지요.

"아휴, 뭘 그런 것을 가지고 그러세요?"

곧바로 아내는 어릴 때 밥상에서 아버지에게 야단을 맞을 때 느꼈던 분노의 감정이라는 것을 분별합니다.

만약 주체할 수 없을 만큼 분노가 치솟을 때에는 자신에게 상처 준 사람을 상징화할 수 있는 대상을 찾아 분노를 푸세요. 성장의 길에는 분노를 몸으로 풀면서 가슴으로 가는 길이 있고, 분별을 통하여 가는 마음의 길이 있습니다. 마음의 길은 분별을 통해 사실과 스토리를 구별하는 것입니다.

누가 자신을 보고 "개새끼."라고 욕하는 것 같으면 뒤를 돌아보세요. 꼬리가 있으면 사실이고, 꼬리가 없으면 '스토리'를 쓰고 있는 것이지요. 그때는 "꼬리가 없네?" 하고 그냥 가면 됩니다.

분노의 대상을 베개라고 생각하고 베개를 패도 좋고, 종이라고 생각하고 마구 찢어도 좋습니다. 이러한 행동을 통해 상처받은 내면 아이를 치유할 수 있습니다.

또한 상처받은 내면 아이의 감각을 언어로 표현하려고 노력해 보세요. 처음에는 감각에 딱 맞는 언어가 없을 것입니다. 언어로 잡기 어려운 감각을 다양한 언어로 표현해 보세요. 딱 맞아들어가는 언어로 감각을 잡는 순간 새로운 이해가 생길 것입니다.

Q 억압된 분노 때문에 아이가 아픈 것 같아요

아이가 열감기로 한동안 많이 아팠습니다. 아프기 전날, 아이가 발가락이 아프다며 그곳에 밴드를 붙이더라고요. 그 이후로 열이 날 때마다 계속 발가락이 아프다고 약을 발라달라고 해요.

최근에 '악마 같은 얼굴로 불을 뿜어내듯 분노하는 영상'이 제 머릿속에 떠올랐거든요. 혹시 제 억압된 분노를 아이가 가져간 걸까요? 저의 억압된 분노 때문에 아이의 몸이 아픈 걸까요?

A 저도 무의식 깊은 곳에 감추어진 분노가 있었습니다. 어린 시절 부모가 싸우는 모습을 지켜보면서 나도 모르게 흡수한 분노였지요.

다행히 아내가 제게 분노를 표현할 기회를 만들어주었답니다. 만약 아내가 그런 기회를 주지 않았다면, 저는 죽을 때까지 제 안에 깊은 분노가 있다는 사실을 몰랐을 거예요.

분노의 힘이 얼마나 강한지는 분노를 표현해본 사람만이 알아요. 분노가 표출될 때는 온몸이 경직되고 말이 제대로 안 나와요. 눈에는 아무것도 보이지 않고요. 분노를 다 털어내면 통곡이 뒤따라오지요.

'악마 같은 얼굴로 불을 뿜어내듯 분노하는 영상'이 떠오른다는 어머님의 말이 마음을 아프게 합니다. 어머님의 내면에는 표현하지 못하고 억압된 분노가 있습니다.

어머님, 분노가 치밀어 오를 때마다 수치심을 준 사람을 머릿속에 구체적으로 떠올려보세요. 그런 다음 의자를 앞에 가져다두고, 의자가 그 사람이라고 생각해보세요. 의자를 몽둥이로 치면서 어머님이 받은 상처만큼 그 사람에게 수치심을 되돌려주세요.

의자가 아니어도 됩니다. 베개여도 되고 인형이어도 되지요. 다만 그 사람에 대한 분노와 수치심의 감정을 구체적이고 생동감 있게 떠올려야 한답니다. 우리의 두뇌는 생생한 상상을 현실로 착각하거든요.

대부분의 엄마는 분노를 표출했다가도 괜히 아이가 놀랄까 봐 분노의 감정을 억누른답니다. 그러나 아이는 엄마가 감춘 것을 귀신처럼 알아차리고, 엄마가 그렇게 감춘 이유를 자기 자신에게서 찾지요.

만약 아이가 옆에 있는데 분노가 치밀어 오른다면, 아이에게 "너의 잘못이 아니야."라며 아이를 안심시켜주어야 합니다. 그러면 엄마가 아무리 크게 분노해도 아이는 감정을 억압하지 않는답니다.

분노는 온몸으로 겪어야만 해결돼요. 만약 어머님의 분노가 몸 밖으로 배출되어 분노 수위가 낮아지면, 아이는 더 이상 발가락이 아프다는 말을 하지 않을 거예요. 엄마 마음속에 분노가 사라졌다는 걸 알기에 엄마의 분노를 대신 표현하지 않아도 되니까요.

마음을 치유한 뒤 바라보는
세상은 밝고 따뜻해요

사람들은 살아가면서 수많은 상실의 경험을 합니다. 내가 가지고 있는 것을 남에게 빼앗겼을 때나 내가 이루고자 했던 것을 이루지 못했을 때 사람들은 절망감에 사로잡히지요.

상실의 경험에서 받은 상처를 진심으로 애도하고 떠나보내면 우리는 비로소 고통에서 자유로워질 수 있습니다.

엘리자베스 퀴블러 로스는 《인생 수업》에서 이렇게 말했습니다.

"상실의 경험 없이는 성장도 없습니다. 이상하게 들릴지 모르지만 성장 없이는 상실의 경험 또한 있을 수가 없습니다."

이 말은 상실을 오롯이 받아들여야만 비로소 성장할 수 있다는 뜻이자, 성장하지 않고 그 자리에 머물러 있으면, 상실의 고통을 받아들이지 못한다는 의미이기도 합니다. 상실을 받아들이려면, 성장을 통한 마음의 공간이 있어야 합니다.

무언가를 잃고 난 뒤에 밀려오는 절망감을 온전히 받아들이고 고통을 겪어내면 한 단계 성장할 수 있습니다. 그러나 이러한 치유의 과정을 겪지 않은 사람은 절망감이 두려워 어떤 일에도 선뜻 도전하지 않고 몸을 사리게 되지요.

상실의 경험에서 받은 상처를 진심으로 애도하고 떠나보내는 과정에서 사람들은 부정, 분노, 타협, 절망, 수용의 감정을 느낍니다.

예를 들어, 어릴 때 부모와 멀리 떨어져 자란 사람은 부모의 품을 그리워하고 외로워하면서도 절대 부모 탓을 하지 않습니다. 자신이 부족하고 못나서 멀리 떨어져 지낼 수밖에 없다고 생각하지요. 부모를 우상화하면서 자신이 받은 상처를 '부정'하기 때문이에요.

이 사람은 자신의 아이를 키우면서, 있는 그대로 아이에게 사랑을 베푸는 게 힘들다는 것을 깨닫게 됩니다. 그 원인을 파헤치다 보면, 결국 부모에 대한 우상화가 깨지면서 부모를 향한 '분노'가 치솟지요.

그리고 분노가 치솟을 때마다 생각합니다. '만약 내가 착하게 행동했다면, 부모님과 떨어져 지내지 않았을 거야.'라고요. 마음속으로 수없이 '타협'하다가 어느 순간이 되면, 자신이 외면했던 슬픔의 감정이 밀물처럼 밀려옵니다. 버림받음의 고통을 대면하고 슬픔과 맞닿는 순간, 짐승의 울부짖음이 나오게 됩니다. 온몸이 찢겨나갈 듯한 고통을 느끼면서 '절망'하는 거지요.

시간이 흘러 울음이 저절로 멈추면, 그때 비로소 마음이 편안해집니다. 자신을 있는 그대로 '수용'하기 때문이에요.

부정, 분노, 타협, 절망, 수용의 과정이 순차적으로 일어나지는 않습니다. 평온했다가도 어느 순간 갑자기 절망감에 휩싸이는가 하면 마음속으로 끊임없이 타협했다가도 어느 순간 주체할 수 없는 분노가 치솟기도 하거든요. 이처럼 앞으로 나아갔다가 뒤로 잠시 물러났다를 반복하다 보면 자연스레 상처가 치유됩니다.

인간의 내면에는 누구나 상처받은 내면 아이가 있습니다. 고통스럽더라도 상처받은 내면 아이의 손을 잡고 밖으로 나와야 합니다. 상처받은 내면 아이를 진심을 담아 애도하고 떠나보내지 않으면, 몸만 자란 철없는 어른이 되고 맙니다.

상실의 경험에서 받은 상처를 진심으로 애도하고 떠나보내세요. 마음을 치유한 뒤에 바라보는 세상은 어느 때보다 밝고 따뜻할 거예요.

Q 내적 불행이 내 아이를 괴롭혀요

어린 시절 사업 실패로 집안이 어려워지자, 아빠는 폭력적인 사람으로 돌변했습니다. 매일 술을 마시고 엄마를 때렸지요.

엄마는 아빠에게 무슨 말을 해야 하거나 부탁해야 할 일이 있으면 꼭 저를 시켰어요. 그럴 때마다 아빠한테 맞을까 봐 불안하고 무서웠습니다.

아빠 대신 가정을 꾸려나가야 했던 엄마는 제게 집안일을 시키기도 했어요. 엄마가 퇴근했을 때 집안이 더러우면 호되게 혼이 났고요.

이런 경험들이 내적 불행을 만든 것 같아요. 지금의 저는 더러운 꼴을 못 보거든요. 자존감도 낮고 수줍어서 누가 시키는 일은 잘하지만 리더의 역할은 못하고요.

내적 불행이 생긴 건 제 잘못이 아니잖아요. 그걸 잘 아는데도 회복하기 어렵네요. 아이의 행동에서 제 자신을 발견하면 너무 괴로워서 평정심을 유지하기 힘들어요. 아이를 잘못 키우게 될까 봐 걱정이 돼요.

A

아이를 잘못 키울까 봐 걱정이 되는 건 어머님의 방어기제 때문입니다. 미숙한 부모 밑에서 자라 모든 잘못을 자신에게 돌릴 수밖에 없었던 내면 아이가 부모를 우상화했고, 결국 어른이 된 지금도 아이에 대한 책임을 자신에게 돌리는 거예요.

'아이에게 모든 것을 완벽하게 해주어야만 사랑받을 수 있다.'는 마음이 어머님 무의식에 깔려 있습니다. 즉 어린 시절에 받지 못한 사랑을 아이에게 받으려고 하고 있어요.

'나'라는 존재는 '나'로서 족하답니다. 아이에게 완벽하게 해주지 못해도 나의 존재가치는 훼손되지 않아요.

그렇다면 왜 아이에게 완벽하게 해주어야 한다고 생각하는 걸까요? 그것은 내면의 수치심 때문이에요. 수치심을 감추려면 자신을 감추는 데 모든 에너지를 쓰게 돼요.

아이를 키우면서도 같은 상황이 반복된답니다. 아이에게 자신의 수치심을 들킬까 봐 진정한 사랑을 베풀기 어렵고, 진심으로 아이와 친밀해지기 힘들지요. 그러니 언제나 외로울 수밖에요.

어릴 때는 살아남기 위해 방어기제를 사용했다지만, 어른이 된 지금은 외부의 환경도 바뀌었고 위협하는 존재가 없는데도 왜 방어기제를 풀지 못하나요?

어머님, 용기를 내어 감정을 받아들이세요. 있는 그대로의 '나'가 되세요. 울고 싶으면 우세요. 감정을 억압하지 말고 마음껏 표현하세요.

아이를 키우면서 분노가 치밀어 오르고 감정이 격해질 때가 있지요? 그 지점을 눈감고 그냥 지나치지 마세요. 그 지점에 어머님의 상처받은 내면 아이가 있답니다.

어머님, 부모님에게 온전히 사랑받고 싶었지만 그러지 못했지요? 사랑받지 못했던 지점에 얼어붙은 분노가 존재해요. 분노가 치밀어 오를 때마다 그 상황을 기록하고 왜 분노가 치밀어 오를까 곰곰이 생각하다 보면, 어느 순간 깨닫게 될 거예요. 과거에 받았던 상처와 연결되어 있다는 것을 말예요. 버림받지 않으려고 스스로가 만든 방어기제를 알면, 어린 시절의 내가 너무나 불쌍해 통곡하게 될 거예요.

아이를 있는 그대로 사랑하고 싶지요? 이렇게 스스로를 돌아보고 한 걸음 나가려고 노력하는 것도 치유의 과정입니다. '나를 사랑하라.'는 말이 가슴으로 느껴질 때까지 '나'를 찾으면서 앞으로 꾸준히 나아가시길 바랍니다.

내면의 상처가 있다면 그냥 우세요
짐승이 울부짖듯 마음껏!

엘리자베스 퀴블러 로스는 《상실 수업》에서 다음과 같이 이야기했습니다.

"하지만 이것을 알라. 정작 피해야 하는 일은 쏟아내어야 할 눈물이 충분히 빠져나오기 전에 울음을 억지로 멈춰버리는 것이다. 30분 동안 울어야 할 울음을 20분 만에 그치지 말라. 눈물이 전부 빠져나오게 두라. 그러면 스스로 멈출 것이다."

슬픔은 과거를 떠나보내고 현재를 살 수 있도록 치유해주는 감정입니다. 울고 싶을 때 우는 아이처럼 슬플 때에는 많이 울어야 병에 걸리지 않습니다.

그러나 우리 사회는 울지 못하게 합니다. 오죽하면 캐럴에도 나오지요. "울면 안 돼. 울면 안 돼. 산타 할아버지는 우는 아이에겐

선물을 안 주신대요." 하고 말이에요.

왜 울고 싶을 때 울면 안 되는 건가요? 울고 싶을 때 울지 않고 슬픔을 억압하면, 오히려 절망에 빠졌을 때 헤쳐나오지 못하거나, 우울증에 빠져 허덕일 수 있습니다.

아내는 1남 4녀 중에 셋째로 태어났어요. 남아선호사상이 극심한 집안은 아니었지만, 부모에게 "네가 아들이었으면 너까지만 낳고 안 낳았을 텐데……."라는 말을 들으며 자랐다고 합니다.

아내가 다섯 살 무렵에 남동생이 태어났는데, 태어난 지 한 달 만에 죽고 말았습니다. 아내는 동생이 왜 죽었는지 엄마에게 물어보았다고 합니다.

자식을 잃은 슬픔에 이성을 잃어서였을까요? 엄마는 딸에게 큰 상처를 주는 말을 내뱉고 말았습니다.

"네가 하도 소리 질러서 경기해서 죽었어!"

그 말이 가슴에 콕 박혔는지 아내는 사는 내내 살인자라는 죄책감에 시달렸습니다.

나와 결혼하고 나서는 툭하면 "잘못했다고 그래 봐."라는 말을 하곤 했습니다. 그러나 나는 가족 내에서 소년가장 역할을 수행하며 자라왔기 때문에 잘못했다는 말을 하는 것이 가장 어려웠지요.

아내는 듣고 싶은 말을 못 듣고, 나는 아내가 원하는 말을 해주지 못해서 늘 그 말이 나오면 싸웠습니다.

그러던 어느 날 아내가 강연을 하다 쓰러졌습니다. 공황장애라는 진단을 받고 5년 동안 신경안정제를 먹었지요. 두려움과 우울증이 너무 심해서 침대에서 한 발자국도 내딛지 못했습니다.

아내에게 무엇이 그렇게 두렵냐고, 내가 어떤 말을 해주면 좋겠느냐고 물었습니다. 그러자 "잘못했다."는 말을 해달라고 하더군요.

그때 깨달았습니다. '어렸을 때 엄마에게 듣고 싶었던 말을 나를 통해 들으려고 하는구나.' 하고 말이지요.

나는 아내의 엄마가 되었다는 마음으로 진심을 다해 듣고 싶은 말을 해주었습니다.

"사랑하는 예쁜 내 딸아, 이 세상에 잘 왔단다. 네 잘못이 아니야!"

아내는 더 크게 말해달라고 합니다.

"사랑하는 예쁜 내 딸아! 이 세상에 잘 왔단다. 네 잘못이 아니야!"

그러자 아내가 하염없이 울기 시작합니다. 그 뒤로 나흘 동안 눈물이 멈추지 않았지요. 나는 사람에게 이렇게 많은 눈물이 있다는 것을 몰랐습니다.

내게도 어린 시절 울지 못한 상처받은 내면 아이가 있어 아내의 손을 잡고 있는 것이 무서워 미칠 것 같았습니다. 하지만 아내의 손을 놓으면, 아내가 죽을 것 같다는 생각에 이를 악물고 아내의 손을 꼭 부여잡았지요. 그리고 아내가 원할 때마다 말해주었습니다.

"사랑하는 예쁜 내 딸아, 이 세상에 잘 왔단다. 네 잘못이 아니야!"

하고 말이지요.

울음을 그친 후 아내는 더 이상 공황장애에 시달리지 않습니다. 신경안정제도 이제 먹지 않습니다.

그날 이후로 우리 부부는 다시 태어났습니다. 분노와 슬픔의 감정을 제대로 표출하면, 상처를 극복하고 새로운 삶을 살 수 있습니다. 내면 아이와 대면한 아내는 치유의 능력을 얻었습니다. 어둠 속에서 10년을 넘게 있다가 빛으로 나온 경험이 있기에 다른 사람 또한 코칭과 치유로 빛으로 이끌어줄 수 있게 되었지요.

아이의 내면에 상처가 있다면, 울게 해주세요. 짐승이 울부짖듯 마음껏 오열하고 통곡할 수 있게 하세요.

울음이 멈춘 뒤에 아이는 후련함을 느낄 것입니다. 아이의 마음속에 남아 있는 우울함과 무력감이 사라졌기 때문에, 아이는 더욱 건강한 마음으로 힘차게 삶을 살아갈 수 있습니다.

Q 아이가 늘 징징대듯이 말해요

제 아이는 잘 웁니다. 말하는 목소리에도 울음이 섞여 있어요. 참다 참다 스트레스가 폭발할 때는 징징대는 아이가 힘겨워서 나도 모르게 정신없이 아이를 때리게 되네요. 무서워서 울음을 삼키는 아이의 모습이 눈에 들어오면 그제야 제정신으로 돌아오고요.
아무리 혼내도 아이의 행동은 나아지지 않고 더 심해지는데, 어떡하면 좋을까요?

 저도 우는 것을 참을 수 없던 때가 있었습니다. 다른 건 다 참겠는데 우는 것과 징징거리는 것은 정말 참기 힘들더군요.

강연을 하다 보면 제 이야기를 듣다가 감정에 북받쳐 울음을 터뜨리는 어머님들이 있습니다. 그러면 저는 얼른 휴지를 건넸답니다. 우는 어머님의 모습을 보는 게 참기 힘들어서요. 이게 다 저의 내면 아이 때문이지요.

어린 시절, 저는 울면 안 되는 환경에서 자랐습니다. 제가 울면 어머니가 고통스러울 거라고 생각했습니다. 가난한 가정의 장남인 만큼 어머니에게 든든한 사람이 되어주고 싶었습니다.

물론 세상물정 모르는 아기 때에는 저도 많이 울었습니다. 하지만 엄마는 내 울음에 반응해줄 만큼 한가하지 않았지요. 생계를 위해 늘 밖에 나가 계셨기 때문에 전 울다 지쳐 잠드는 게 일상이었습니다. 이처럼 어린 시절에 받은 감정의 상처가 울면 안 되는 내면 아이를 만들고 말았습니다.

저나 어머님처럼 울음을 억압하고 자란 사람은 누군가 우는 모습을 보는 게 몹시 힘이 듭니다. 울음이 내면 아이의 상처를 건드리니까요.

부모에게 버림받은 내면 아이의 상처를 다시 마주하면, 죽음과도 같은 고통에 휩싸여 몸 둘 바를 모르지요. 그 고통을 피하기 위해 온갖 수단과 방법을 가리지 않고 상대의 울음을 막고요.

그러나 아이를 낳고 부모가 되면 아이의 울음을 피할 수 없습니다. 부모가 피하면 아이가 똑같이 감정의 상처를 받기 때문이지요.

아이의 우는 모습을 보면 몹시 고통스럽지요? 사랑받지 못한 내면 아이의 상처를 자극하니 더더욱 그럴 겁니다. 울지 말라고 억압하고 화를 낼수록 아이는 더 울고 징징댈 거예요.

어머님, 지금처럼 매를 들어 울음을 그치게 만들면, 어느 순간 아이는 울지 않게 될 거예요. 울음을 마음속 깊이 억압해버리거든요. 문제는 기쁨, 즐거움과 같은 감정도 함께 억압한다는 거예요. 감정이 억압된 아이는 자신을 수치스럽게 여기고 자존감이 낮은 존재로 커갈 수밖에 없답니다.

아이의 울음에 민감하게 반응하지 않으려면, 울음을 억압하고 있는 어머님의 내면 아이를 만나셔야 합니다. 내면 아이가 느끼는 두려움과 외로움을 사랑으로 해결해줘야 하지요.

어머님 자신을 있는 그대로 사랑해주세요. 그것이 최선의 방법입니다. 죄책감 뒤에 있는 수치심을 받아들이고 내면 아이를 인정하면, 어머님의 내면에 있는 분노도 함께 사라질 거예요. 그때는 아이도 더 이상 울거나 징징대지 않을 겁니다.

나에게 상처 준
사람들을 용서하세요
나 자신을 위해서요!

우리는 신이 아니기 때문에 우리에게 상처를 준 사람의 행동을 평생 동안 용서하지 않아도 됩니다.

그러나 자신이 받은 상처를 치유하고 성장해나가려면 나에게 상처 준 사람을 '용서'해야 합니다. 용서는 다른 사람을 위해서 하는 것이 아니라, 스스로를 위해서 하는 것입니다.

나에게 상처 준 사람을 용서하면, 과거에 받은 상처와 미래에 대한 두려움에서 벗어나 현재를 자유롭게 살 수 있습니다. 그러나 나에게 상처 준 사람을 용서하지 못하면, 과거의 상처가 새로운 삶을 살아가는 데 발목을 잡곤 하지요.

물론 마음먹는다고 해서 쉽사리 용서를 할 수 있는 것은 아닙니다. 일단 자신이 받은 상처가 무엇인지를 알고, 그 상처에 따라오는 분노,

슬픔, 억울함, 증오, 상실의 고통을 충분히 느끼고 표현하는 대면의 과정을 거쳐야 합니다.

그런 다음 사람들이 나에게 일부러 상처를 준 것이 아니라, 잘하려고 했지만 무지해서 어쩔 수 없이 상처를 준 것이라는 사실을 분별해 내야 마침내 용서를 할 수 있지요.

나에게 상처를 준 그들에게도 수치심, 죄책감, 두려움에 떨며 인정을 갈구하는 상처받은 내면 아이가 있다는 것을 알면 연민의 마음이 생깁니다.

나는 두 아이를 키우면서 육아서와 심리서를 천 권도 넘게 읽었습니다. 아이들에게 배려 깊은 사랑을 베풀기 위해 늘 노력했지요.

그러나 내 안에 상처받은 내면 아이가 있어서 나도 모르게 아이들에게 상처를 주곤 했습니다.

나와 아내는 연애할 때부터 아이를 갖지 않는데도 태교를 했습니다. '나는 딸을 키우고 싶어.'라는 생각에 "은솔아!" 하고 부르곤 했지요. 푸름이가 생기기도 전에 아들이라는 존재를 부정한 거예요.

나는 푸름이가 유명해지면서 사천 회가 넘는 강연을 했습니다. 강연에 앞서 늘 "나는 푸름이를 자랑하러 온 것이 아닙니다."라고 말했지요. 그러나 어느 순간부터 나도 모르게 '푸름이가 나중에 좋은 대학에 가지 못하면, 사람들이 우리를 어떻게 볼까?'라며 다른 사람의 눈을 의식하기 시작했습니다. 아마도 감정이 섬세한 푸름이는 이러한 제 속마음을 읽었을 것입니다.

일본으로 유학 간 푸름이가 방학하여 잠깐 들어왔을 때 온 가족이 모여 앉아 용서의 시간을 가졌습니다. 나는 푸름이에게 용서를 구했지요.

"미안합니다. 잘못했어요. 다시는 안 그러겠습니다. 보상하겠습니다. 용서해주세요."라는 다섯 가지 사과의 말 중 용서해달라는 말을 하기가 어찌나 힘들었는지 모릅니다.

"푸름아, 아빠가 너의 감정을 보살피지 못하고, 오히려 상처를 주어 미안하다. 살면서 아빠에게 받은 상처가 떠오르면 언제든 아빠에게 말해주렴. 아빠는 언제든지 너에게 용서를 구할 준비가 되어 있다. 나를 용서해주겠니?"

내 사과의 말에 온 가족이 함께 부둥켜안고 울었지요. 그 뒤 일본에 간 푸름이는 '이 세상에서 아들에게 용서를 구하는 부모는 아빠밖에 없을 거예요. 저는 정말 축복받은 사람 같아요. 아빠가 내 아빠라서 저는 정말 행복해요.'라는 메일을 보내왔습니다.

이처럼 부모가 진정으로 용서를 구하면 자식의 상처는 눈 녹듯이 사라집니다. 만약 자신도 모르게 가족이나 다른 사람에게 피치 못할 상처를 주었다면 용서를 구하세요.

용서를 구하는 일은 자신의 수치심과 만나는 일이며, 자신의 가장 약한 부분을 상대방에게 드러내는 일입니다. 무척 고통스러운 일이지만, 용서를 구하는 과정을 통해 진정한 자신과 대면하는 기회를 얻을 수 있습니다. 상대방 또한 자신에게 상처를 준 사람을 용서하면서 자신의 내면에 있는 상처를 치유할 수 있고요.

부모는 자식을 키우면서 자신이 알고 있는 최선의 노력을 다합니다. 아이를 있는 그대로, 존재 그 자체로 사랑하려고 애쓴답니다.

아이를 사랑하는 만큼 자기 자신도 사랑하세요. 스스로를 벌하지 말고 용서하세요. 자신을 온전히 받아들였을 때, 사람은 비로소 성장할 수 있습니다.

상처가 깊은 사람이 자신의 상처를 치유하고 성장하면, 많은 사람을 위로해줄 수 있는 '치유자'가 됩니다.

타라 브랙의 《받아들임:지금 이 순간 있는 그대로》라는 책에는 성스러운 삶에 대한 부처님의 말씀이 나옵니다.

부처님의 수행원이자 사촌인 아난다가 물었습니다.

"이 성스러운 삶의 절반은 고귀하고 좋은 친구들, 좋은 사람들과의 교제가 아닙니까?"

그러자 부처님이 대답했습니다.

"그렇지 않네, 아난다. 좋은 사람들과의 우정, 교제와 유대는 성스러운 삶의 전부라네."

내면의 상처를 치유하고, 부처님의 말씀처럼 하루 빨리 좋은 사람들과 우정을 쌓아갈 수 있기를, 그리하여 성스러운 삶을 살아갈 수 있기를 희망합니다.

배려 깊은 사랑에서 출발한 육아는 내면의 깊은 상처를 치유하고 성장시켜 우리가 누구인지를 알게 합니다. 더불어 한 사람의 성장은 우리 모두를 자유와 기쁨, 평온과 행복을 선택할 수 있는 높은 의식을 가진 공동체로 진화하게 하는 데 큰 영향을 미칠 것입니다.

Q 아빠와 대면했습니다

어린 시절, 아빠는 몹시 엄해서 매도 참 많이 때렸지요. 그런 아빠가 지금 제 아이들, 즉 손자 손녀들한테는 한없이 사랑을 베풉니다.

얼마 전 친정에 갔다가 결국 아빠랑 대면했네요. 남편한테 젖병 좀 가져다 달라고 부탁했는데, 아빠가 "어허, 남편 시키지 말고 네가 해야지!" 하고 말하더라고요. 그 말을 듣는 순간 어린 시절 저를 혼내는 아빠의 모습이 오버랩됐어요.

"아빠가 그런 식으로 말하면 어릴 때 아빠한테 매 맞은 기억이 떠올라서 무서워."라고 솔직하게 고백했는데, 아빠가 선뜻 미안하다고 사과하더군요. 상처를 받은지 몰랐다며, 옛날 어른들이 하듯이 별 생각 없이 한 건데 그렇게 느꼈다면 다음부터는 하지 않겠다고요. 아빠의 말에 눈물이 왈칵 쏟아져서 통곡하며 울었네요.

이렇게 조금씩 대면하면 상처받은 내면 아이가 치유될 수 있겠죠?

A 아빠와 대면하는 과정이 생생하게 느껴집니다. 상처받은 내면 아이의 두려움에 정면으로 맞선다는 것은 사실 너무나 힘든 일입니다. 그걸 해낸 어머님이 자랑스럽네요.

어때요? 대면하니까 가슴이 뻥 뚫린 듯 시원하시죠? 대면했는데도 어머님이 두려움을 느끼는 것은 어릴 적 상처받은 내면 아이의 두려움이 완전히 해소되지 않아서예요. 한 번 대면했다고 두려움이 다 사라지는 것은 아니거든요. 모든 상처에는 두려움의 감정이 깃들어 있는데, 상처는 양파껍질처럼 까면 깔수록 계속 드러나지요. 그 많은 상처를 모두 드러내고 보듬어줘야 비로소 두려움이 사라집니다.

어머님은 대면할 용기를 냈고, 아빠에 대한 두려움이 자신을 지배하도록 놔두지 않았습니다. 이제 어머님은 어른이에요. 한 번 용기를 내본 사람은 앞으로 두려움이 밀려와도 그에 맞서 싸울 수 있답니다. 자신의 내면에 멋진 용기가 있다는 걸 알고 있으니까요.

이제 억압된 감정의 봉쇄가 풀렸습니다. 곧 부모님에 대한 분노도 치밀어 오를 거예요. 분노가 치밀어 오르면, 회피하지 말고 풀어내세요. 베개를 두드려 패서라도 그 분노를 표출해내세요.

앞으로 아빠와 어떤 대화를 나눌지, 아빠를 어떻게 대해야 할지 두려워하지 마세요. 이미 한 번 용기를 냈기 때문에 잘 헤쳐나가실 겁니다.

지금은 일생일대의 큰일을 해낸 자신을 위로하고 칭찬해주세요. 자기 자신을 자랑스럽게 여기는 시간을 충분히 가지시길 바랍니다.